21世纪全国高等院校旅游专业现代应用型系列教材

总主编　叶骁军

旅游公共关系学

主　编　李　晓

副主编　于　燕

编　者　吴新宇

南开大学出版社

天　津

图书在版编目(CIP)数据

旅游公共关系学 / 李晓主编. —天津：南开大学出版社，
2008.6(2011.2 重印)
ISBN 978-7-310-02928-0

Ⅰ.旅… Ⅱ.李… Ⅲ.旅游业－公共关系学－高等学校－
教材 Ⅳ.F590.65

中国版本图书馆 CIP 数据核字(2008)第 069599 号

南开大学出版社出版发行

出版人：肖占鹏

地址：天津市南开区卫津路 94 号　　邮政编码：300071

营销部电话：(022)23508339　23500755

营销部传真：(022)23508542　邮购部电话：(022)23502200

＊

河北昌黎太阳红彩色印刷有限责任公司印刷

全国各地新华书店经销

＊

2008 年 6 月第 1 版　2011 年 2 月第 5 次印刷

787×960 毫米　16 开本　15.75 印张　284 千字

定价：28.00 元

如遇图书印装质量问题，请与本社营销部联系调换，电话：(022)23507125

21世纪全国高等院校
旅游专业现代应用型系列教材
编撰指导委员会
（按姓氏笔画排列）

卜复鸣	王安国	王　冰	王仲君	王建平	王雅红
叶骁军	邓　辉	任　平	任昕竺	何若全	华国梁
朱　耀	朱俊彪	沈文娟	沈鸿秋	刘庆友	李亚非
李京霖	陆　峰	沙　润	杨新海	周武忠	肖　飞
俞晓红	喻学才	顾　钢	黄震方	蒋亚奇	鲁　斌
臧其林	魏向东				

21世纪全国高等院校
旅游专业现代应用型系列教材
编写组

叶骁军	王建平	陈来生	马洪元	于德珍	邢夫敏
柯　英	李　晓	黎宏宝	谢　佳	李雪东	陈建军
吴　捷	吴新宇	曹灿明	邵　兰	王雅红	许云华
蔡军伟					

总　前　言

旅游，最时尚的活动。

旅游，最让人钟情的积极休闲方式。

当旅游成为一种产业，而且是世界最大的产业的时候，关于她的研究，关于她的人才培养——专业教育，便纷至沓来……

中国的旅游业离不开世界的土壤，中国的旅游教育是世界旅游教育的有机组成部分。中国最初的旅游教材主要是在借鉴国外教材的基础上编撰的。最初的教材，她们，是中国旅游教材的弹词开篇；她们，是中国旅游教育的奠基石；她们，是国产旅游教材的阶梯……

其后，旅游教材如雨后春笋，茁壮成长。

旅游科学是理论与实际密切结合的科学。中国高等教育已进入大众化时代，它要求每一个大学毕业生必须既具有高度的理论基础，也必须具备实际的工作能力。旅游教材应跟上现代社会的发展，告别一支粉笔一本书的时代，告别仅给教师一本书让教师自己制作 PPT 的时代，告别学生纸上写作业的时代，进入电脑网络教学的时代，进入通过现代教学手段实现理论与实践教学密切结合的时代。

我们这套教材是为适应高等教育大众化时代，要求本科教育培养现代化应用性新型人才的大趋势而产生的。她是由国内多所高等院校旅游类专业的资深教师联合编撰的最新旅游类专业新概念系列教材。

本教材适合旅游类专业（包括旅游管理、饭店管理、导游、餐饮与烹饪等专业）本科生使用，同时也适合于广大的旅游爱好者及相关培训使用。

教材具有以下特点：

1. 系统性。全套教材每本约 30 万字，包括旅游理论、旅游资源、旅行社管理、酒店管理、财会管理等模块。

2. 时效性。它采用了 21 世纪最新的体系、理论、观点、数据、资料和案例。

3. 统一性。全套教材体例统一，教学要素完整，章节层次脉络清楚。各章节有内容提要和练习。其他教学要素如教学大纲、重要概念、图片、表格、阅读材料、资料卡片等刻制在光盘中。

4. 实践性。重视实践活动，有书面及电子实训和练习。可用电脑和网络进行作业和实训。

5. 方便性。为了方便教师课堂教学和学生课后学习的需要，本书配有与教材相配套的网页式辅教光盘。光盘采用 Frontpage 软件制作，版面活泼，色彩丰富，使用方便。内容包括课程教学大纲、全书各级目录、主要内容、重要概念、图片和表格、练习和思考，以及超级链接：扩展知识面的阅读材料、资料卡片等，生动、形象、直观，可与纸质教材相互配合使用。大幅度减轻教师负担，特别是基本免除教师板书之劳。

编者

2008.4

内容简介

  随着我国旅游业的不断发展,旅游市场的竞争日趋激烈,而旅游企业面临的市场环境也日趋复杂,影响企业经营的不确定因素增加。在这种新的形势下,为了能够求得生存和发展,就必须要借助公共关系的手段,处理好旅游企业与内、外部公众之间的关系,以达到"内求团结、外求发展"的目的。公共关系学既是一门科学,同时也是一门艺术,为了帮助旅游企业更好地将公共关系学相关理论知识运用到企业的经营实践中去,特意编写了这本《旅游公共关系学》教材。

  《旅游公共关系学》这本书结合旅游业的特点,对旅游公共关系的产生、发展及构成要素的主体、客体和媒介进行了探讨,结合旅游企业的实际,对旅游饭店、旅行社、旅游区和旅游交通的公共关系进行了深入的分析,对目前旅游业比较关注的旅游公关危机及管理作了系统的介绍,较全面地阐述了与旅游活动的开展密切相关的旅游公关礼仪、公关专题活动,等等。本教材特色鲜明,材料充实,针对本科和高职学生的特点在内容上作了区分,便于教师们各取所需,因材施教,也便于同学们有选择地学习。每章开头有本章提要,书后附有各章复习思考题以及相关资料。为了满足读者课外阅读的需要,本书还附有光盘,内容丰富,实用性强,对本学科的一些相关知识和延伸内容作了详细的介绍。

目　　录

第一章 绪 论

本章提要

什么是公共关系？它是如何产生、发展起来的？它的特征和职能是什么？这是本章研究的重点内容，也是公共关系理论的基础。通过本章的学习，掌握公共关系的含义，了解公共关系的产生和发展以及公共关系在我国的运用。同时，掌握旅游公共关系的兴起和它的特征与职能。

第一节 公共关系的含义

什么是公共关系？这是公共关系学中最基本的也是最有争议的问题。这里，仅从公共关系一词的来源、表现形式和定义几个方面来进行分析。

一、公共关系概念的引出

"公共关系"一词，来源于英语的"Public Relations"（简称PR）。"Public"可译为"公共的"、"公众的"或者"公开的"，"Relations"可译为"关系"，翻译成中文为"公众关系"。由于翻译上的先入为主，形成了一种约定俗成的译法即"公共关系"简称"公关"。这个概念至少可以归纳为以下五层含义：

（一）公共关系是一种状态

这是从静态的角度去理解。公共关系是一种客观存在,任何企业和社会组织,无论其是否已经意识到公共关系存在的客观性,无论其是否能以公关观念来支配自己的行为,都有公共关系状态的存在。公共关系状态是组织的公共关系活动得以顺利进行的基础,它表现为原始的公共关系状态和良好的公共关系状态。比如一个组织或组织的产品在公众心目中的状况如何,也就是组织与公众之间的关系状况的反映,它真实地存在并起作用。

（二）公共关系是一种活动

这是从动态的角度去理解。公共关系是一种活动,当一个企业自觉地采取各种公共关系手段,去改善原有的公共关系状态,这就是在从事公共关系活动。它表现为日常的公共关系活动和专项的公共关系活动两大类。比如北京长城饭店曾经承办过里根总统答谢宴会,这一公关活动使长城饭店声名鹊起。而长城饭店的大量公关工作,尤其是围绕为客人服务的日常公关工作,却渗透在饭店的日常事务中。这种全方位的日常公关工作,可以使饭店决策者从宏观上高瞻远瞩地了解全世界饭店业的形势,进而可以了解本地区的行情;微观上可以了解饭店每个岗位、每项服务及每个员工工作的情况,从而使他们的公关工作开展做到有的放矢。

（三）公共关系是一种职业

1903 年,美国著名的新闻记者艾维·李(lvy Lee)成立了第一家正式的公共关系事务所,以收费的形式为企业进行公关策划,公共关系职业由此正式诞生。1999 年 5 月,我国劳动和社会保障部正式出版发行了《国家职业分类大典》,公共关系正式列入其中,同时对公共关系职业进行了定义:即专门从事组织机构公众信息传播、关系协调与形象管理事务的调查、咨询、策划和实施的人员。由此,公共关系作为一种职业为越来越多的人所熟悉。

（四）公共关系是一门学科

1923 年,美国著名公关教育家、实践家爱德华·伯纳斯(Edwarl Bernays)出版了世界上第一本公共关系专著《舆论之凝结》。这是对公共关系实践的总结与提炼,是公共关系史上的飞越性发展与突破。书中首次提出了"公共关系咨询"的概念,并对它的作用作了详细的解释。同年,伯纳斯在纽约大学首次讲授公共关系课程。1925 年,他撰写了《公共关系学》教科书,又于 1928 年出版了《舆论》一书,从而使公共关系的原理和方法成为一个较为完整的体系。正是由于伯纳斯在公共关系理论上做出的贡献,公共关系学科才得以形成。

（五）公共关系是一种意识、观念和思想

这种意识、观念和思想同一切人类先进的思想一样,是少数开拓者从实践中领悟出来并将其上升为理论的。它是一种尊重公众,自觉致力于塑造组织形象、传播沟通、争取公众理解与支持的观念和指导思想。目前,已经有越来越多的社会组织开始意识到公共关系的重要性,公共关系的思想和观念已经深入人心。在社会组织中,公共关系意识的培养是组织管理中一项重要的内容。

二、公共关系的定义

公共关系的定义有许多种,其中具有代表性的定义主要有:

(一)管理职能论

这种观点认为,公共关系是一种管理职能。国际公共关系协会曾经给公共关系作如下定义:公共关系是一种管理功能,它具有连续性和计划性。通过公共关系,公立的和私立的组织、机构试图赢得同它们有关的人们的理解、同情和支持——借助对舆论的估价,尽可能地协调它们自己的政策和做法,依靠有计划的、广泛的信息传播,赢得更有效的合作,更好地实现它们的共同利益。

美国学者莱克斯·哈罗(Rex Harlow)给公共关系下的定义是:公共关系是一种独特的管理职能,它帮助一个组织建立并维持与公众之间的交流、理解、认可与合作;它参与处理各种问题与事件;它帮助管理部门了解民意,并对之做出反应;它确定并强调企业为公众利益服务的责任;它作为社会趋势的监督者,帮助企业保持与社会变动同步;它使用有效的传播技能和研究方法作为基本的工具。

(二)传播沟通论

这种观点认为公共关系是社会组织与公众之间的一种传播沟通行为。公共关系的本质属性就是传播沟通。英国学者弗兰克·杰弗金斯(Frank Jefkins)在《公共关系》一书中提出的公共关系定义是:公共关系就是一个组织为了达到与它的公众之间相互了解的确定目标而有计划地采用的一切向内、向外的传播沟通方式的总和。

1981年出版的《不列颠百科全书》关于公共关系的定义是:公共关系旨在传递有关个人、公司、政府机构或其他组织的信息,并改善公众对其态度的种种政策或行为。

(三)社会关系论

这种观点认为公共关系是一种社会关系。美国普林斯顿大学教授希尔斯(H. L. Chils)认为,公共关系是我们所从事的各种活动、所发生的各种关系的统称,这些活动与关系都是公众性的,并且都有其社会意义。

英国公共关系学会对公共关系所作的定义是:公共关系的实施是一种积极的、有计划的以及持久的努力,目的是建立和维护一个机构与其公众之间的相互了解。

（四）现象描述论

持这一观点的学者,关注公共关系实务,抓住公共关系的某种功能、现象或者一个侧面,进行形象、生动的描述,从而给公共关系以通俗的解释和具体操作性定义。例如:

——公共关系是内求团结、外求发展、树立形象、推销自己的艺术。

——公共关系是 90%靠自己做得好,10%靠说(宣传)得好。

——公共关系就是努力干好,让人知晓。

——公共关系就是通过良好的人际关系来辅助自己事业成功。

——公共关系是一门研究如何建立信誉、从而使事业获得成功的学问。

——公共关系就是扩大知名度,提高美誉度。

——公共关系不是一台打字机可以买到,也不是一张订货单可以延期。它是一种生活方式——时时刻刻表露在各种态度与行动中,对于工作人员、顾客以及整个社会都有影响。

——公共关系使公司得到的,就是那些被个人称为礼貌与德性的修养。

（五）特征综合论

这类观点是将公共关系的各种特征综合起来加以表述。1978 年 8 月,世界公共关系协会发表的《墨西哥宣言》就指出:公共关系是一门艺术和社会科学。公共关系的实施是分析趋势,预测后果,向机构领导人提供意见,履行一系列有计划的行动,以服务于本机构和公众的共同利益。

美国公共关系研究与教育基金会主席哈洛博士征求了 83 名公共关系领导人的意见,研究了 472 个公共关系定义,然后给公共关系做出的定义是:公共关系是一种独特的管理职能。它帮助一个组织与其公众之间建立和保持相互沟通、了解、接受与合作的渠道;参与问题和纠纷的处理;将公众的意见传达给管理部门并做出反应;明确与加强为公众利益服务的管理责任;还作为监视预警系统,帮助管理部门预先做好应变准备,与社会动向保持一致并有效地加以利用。它用调查研究和沟通技术作为其重要工具。

根据公共关系在我国的发展情况,在综合国内外关于公共关系定义的各种不同表述的基础上,我们认为:公共关系是指社会组织与公众之间各种关系的综合表现,是通过信息传播和实际行动塑造形象,以增强组织内部的凝聚力和对外部公众吸引力的一门软性经营管理学科。

第二节 公共关系的产生和发展

公共关系作为一种职业和一门学科,最早产生于 19 世纪末 20 世纪初的美国,至今不过一百多年的历史。但是公共关系作为一种客观存在的社会关系和社会现象,作为一种思想意识的活动方式,是有其久远的历史。

一、古代无意识的公共关系活动时期

早在 2300 年前,古希腊著名学者亚里士多德在其《修辞学》一书中,就详细阐述了修辞的艺术及如何运用语言来影响听众的思想和行为。在他看来,政治家要想获得民众的支持和拥戴,就必须与民众之间构筑起一座宽阔而又坚固的桥梁,通过它将自己的思想、观点有效地传递给民众。这座桥梁是靠修辞来构筑的。因此,亚里士多德将修辞视为争取和影响听众思想、行为的艺术,并认为一个人的修辞能力是参与政治活动的重要条件。为此,西方的一些学者认为《修辞学》堪称最早问世的公共关系学的理论书籍。

古罗马的独裁者儒略·凯撒大帝也是一位精通沟通技术的大师,他面对即将来临的战争,印发大量的传单来进行宣传和鼓励,以获得民众的支持。他为了标榜和宣传自己,写了一本记载其功绩的纪实性著作《高卢战记》。这本书曾被西方一些公共关系专家称为“第一流的公共关系著作”。在我国古代,带有公共关系意识的事例更是不胜枚举。春秋战国时期,群雄四起,诸侯争霸。为了壮大自己的实力,巩固政权,谋取霸主地位,各诸侯国在外交和军事上,纷纷采取“合纵连横”的策略。或“合纵”,“合众弱以攻一强”,防止强国的兼并;或“连横”,“事一强以攻众弱”,达到兼并土地的目的。因此出现了许多周游列国、四处游说、宣传政治主张的“谋士”,他们的职责就是协调各诸侯国之间的关系。战国时期东周洛阳人苏秦游说于各诸侯国,宣传自己“合纵”的主张,说服当时的齐、楚、燕、韩、赵、魏六国结成联盟,共同抵抗秦国的侵略。张仪也是作为杰出的纵横家出现在战国的政治舞台上,对列国兼并战争形势的变化产生了较大的影响。三国时代诸葛亮舌战群儒,说服东吴联合抗曹,七擒七纵孟获,化干戈为玉帛,终使孟获成为蜀汉盟友,也是运用公关方法、技巧取得成功的著名事例。

总的说来,无论古代西方还是古代中国都不存在严格意义上的公共关系思想与活动,他们的活动带有明显的自发性和盲目性。因此,他们所开展的各种协调、沟通、传播活动,绝不能与现代意义上的公共关系等同起来。

二、近代公共关系的产生

近代公共关系的产生是和商品经济的高度发展以及民主政治的进步分不开的,它最早出现在美国。在美国独立战争时期(1775~1783),为确保战争的胜利,领导者们运用各种宣传手段凝聚人心、鼓舞士气。1776 年 7 月 4 日发表的《独立宣言》本身就是宣传、鼓动民众的战斗檄文,也可以说是较早的公共关系宣传材料。

(一)扒粪运动

19 世纪 30 年代,美国兴起一场声势浩大的"报刊宣传活动",这一时期的代表人物是费尼斯·泰勒·巴纳姆(Phineas Taylor garnuln,1810—1891)。他是一家马戏团的老板,以制造和杜撰神话而闻名于世。比如,他曾经宣称,在他的马戏团里有一个叫海斯的黑人妇女曾在一百年前养育过美国的第一任总统乔治·华盛顿。此"消息"在报纸上一发表便立即引起了轰动。巴纳姆又以不同笔名向报纸寄去"读者来信",在读者中引起了一场人为的讨论。许多人在好奇心的驱使下,争相到巴纳姆的马戏团去观看马戏,希望一睹海斯的"风采",从而给他的马戏团带来了每周 1500 美元的收入。海斯死后,医生对她的尸体作了解剖,结果表明,海斯不过 80 岁左右,根本不像巴纳姆所说的已届 160 岁。对此,巴纳姆声称自己也"受了骗"。巴纳姆的公关信条是"凡宣传皆是好事",他虽然开创了形象宣传的先河,但却没有主张以事实为根据,因此,这一时期被称为公众受愚弄的时期。

19 世纪末,美国进入垄断资本主义阶段,一百多个经济巨头控制了美国的经济命脉,他们为了巩固垄断地位,奉行所谓"只要我能发财,让公众利益见鬼去吧"的经营哲学,引起社会舆论的强烈不满,因而爆发了一场以揭露工商企业的丑闻和阴暗面为主题的新闻揭丑运动,史称"扒粪运动"。这场运动主要是由新闻记者和知识分子参加。他们以报纸为媒介,揭露和谴责资本家不顾公众利益的种种劣行,使得许多大财团和资本家声名狼藉。

扒粪运动,迫使企业认识到与公众建立良好关系的重要性,他们纷纷求助新闻界,加强与公众的联络,试图改变、改善自己的形象,对此,一种专门向企业提供沟通传播服务,代表企业利益的新兴职业便应运而生了。

(二)艾维·李时期

艾维·李(1vy Lee),1877 年 7 月出生于美国的一个牧师家庭,毕业于普林斯顿大学,曾任记者和编辑。1903 年,他开办了一家正式的公共关系事务机构——宣传咨询事务所,他本人成为向客户提供公共关系咨询并收取费用的第一位公共关系从业者。他的信条是：凡是有益于公众的事业，最终必将有益于企业和组织。艾维·李认为，一个企业要获得良好的声誉，就必须及时地把自己的真实情况披露于世，把公众关心的以及与公众利益相关的所有情况告诉给公众，以此来争取公众的信任与理解，而不是依靠向公众封锁消息或以欺骗手段来愚弄公众。后来他成为洛克菲勒财团的高级顾问，曾为该集团提供了成功的公共关系咨询。当时，洛克菲勒正由于科罗拉多州燃料公司和钢铁公司的罢工运动而受到舆论的猛烈攻击。艾维·李建议洛克菲勒改变对公众沉默的做法，主张认真调查核实造成罢工的具体原因，将真情公之于众；建议邀请劳工领袖与资方一起协商解决劳资纠纷；提高工人薪金和福利，并如实向公众报告财团的各项政策；广泛进行慈善捐赠，终于改变了公众的看法，使洛克菲勒财团度过了难关。1906 年，艾维·李在《原则宣言》中指出："这不是一个秘密的新闻处，我们的全部工作都是开诚布公的，我们的目标是提供新闻。简而言之，我们的计划是代表公司和公共机构坦率地并且公开地向新闻界和公众提供迅速和准确的信息，这些信息涉及公众感兴趣知晓的有关问题。"

　　但是，艾维·李的公共关系咨询工作还存在许多不足之处。他不注重公众舆论的科学调查，只凭经验和直觉进行工作。为此，有人认为他的工作只是艺术，不是科学。因而在这一时期，还没有人从理论上去研究公共关系，公共关系还没有形成自己的思想体系而成为一门学科。

　　（三）爱德华·伯纳斯时期

　　在公共关系发展史上，真正为现代公共关系奠定理论基础，使公共关系向理论化、科学化方向发展的是美国著名公共关系理论家爱德华·伯纳斯。

　　爱德华·伯纳斯（Edward Bernays）1891 年生于维也纳，曾是一名新闻记者。1913 年被聘为福特汽车公司公共关系经理，1919 年他与夫人一起创办了一家公共关系公司。1923 年出版了人类历史上的第一部公共关系学专著《舆论之凝结》。同年，伯纳斯在纽约大学首次开设了公共关系学课程。

　　爱德华·伯纳斯的基本思想是投公众所好。他提出，组织首先要做调查研究，以了解和确定公众的爱好，一切以公众态度为出发点，然后有计划、有目的地进行宣传，争取公众的谅解与合作，并尽量满足公众的要求。

　　1952 年，由他编纂的《公共关系学》教材正式出版。该书从理论上对 20 世纪美国的公共关系实践进行了概括和总结，探讨了公共关系的内涵及其活动的原则和方法等，为公共关系学科的形成和进一步发展打下了坚实的基础。如果说，艾维·李是从实践上促使了公共关系走向职业化，那么，伯纳斯则是在实践的基础上，促使公共关系理论走向系统化、科学化。

三、现代公共关系的发展

现代公共关系产生的条件：

（一）公共关系产生的经济条件

公共关系作为独立的活动开始出现和获得发展是在工业革命之后。20世纪初，美国的社会环境、政治环境已趋于稳定，商品经济迅速发展，形成了以市场为中心的广泛的社会分工与协作，主要表现为社会生产分工的加剧、特别是买方市场的形成，消费者消费需求的多样化，从而使企业之间的竞争更加激烈，它们之间既需协作生产，又需在市场交换中树立各自的形象，以便赢得更多社会组织和公众的理解、信任和支持。由此可见，商品经济的高度发展是公共关系产生和发展的经济条件。

（二）公共关系产生的政治条件

社会政治生活的民主化是公共关系赖以产生和发展的政治条件。民主政治的进步表现为公众要有一定的权利、政府要重视公众的意见，还要让公众了解政府的各项方针、政策。这主要是通过代议制（由各种利益集团推选出自己的代表来进行公共事务的决策与管理）、经济上的纳税制、政治上的选举制来实现的。

（三）公共关系产生的科学技术条件

公共关系产生的科学技术条件主要是大众传播与现代通讯手段的发展。这为公共关系提供了物质手段。随着科学技术的进步，大众传播媒介不断更新换代，使企业能够迅速地与各类公众建立联系、沟通信息，形成有效的信息流通与反馈网络，从而促进公共关系的发展与完善。

20世纪50年代以后，以卡特利普和森特为代表的一大批公共关系专家和学术权威，在理论和实践上把公共关系推向了一个新的历史发展阶段。1952年，斯科特·卡特利普、艾伦·森特合著的《有效公共关系》一书出版，书中提出的"双向对称"的公共关系模式成为现代公共关系学成熟的重要标志。1946年，美国有30所高等院校开设了公共关系课程。1947年，第一所公共关系学院在波士顿大学成立。1978年，美国已有23所大学设有公共关系专业硕士点，10所大学有权授予公关专业博士学位。1955年，国际公共关系协会（简称IPRA）在英国伦敦成立。

总之，公共关系经历了从幼稚到成熟、从不完善到完善的发展过程，并在20世纪50年代以后走上了理论科学化和职业道德规范化的发展道路。

四、公共关系在我国的应用和发展

20世纪60年代公共关系开始传入我国的中国香港和中国台湾，1958年，中国台湾的交通系统设立了公关职能部门。到了 70 年代,公共关系在中国香港得到迅猛发展,特别是在酒店业、新闻传播机构,都有公共关系部门和专职人员在工作。

1980 年我国实行对外开放政策,颁布了特区条例,正式成立深圳、珠海、汕头三个经济特区,一批外商相继在这里投资建厂。在引进资金和技术的同时,也引进了中国香港和国外的一些先进管理方法,在合资企业中设立了公共关系部,并配备了公共关系人员开展公共关系业务。

1984 年,广州白云山制药厂率先成立了公共关系部,并拨出每年产值的 1% 用于公关专项投入。

1985 年深圳大学传播系创办了中国大陆第一个公共关系专业,招收了第一批公共关系专业的大学生。

1986 年 7 月中国第一家公共关系公司——中国环球公共关系公司成立。

1986 年 11 月,中国第一家公共关系协会——上海公共关系协会成立。

1987 年 6 月 22 日,中国公共关系协会在北京成立,它标志着公共关系进入一个新的发展时期。

1989 年 12 月,由深圳大学、杭州大学、兰州大学、中山大学、复旦大学发起,深圳大学大众传播系主办的全国高等院校公共关系教学研讨会在深圳举行。

1991 年 4 月,中国国际公共关系协会成立。

1999 年 5 月,国家劳动和社会保障部正式出版发行了部颁《国家职业分类大典》,公共关系被正式列入职业大典之中。这标志着国家已正式承认公共关系这一行业。

进入 21 世纪,随着经济全球化趋势的发展以及我国对外开放的深化,越来越多的跨国企业将进入中国,国内企业也陆续跨出国门,走向国际市场参与竞争,公共关系以其传播沟通的本质属性,在提升品牌竞争力、促进经济社会协调发展等方面发挥着越来越重要的作用。

第三节 旅游公共关系概述

旅游是一种广泛性的社会活动,随着社会政治、经济、文化等方面的发展,旅游活动在社会生活中占据越来越重要的地位,而旅游活动中的公共关系工作,也以其独特的规律和方法,发挥着重要的作用。

一、旅游公共关系的兴起

旅游公共关系是旅游业组织为了增进内部凝聚力及外部吸引力,取得公众的信任和支持、赢得广泛的合作,实现自身的生存并为旅游业发展创造最佳的社会环境而采取的一系列政策与行动。

全球经济的发展,尤其是科技的高速发展,生产力的不断提高,促使旅游需求和旅游供给出现重大发展变化,旅游日益深入到国际社会的各个方面。目前已经成为人们现代生活的一种方式,这种生活方式反过来又促进了社会交往,比如,2001年度世界最大的旅游商务公司——美国的现代运通公司通过与中旅公司合作从而进入中国。国际性的网络预订公司也纷纷与中国的网络预订公司合作进行国际、国内酒店的预订,如英国的通捷预订与金色世纪频繁接触进行优势互补性合作。而旅游公共关系是旅游日益大众化、社会化的必然产物。

旅游公共关系兴起的原因:

首先,旅游公共关系的兴起是旅游市场激烈竞争的需要。现代旅游企业竞争已经开始由质量竞争、价格竞争、服务竞争扩展到信誉竞争、形象竞争。旅游业组织要在竞争中取胜就必须不断地适应社会发展环境,与公众建立密切的关系,以形成良好的合作氛围,广泛地开展公共关系活动,从而树立自身良好的形象,提高知名度与美誉度。有效的旅游公共关系可以帮助旅游业组织顺利地进入竞争激烈的旅游市场,提高旅游市场占有率。

其次,旅游公共关系的兴起是现代旅游供给的需要。现代旅游消费向着个性化、多样化的方向发展。计算机的普及及预订系统形成世界网络,信用卡通行世界,游客对旅游方式、旅游线路、旅游季节、旅游服务的选择空间越来越大。据有关专家预测,二十一世纪旅游发展的一大趋势是旅游模式将发生深刻的变化,表现为散客旅游多于团体旅游,短线旅游多于长线旅游,人们外出旅游的频率将增加,而外出时间将会减少。有效的公共关系能够强化旅游地及旅游产品在游客心目中的形象,促进组织与公众的双向沟通和交流,有效地传递信息。

二、旅游公共关系的特征

所谓旅游公共关系的特征,是指旅游公共关系与其他类型组织的公共关系相比较所具有的基本特点,它可以概括为以下几个方面:

(一)复杂性

旅游业是一个关联性很强的行业,其复杂性表现为活动涉及面广、公众对象众多、工作内容庞杂。

在我国旅游业发展的初期,旅游业的竞争主要表现为资源竞争。一个地区、一个城市的旅游资源,构成了旅游发展的核心竞争力。随着旅游业的蓬勃发展,地区间的旅游竞争主要体现为产品类型、市场知名度的竞争,即主要依靠几个影响力大、知名度高的旅游产品(或旅游景点)来吸引旅游者。由于竞争的加剧,地区间的竞争除了旅游产品(景点)本身的竞争以外,还体现在食宿、服务、交通等方面,即依靠旅行社、旅游饭店、旅游交通、旅游购物等与景点开发所形成的产业优势进行竞争。现在已经发展为目的地竞争阶段,即城市或地区的整体性竞争,这里既包括各类旅游吸引物、旅游服务设施、旅游接待体系,也包括社会经济条件、经济地理区位、整体环境等内容。开展旅游公共关系必须要对旅游业有全局性思考,要从旅游业的全方位考虑如何树立良好的旅游形象、建立信息网络、分析预测发展趋势等重大问题。

(二)服务性

旅游是一个服务性行业,旅游公共关系既为旅游目的地服务,也为旅游客源地服务;既为各类旅游主体服务,也为各类旅游客体服务。例如,迪斯尼乐园是世界著名的主题乐园,它不但有神奇的游乐表演,而且还向游客提供尽善尽美的服务。迪斯尼乐园的金科玉律是:永远不对客人说"不",他们要求全体人员都必须树立一个基本概念:迪斯尼是一个大家庭,没有"雇员"只有"成员";到迪斯尼来的没有"顾客"只有"客人"。根据"客人"的需求,迪斯尼乐园中设置了一应俱全、能够满足客人不同口味的服务项目。饭店的风格也完全不同:迪斯尼乐园饭店是维多利亚风格豪华饭店、纽约饭店则完全是20世纪30年代纽约的气氛、巨杉饭店被密林围绕,是爱好大自然者的理想栖身地、新港饭店再现了英格兰游船码头的景色、夏延饭店是一部美国西部村庄的风光、圣菲饭店建在干旱多石的荒野当中,完全是印第安部落的风格、而2005年9月开业的中国香港迪斯尼乐园也把周到的服务体现在各种细节中:每个员工看见客人都会主动打招呼;为避免孩子受烈日暴晒,园内为父母提供带遮阳的婴儿车;为了避免客人提着大量购买的商品游玩,可以预约时间让工作人员将货物定时送到出口处等待……这些服务细节让在游客获得了方便,也拥有了更完美的快乐体验。对旅游企业来说,服务贯穿于旅游活动的全过程,服务意识是否突出,决定了企业能否在竞争中处于优势。

(三)协调性

旅游公共关系能够协调旅游市场主体之间的各种关系。以旅游企业为例,它需要协调的各种关系包括:与政府的关系、与社区的关系、与新闻媒介的关系、与竞争者的关系等。只有旅游业组织内、外部关系相互协调,才能保证整体效益的提高。例如,湖南省林业局通过一系列协调沟通,把武陵源由一个国有林场变成了世界知名的自然风景区。1958年张家界就开办了国有林场,但是一直是"养在深闺人未识"。1978 年,他们邀请了全国各主要新闻单位的记者来张家界参观考察,请他们进行宣传介绍,很快媒体的宣传引起了全国各地公众的注意,吸引了很多游客来此旅游。1981 年,张家界被国务院正式批准为中国第一家国家森林公园,1985 年,国家将张家界索溪峪、天子山合为武陵源,统一之后,他们进一步开展了公关协调传播活动,向各大旅游机构宣传、介绍武陵源,很快武陵源被国内外公众所认识和接受,并被正式列入了"世界自然遗产名录"。武陵源的成功,主要原因是他们广泛协调与各方面的关系,让社会公众了解、理解企业行为,并充分利用传播渠道,提高景区的知名度和美誉度,从而提升了组织的整体形象。在旅游业内部,旅行社、饭店、车船、景点和旅游商店等行业之间也要进行协调沟通,充分发挥各自的优势。

(四)长期性

旅游业组织要与公众建立起密切的关系,获得良好的声誉,树立美好形象,必须经过长期的、有计划的、持续不断的努力才能实现。比如,广州的白天鹅宾馆、北京的长城饭店可以说是 20 世纪 80 年代早期中国公关的典范。他们参照合资企业国际规范化的管理,导入了公共关系的管理职能,并设立了相应的公共关系机构,直到今日,他们的公关工作还令世人瞩目,并演绎着一个个精彩的中国特色的公共关系案例。通过旅游公共关系来为本组织建立成功的人际关系、和谐的人事气氛和最佳的社会舆论,以赢得社会各界的了解、支持、信任与合作。同时要清楚眼前利益与长远利益的关系,处世办事不贪小便宜,目光远大,胸襟开阔,办事讲策略。现在,越来越多的旅游业组织开始注重品牌形象建设。国际上一些著名的城市都有自己独特的品牌形象,如威尼斯被称为"水城",慕尼黑是"啤酒城",巴黎是"艺术之都",曼谷被称为"天使之都",维也纳是"音乐之都",这些品牌形象,既张扬了城市个性,又在世界人民面前树立了自己的旅游形象。而品牌形象的构建是一个长期的过程,需要坚持不懈的努力、维护和巩固。

(五)互惠性

旅游公共关系是旅游业组织与公众之间的一种互利关系,旅游公关工作既要满足公众的要求,但又不能忘记本组织的利益。旅游公关工作是将这种互得利益的关系建立在更加透明、真诚和互惠的基础上。形象靠什么来塑造?公众靠什么来争取?显然,良好的旅游产品,优质的服务,正直的行为应该是最重要的。这是一个组织形象的硬件指标,还需真诚作为软件指标。只有真诚才能获得公众的理解和支持,任何虚假的信息传播,都会损害组织的形象。

以上五个方面综合地、立体化地构成了完整旅游公共关系的基本特征,正确了解和把握这些特征,将有助于深化对旅游公共关系涵义的认识。

三、旅游公共关系的职能

旅游公共关系的职能是公共关系在旅游业组织中所应发挥的作用和应承担的职责。

(一)采集信息的职能

1. 信息与信息社会

信息(information)是一个多义词,不同的角度有不同的看法。在日常生活中,信息是指具有新内容、新知识的消息。从公共关系的角度看,信息是所有具有价值性、有效性、经济性,可以减少或消除事物不确定性的消息、情报、资料、数据和知识。信息社会(information society)也称为"信息化社会",是脱离工业化社会以后,信息将起主要作用的社会。"信息社会"是由西方学者在 20 世纪 60 年代以后提出来的一种社会新模式,又称为"情报化社会"、在农业社会和工业社会中,物质和能源是主要资源,所从事的是大规模的物质生产;而在信息社会中,信息成为比物质和能源更为重要的资源,以开发和利用信息资源为目的的信息经济活动迅速扩大。

2. 采集信息的概念

采集信息是指旅游业组织自觉地通过各种渠道采集与组织相关信息的活动。在现代信息社会中,信息就是财富和资源。旅游企业应在第一时间内获得有价值的商业信息,如商务会议和大型团体活动的时间、客源具体情况等,这样就可以有的放矢,进行有针对性的市场促销。旅游者在选择目的地的时候,也需要信息去帮助他们做出决定。例如一家妇女杂志社发表的关于中国香港是购物天堂的文章,可能会促使人们为了体验购物的乐趣,而前往中国香港旅游。在日益激烈的市场竞争中,信息已经成为竞争力的重要构成要素。因此,可以说采集信息是监测组织环境、塑造组织形象的第一步工作,是公共关系的首要职能。

3. 采集信息的内容

(1)旅游业组织形象信息。组织形象是社会组织、组织行为及行为后果在社会公众心目中留下的整体印象和综合评价。组织形象信息的内容包括以下几个方面:公众对于组织领导机构的评价,包括领导能力、创新意识、办事效率、威望与可信任程度以及组织机构设置是否合理等;公众对于组织管理水平的评价,包括经营方针是否正确、市场预测是否准确、旅游商品定价是否合理、资信等级的高低等;公众对组织人员素质和服务质量的评价,如决策层和各部门人员的工作能力、业务水平、服务质量、文化水准、创新精神和观念意识等。

(2)旅游产品形象信息。就是旅游业组织的产品或服务在公众心目中的印象以及公众对组织政策、行为的评价。产品形象信息包括旅游产品的质量、内容、价格、服务等。旅游产品在公众中信誉的高低,是旅游企业性命攸关的大问题。近些年来,个别旅行社的"零团费、负团费"现象以及劣质旅游商品的出现引起了旅游公众的极大愤慨,因此,旅游业组织一方面要严把质量、服务关,另一方面要及时收集公众对本组织的各种评价和反映。

(3)公众需求信息和竞争者信息。公众需求既是旅游业组织生存发展的依据和动力,又是公众利益和兴趣的具体体现。组织只有了解并重视公众的需求,才能赢得他们的信任。而竞争对手的情况也是采集信息的重要内容,竞争对手信息包括市场占有率情况、价格情况、利润情况等。

(4)社会环境信息。主要包括政治决策信息、立法信息、国际和国内的政治经济、文化、科技等方面的重要变化,这些信息可能会直接或间接地影响着旅游业组织的政策和活动。

4.采集信息的方法

采集信息最主要的方法是依靠大众传播媒介,如广播电视、报刊杂志、网络等,还可以运用专题调查的方法,建立高效、准确、及时的信息网络,保证获取最佳信息。专题或专门调查一般可以有以下三种方法:一是通过问卷的方式来进行;二是通过座谈会、展销会等方式来进行;三是通过走访用户,直接观察,获得有用的信息。此外,还可以通过听取专家对经济形势的分析,预测市场动态,评估组织形象等取得大量的信息。

(二)咨询建议的职能

1.咨询建议的概念

公共关系的咨询建议就是指组织公共关系人员向决策层和各管理部门提供公共关系方面的意见和建议,使决策更加科学化、系统化,并照顾到社会公众的利益。

2.咨询建议的内容

随着旅游业的不断发展,公关咨询已越来越多地为旅游业组织所重视。公共关系人员进行咨询与建议的主要内容有:

(1)组织形象的咨询与建议。在广泛收集信息、调查研究的基础上,公共关系部门对组织在公众心目中的形象,地位应做出客观评估,找出组织的自我期望形象和实际社会形象的差距,为组织决策层和有关部门提供"组织形象"等方面的咨询,并为塑造组织形象提出合理化建议。公关部门应当及时监测本地区、本行业的新闻机构,及时发现其中关于本组织的报道和评论,并向本组织的领导人提供真实的情况,供他们在进行组织决策时参考。

(2)组织发展的咨询与建议。公关人员应运用自身优势对本组织方针、政策和行动提供咨询意见,参与决策,制定出合乎组织发展的目标。

（3）产品形象的咨询与建议。组织通过提供旅游产品或服务与游客发生联系，公共关系人员要从不同角度、不同渠道收集有关产品形象的信息，并提出咨询意见，为组织决策部门提供参考。

（4）关于公众心理的预测咨询与建议。公众心理是指公众在与组织交往中产生的认知、动机、态度等。它受社会角色、家庭、相关群体、社会阶层、文化等方面的影响。

公众构成了组织所面对的社会环境。时刻把握公众的变化，是旅游业组织适应社会的重要标志。在商品经济日益发达的社会里，市场变化越来越快，组织能否在动荡的市场环境中取得竞争优势，往往取决于组织能否迅速预测和把握市场变化的趋势。因此公关人员应当熟悉公众心理，掌握公众态度和意向，并随时根据社会环境的变化预测公众的心理，为管理者制定决策提供依据，并把公众心理和行为引导到对组织有利的方向上来。

[读一读]

和鸿缘酒店为何没能赢得公众的心

1996年8月，南京的报刊上登出一则广告："欢迎高考落榜同学11日相聚和鸿缘酒店"。广告连续刊登了三天，拉开了由"和鸿缘酒店"主办的"心连心，手拉手，落榜学生相聚说说心里话"活动的序幕。除了报刊广告外，酒店王总经理还在10日晚上接受了"南京新闻电台"晚间黄金档节目的现场专访。这一举措，立即引来各界关注。新闻媒介、企业纷纷前来问询，给予鼓励和支持。11日晚的活动被策划和安排得有声有色：既有心理学方面的专家、老师，也有愿意在落榜同学中招工的企业代表，更有酒店王总经理以高考落榜生的身份现身说法，鼓励大家自强不息——为避免做广告、促销之嫌，该酒店谢绝了一些啤酒厂家免费赠饮的盛情。

"和鸿缘酒店"还计划从11日起，将不定期地举办为落榜生服务的公益活动，并打算从落榜生中优先招收员工。用他们自己的话说就是："献一份爱心、关心、细心给落榜生。"谁料到，这一天晚上8时整，当王经理准备宣布活动开始时，人们才发现，偌大的会场内只来了四位同学。而即便是这四位同学，也因没看到有人再来，趁人不备相继溜出了会场。这次活动终因没有参与者而宣告失败。

从中不难可以看到，"和鸿缘酒店"的主观意图是好的，创意也有可取之处。但却忽略了高考落榜生的心态和社会氛围。

（三）参与决策的职能

1. 参与决策的概念

决策是管理职能的核心内容，它是组织在管理中为达到预期目的所做决定的行为与过程。组织的决策工作，就是在调查预测的基础上，充分利用各种信息，对组织的各项目标和达成目标的方案加以选择和决定。组织经营决策,是由组织的领导层做出的。公关人员利用自己的信息和知识为决策层提供参考,以便决策层做出正确的决策。

2.参与决策的内容

公关人员参与决策,在以下几个方面起到决策者的"智囊"和参谋作用。

(1)帮助决策者确定组织的正确目标

组织进行决策,首先要确定正确的经营目标,而目标的确定必须从发现问题开始。许多问题往往是由公共关系部门发现并提供给组织决策者作为决策的依据。在实践中,公共关系部门经常与企业的其他部门一起来解决有关问题。从最初问题的提出到对问题的诊断和制定解决问题的方案及实施、评估的整个过程,公共关系部门要与其他部门密切合作,并提供咨询服务。例如,当旅游企业出现产品信誉危机事件时,营销部门要认真分析旅游产品销售渠道的各个环节,公关部门在征得企业领导同意的前提下,积极联系有关媒体,将企业认真负责的态度及时地告知社会公众,缓解公众对企业的敌对情绪,为调查的顺利进行创造外部条件。事实调查清楚后,公关部门要通过新闻发布会或公告的形式,将事件真相告诉给广大公众,以便冲淡危机的负面影响,重新树立本旅游业组织在旅游者心目中的良好形象。

(2)帮助决策者拟定、选择正确的决策方案

组织拟定实施决策目标的方案,必须适应特殊的社会环境和公众的具体状态,这有赖于公共关系人员收集、整理各种不同的社会信息。而选择决策方案,关键在于建立合理的评价指标,在评价指标的背后,往往依赖于各种公共关系活动的开展。

(四)协调沟通的职能

1.协调沟通的概念

协调沟通的职能是公共关系的最根本的职能,它是指旅游业组织与公众之间传递交流信息、处理矛盾、协调关系的行为。

2.协调沟通的内容

在现代社会,任何组织与社会之间都存在着相互联系、相互依存的关系,其各部门、各要素之间都需要相互协调沟通,以实现组织的目标。组织只有在不断地协调、沟通好内部环境,同时又不断地协调、沟通好外部环境,才能更好地生存和更快的发展。协调沟通内容可分为两个方面:

(1)组织内部各种关系的协调沟通

①领导与员工之间的关系:一般是指领导者将自己或组织的奋斗目标、方针、政策、实施办法、工作程序等传达给员工,从而求得信息畅通和行为协调、步

调一致地去进行某项工作。在沟通和协调中,需要掌握和运用公共关系方法与艺术。

②员工与员工之间的关系:员工之间进行沟通和协调,对于增进了解、加强团结是很有必要的。

③组织内部各部门之间的关系:组织内部各部门之间融洽和团结,以及相互之间的理解和配合,是形成最佳合力的关键。而这其中很重要的一条就是运用公关方法与艺术,在部门之间进行经常地、大量地、有效地沟通和协调。

公共关系要重视内部协调、沟通的任务,通过建立和完善组织内部的各种沟通渠道和协调机制,促进组织内部的信息交流。一方面,应及时提供组织信息,向员工宣传组织的目标和方针政策、目前存在的问题,消除或弥补可能产生的误解,使全体员工在思想认识上与组织保持一致,并及时把员工的情况反馈给领导者,实现双向的协调沟通,以增强组织内部的凝聚力。另一方面,还应协调沟通各部门之间的关系,使各部门相互了解对方的工作特点,性质及遇到的困难,从而支持彼此的工作,为组织目标的实现尽职尽责。

(2)组织外部公共关系的协调沟通

组织面临的外部关系是复杂的,包括组织与旅游者、政府、新闻界、竞争者等。这就要求组织公关部通过与外部公众交往、传递信息、及时沟通、积极对外联络、消除误解,取得外部公众的信赖和支持,为组织的生存和发展减少各种社会障碍,增加各种有利的机会,从而创造良好的外部经营环境。

[读一读]

泰国政府的旅游公关

泰国在 2004 年岁末遭遇海啸后,政府及旅游部门反应很快。为了尽快恢复旅游业,泰国政府迅速在世界各地开展公关活动。先后有超过 1500 多名世界各地的媒体记者被邀请到普吉等受灾地区进行采访,了解当地的灾后重建情况,泰国政府希望借此树立游客重返泰国旅游的信心。他们通过积极建立海啸预警指挥中心,使游客们在海啸发生前的 30 分钟到 1 个小时之内获得信息,及时躲避灾难。另外,泰国政府还在海滩上增设中文通告,告诉游客们在海啸来袭时应如何自救。泰国旅游局还在每位游客的旅游保险中增加了海啸灾难的担保额。为了打消考察团成员的顾虑,泰国卫生局的官员还当场品尝海鲜,告诉游客普吉的海鲜食品很安全!泰国政府根据环境变化及时传递信息,协调沟通,从而使旅游业在较短的时间内得到了恢复和重振。

3.协调沟通的要求

协调沟通是一项艺术性、情感性很强的工作,在组织发展的不同时期,有不同的要求。对于刚刚创建的组织来说,协调沟通的主要任务是争取公众对组织有良好的第一印象,使公众对组织及组织生产的产品或提供的服务产生信赖感,同时使组织具有吸引力,其工作重点是提高美誉度,扩展知名度。建立自己特有的经营理念,独特的组织标识等,为组织的进一步发展积蓄能量;对于处于兴盛发达时期的组织来说,其工作重点是维护组织在公众心目中的良好印象,承担社会责任,注重社会效益,居安思危,不断超越组织自身,进一步扩大影响,提升品牌价值,使组织无形资产不断增值;对于处于危难时期的组织,其工作重点是消除误解、争取信任,消除危机、挽回影响,重塑形象。

四、旅游公共关系的构成要素

旅游公共关系是旅游业组织与公众之间各种关系的综合表现,其构成要素是旅游业组织、旅游公众和传播沟通。旅游业组织是旅游公共关系的主体,旅游公众是旅游公共关系的客体或对象,传播沟通则是连接旅游业组织与公众之间的桥梁。

(一)旅游公共关系的主体——旅游业组织

所谓旅游业组织,是旅游业各类组织的总称。主要包括旅行社、旅游饭店、旅游景区、交通运输部门等。旅游业组织凭借设施、设备、人力、资金、技术、信息等资源,运用管理功能,通过各级各类员工来组织接待活动。

(二)旅游公共关系的客体——旅游公众

旅游公共关系的工作对象或客体是旅游公众。旅游公众是与各类旅游企业组织相互联系、相互作用的个人、群体和组织的总和。从广义上说,凡是旅游业组织信息传播、沟通的对象都称之为旅游公众。他们具有同质性、群体性、可变性等特征。只有正确认识公众,旅游业组织才能制定正确的目标、策略和方法,从而使旅游业组织的公共关系工作建立在科学的基础之上。

(三)旅游公共关系的手段——传播沟通

传播指信息、思想或观念的交流过程,是人与人之间的信息传递与分享。旅游公共关系的传播是指旅游业组织利用各种媒介与公众进行沟通,争取理解与信任的过程。这是一个观念、知识或信息的共享过程,其目的是通过双向的交流和沟通,促进公共关系的主体和客体(组织和公众)之间的了解、共识、好感和合作;其手段主要有人际传播、组织传播和大众传播等形式。

五、旅游公共关系学的研究对象和内容

(一)旅游公共关系学的研究对象

旅游公共关系学研究的主体是旅游业组织,其客体是一个复杂的多层次的

体系即社会公众,主要包括员工公众、旅游者公众、政府公众、社区公众、新闻媒介公众、竞争者公众等。旅游公共关系学的研究对象是在旅游活动中,旅游业组织与社会公众之间所发生的种种关系及其变化规律。

(二)旅游公共关系学的研究内容

旅游公共关系学的研究内容主要是旅游公共关系理论与旅游公共关系实务两部分。旅游公共关系理论,主要是界定旅游公共关系基本概念、基本特征、主要职能;了解旅游公共关系的兴起;探讨公共关系学科性质、研究对象;公共关系三大构成要素;公共关系的四步工作法等。旅游公共关系实务,是作为应用性学科的公共关系学研究的重要内容。它的研究内容非常广泛,主要有:旅游业组织形象分析与形象设计、旅游公共关系调查、旅游公共关系策划、公共关系专题活动、公共关系语言、礼仪交际等。

随着科学技术尤其是信息技术的日新月异,以及人们之间的交往和联系的日益广泛和紧密,旅游公共关系学的研究对象和学科内容必将日益丰富多彩。作为一门方兴未艾、充满生机和活力的新兴学科,其发展前景必将灿烂辉煌。

[补充阅读]

世界公共关系大会

2008 年世界公共关系大会(IPRA World Congress 2008)将于 2008 年 11 月 13 日至 15 日在北京举办。世界公共关系大会是世界范围内公共关系领域最高规格的会议,是全球公共关系业的"奥林匹克"盛会。自 1958 年在比利时布鲁塞尔举办首届大会以来,该大会已分别在不同国家的主要城市举办过 16 届,对公共关系的国际交流和专业推广发挥了非常积极的作用。下表列出了历届公共关系大会的相关情况。

时间	地点	主题
1958	比利时布鲁塞尔	为人类服务的公共关系
1961	意大利威尼斯	为社会进步的公共关系
1964	加拿大蒙特利尔	公共关系与发展潮流
1967	巴西里约热内卢	公共关系与变化中世界的新需求
1970	以色列特拉维夫	公共关系——国际理解的桥梁
1973	瑞士日内瓦	公共关系——应运而生的行业
1976	美国波士顿	议会中的公共关系
1979	英国伦敦	变化的世界带来的挑战
1982	印度孟买	互相依赖的世界

（续表）

时间	地点	主题
1985	荷兰阿姆斯特丹	人民与权力之间
1988	澳大利亚墨尔本	价值与沟通
1991	加拿大多伦多	新千年的沟通－连接人类与文化
1994	乌拉圭埃斯特角市	社区中的公司——作为社会责任的公共关系
1997	芬兰赫尔辛基	公共关系未来环境的展望
2000	美国芝加哥	在纷扰世界中成就才能
2005	土耳其伊斯坦布尔	沟通——走向诚信的持久之路

第二章　旅游公共关系的主体

本章提要

　　旅游业组织是旅游公共关系的主体,一切公关工作的开展都是围绕着旅游业组织来进行的。但是从公关工作的具体执行来看,公共关系部和公共关系人员是直接的执行者,从这个意义上来讲,公共关系的主体还要包括公共关系部和公共关系人员。本章重点介绍了有关旅游业组织的形象、公共关系部的设置和公共关系人员的素质要求。

第一节　旅游业组织

　　旅游业组织作为公共关系的主体,在整个公共关系运作中居于核心地位。旅游业组织的性质、特点不同,公共关系工作的内容也有所差别,其根本目的就是通过开展公关活动使旅游业组织与公众之间实现良好的沟通,从而为旅游业组织营造良好的生存和发展环境。

一、旅游业组织的分类

　　按照旅游业组织所承担的社会职能、工作内容和目标,可以把旅游业组织分为以下几类：

（一）旅游饭店企业

旅游饭店又称为旅游酒店、宾馆，其主要功能是为客人提供住宿、餐饮以及娱乐等服务。作为旅游业的重要支柱之一，饭店业的发展历史较长，积累了丰富的公关实践经验。我国的公共关系思想最早就是以旅游饭店为媒介传入的。目前，旅游饭店的数量增长很快，饭店市场的竞争异常激烈。因此，旅游饭店公共关系对于饭店企业争取客源，获得长期发展具有特殊重要的意义。

（二）旅行社

自从1841年英国人托马斯·库克组建了世界上第一个旅行社以来，旅行社已经走过了一百六十多个年头。旅行社的出现，为人们外出旅游提供了极大的方便，它的出现标志着近代旅游及旅游业的开端。旅行社通过组合和销售旅游产品，将旅游业内的诸多企业联结在一起，它需要和旅游景区、旅游饭店以及旅游交通等组织打交道，具有工作范围广，影响面大的特点。因此，通过开展公共关系活动加强旅行社和其他组织之间的联系是十分必要的。

（三）旅游交通部门

旅游交通是人们实现外出旅游活动的必备条件，它贯穿于旅游活动的始终。旅游交通帮助旅游者实现空间位移，到达旅游目的地。如果交通不顺畅，旅游者的旅行和游览活动就要受到限制和影响。由于交通建设需要花费大量的人力、物力和财力，长期以来，旅游交通一直是我国乃至世界旅游业发展的"瓶颈"。近些年来，随着各项经济建设的不断发展，国家加强了道路交通建设的投入，大大地改善了交通运输环境。然而，我国人口众多，交通运力有限，特别是在旅游黄金周期间，交通供给仍然满足不了人们日益增长的外出旅游需求。由于相当一部分交通企业市场观念淡薄，竞争意识不强，导致服务质量低下，旅客的满意度较低。为了改变这种现状，就有必要树立起公共关系的观念，重视广大旅客的根本利益，运用各种方法和手段协调好与旅客之间的关系。

（四）旅游景区

在旅游活动中，旅行是手段，游览是目的。旅游者游览的对象就是旅游景区。我国地大物博，历史悠久，有着丰富的自然和文化旅游资源。其中，有很多已经被联合国教科文组织列为世界自然、文化遗产。如此众多的旅游景区给游客提供了很大的选择余地。而旅游者不可能对所有的景区都很熟悉，只能是根据广告宣传、传播等方面的介绍来进行选择。因此，旅游景区的自身形象建设就显得特别重要了。如果能够通过有效的公关传播手段在旅游者心目中树立一个清晰的、与众不同的形象，引起旅游者在知觉方面的注意，那么，就会吸引他们来此旅游消费。

（五）旅游行政管理部门

旅游行政管理部门是国家和地方政府专门负责对各种旅游方面事物进行管理的职能部门，具有对旅游业实施计划、指导、监督、管理、协调和服务等职能。主要包括国家和地方的旅游局、旅游事业发展管理委员会和其他各种旅游管理机构派出机构等。旅游行政管理部门的主要作用是全面促进国家和地方旅游业的健康发展、沟通政府部门与旅游者和旅游企业之间的关系、开展市场调研和对外宣传促销活动、促进地区间旅游交流、组织旅游职业资格考试认证工作、以及旅游教育与培训工作等等。旅游行政管理部门作为政府部门的代表，对旅游业的发展起到统领全局的作用，为了促进地方交流与合作，积极向其他地区促销旅游产品，需要策划大规模的旅游活动，整合地方旅游资源，调配旅游业内各种组织的力量，这些活动的开展都离不开公共关系手段的运用。

（六）旅游社会团体

旅游社会团体主要是指各种民间旅游业组织，如旅游行业协会、旅游学会和旅游管理教育研究会等。旅游行业协会包括中国旅游饭店协会、中国旅游车船协会、旅行社行业协会等。他们对于协调本行业内部关系、保护成员的利益，维护自身权利，规范成员行为起到了积极的作用。同时也为成员之间的相互交流与沟通搭建了平台。作为旅游社会团体，要发挥桥梁和纽带的作用，通过举办各种年会、交流会、研讨会以及发行内部刊物等形式协调各成员之间的关系，这些活动的本身就具有明显的公共关系性质，因此，也是旅游公共关系的行为主体之一。

从广义上讲，各类旅游企业、旅游行业协会、学术团体、旅游行政管理、旅游教育、培训等部门都可以算作旅游业组织。而从狭义的角度理解，旅游业组织主要包括旅游饭店、旅行社、旅游景区和旅游交通部门。本书主要从狭义的角度来讨论旅游业组织公关活动的开展。

二、旅游业组织的特征

（一）整体性

组织的整体性是指组织的成员和部门都是组织的构成部分，都与组织具有密不可分的关系。组织行为学认为，组织是由两个或两个以上的个体通过有计划地协作所组成的为达到共同目标的正式结构。旅游业组织具有严密的组织结构和运行机制。以饭店为例，就包括了客房部、餐饮部、前厅部等，各部门之间相互依赖、相互配合，共同组成了一个有机的整体。

（二）目标性

组织的目标性是组织存在的前提。任何一个组织都是为了达到共同的目标而建立起来的。旅游业组织是按照一定的目标组织起来的。组织的各个部门成员就是为了实现这个共同的目标而走到一起来的。如饭店组织的目标是为客人提供优质的住宿服务、旅行社是为了满足游客参观游览的需要而组织起来的。

（三）多样性

旅游业组织的种类是多种多样的，按照不同的标准可以做不同的划分。如按照是否属于营利性，可以将组织划分为营利性组织和非营利性组织。旅行社、旅游饭店属于营利性组织，而旅游行业协会和旅游行政管理部门则属于非营利性组织。

（四）竞争性

旅游业作为第三产业的重要组成部分，不仅种类多，其数量也十分庞大，整个行业的竞争日趋激烈。特别是在中国入世后，国外的旅游业组织如旅游饭店管理集团、旅行社等纷纷抢滩中国旅游市场，这一方面推动了行业的发展，同时也进一步加剧了市场竞争的局面。

三、旅游业组织形象的含义和内容

（一）旅游业组织形象的含义

公共关系的根本目的就是帮助组织塑造良好的形象。特别是对于营利性的旅游业组织来说，形象就是组织开拓市场、吸引顾客的重要法宝。那么什么是形象？这是一个比较抽象的名词。根据中国社会科学院语言研究所编写的《现代汉语词典》对形象做出的解释是："能引起人的思想和感情活动的具体形状或姿态或者是人物的神情面貌和特征。"公共关系学意义上的形象与此解释有所不同。从公共关系学的角度出发，形象是公关主体与公众之间形成的一种心理关系。所谓旅游业组织形象，就是旅游业组织的公众对旅游业组织的总体评价，是旅游业组织的表现和特征在公众心目中的反映。公众对组织的评价如何会直接影响他们的行为，所以，对于旅游业组织来说，必须要重视组织形象的塑造。

（二）旅游业组织形象的内容

1. 产品形象

公众对于旅游业组织的了解往往是从产品开始的。旅游业作为服务性的行业，其产品具有无形性的特点，这就给产品的形象展示带来了难度。旅游业组织可以通过制作宣传片、宣传手册、举办展览会等形式来展示产品的形象，向公众提供产品信息。同时，还可以利用互联网作为平台，搭建展示产品的窗口，如饭店客房、餐饮、前厅等部门的照片、网友评价等，让公众通过浏览网页来了解相关信息。对于餐饮企业来说，可以通过开放厨房或者厨师现场制作的方式来展示产品，许多食品的现场制作过程本身就是一种艺术，能给人带来美的享受。比如，中华老字号全聚德烤鸭的"片鸭"技艺，让人叹为观止，是北京传统文化的象征和符号。

2.员工形象

外部公众对于旅游业组织的了解大多是通过员工进行的。服务产品的生产过程不同于其他实物产品,员工本身的素质、服务水平直接影响了服务产品的质量,所以员工形象十分重要。具体来讲,员工形象主要通过服装服饰、仪容仪表、言谈举止、品德修养、服务态度等方面体现出来。可以说,人人都是组织的形象大使。现在很多旅游业组织都通过严格选拔、加强培训等手段来不断改善员工的形象。员工的服务态度在很大程度上影响着顾客的心理感受,这就要求员工要一视同仁、尊重客人。

3.环境形象

环境形象是组织形象中最外在的、最直观的要素。环境形象主要通过建筑特征、装修布局、设施设备、绿化环保等方面体现出来。作为第一次与组织打交道的外部公众,组织的内、外部环境直接影响着他们对于组织的评价。对于饭店企业来说,大堂的布局是体现整体风格的窗口,一个有特色、别具一格的设计能够给人留下深刻的印象。

4.社会形象

社会形象是组织社会责任感的重要体现。主要包括组织在公益活动、赞助活动、环境保护、员工保健、员工福利、劳动就业等方面的表现。一个企业是否具有良好的企业公民形象,会直接影响到人们对它的评价。如果只单纯注重经济效益,而忽视了社会责任,那它也不会受到公众的尊敬。旅游业组织在解决劳动力就业方面有自己的独特优势,旅游企业可以通过吸引所在社区的劳动力来企业工作,来帮助政府分担就业压力。

组织形象包含的内容十分广泛,以上四个方面是其中重要的组成部分。各个部分之间互相联系、互相依托,共同组成了一个有机的整体。公众对组织的印象也是一种总体印象。因此,旅游业组织形象的塑造是一项系统工程,必须要认真做好每一部分形象的塑造工作,千万不能顾此失彼。

[读一读]

洲际酒店集团的爱心

洲际酒店集团是全世界规模最大、网络分布最广的专业酒店管理集团。它的跨国经营范围很广,在中国很多省、市都有其接管的酒店。洲际酒店集团非常重视自己的社会形象塑造。他们通过举办各种形式的慈善活动,包括赞助中国第三届公益美食烹饪大赛在内共成功筹到了 25 万元的善款,这些钱将用于希望小学的建设。洲际酒店集团的管理者认为:"作为酒店从业人士,不能缺少创新和探索精神,为社会创造经济效益,但更不能缺少真诚和爱心,不能忘记回报社会的重大责任！"

（三）旅游业组织形象的评价指标

组织形象的塑造，涉及到评价组织形象的两个基本指标：知名度和美誉度（如图 2-1）。知名度是一个组织被公众知晓、了解的程度，它是从量的方面评价组织名气大小的客观尺度；美誉度是一个组织被公众信任、赞许的程度，它是从质的方面评价组织社会影响好坏程度的指标。

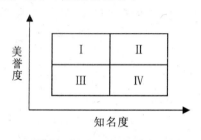

图 2-1　组织的知名度与美誉度

Ⅰ区域：表示知名度低，美誉度高

Ⅱ区域：表示知名度高，美誉度高

Ⅲ区域：表示知名度低，美誉度低

Ⅳ区域：表示知名度高，美誉度低

从上图可以看出，处于第Ⅱ区域的组织形象状况是最为理想的，是公关人员努力的方向和目标。比如，像喜来登、波特曼丽嘉等酒店就属于这种状况；对于处于第Ⅰ区域的组织来说，可以通过口碑效应来吸引顾客，让更多的人了解组织的产品和服务，提高其知名度，使组织形象向区域Ⅱ的方向转化；对于第Ⅲ区域的组织来说，这是一种十分不理想的状况，如果公众对于组织的认知停留在这个层面上，将对组织的发展不利，所以要内外兼修，在提高产品和服务质量的同时，提高自己的知名度，设法改变公众对于组织的不利态度；对于处于第Ⅳ区域的组织来说，也是一种不理想的形象认知，说明虽然组织的名气较大，但是公众对于组织的产品服务、政策、行为等持反对、否定的态度，如果长此以往，那么组织的形象地位势必要向区域Ⅲ的方向转化，所以要设法找到组织存在的问题，并加以修正和完善，改变组织在公众心目中的不好印象，使其向区域Ⅱ的方向转化。

四、良好组织形象的作用

（一）良好的组织形象是企业的重要无形资产。

组织形象的本身是无形的，但是它能够给组织带来巨大的经济效益和社会效益，是企业最为宝贵的财富。旅游产品所具有的无形性、不可储存性等特点决定了旅游者无法事先通过试用和试验来达到对产品的认同和接受,只能是根据产品的知名度和美誉度来进行判断、选择。良好的组织形象它是组织在长期的生存、发展过程中逐渐积累起来的,是重要的无形资产。

(二)良好的组织形象有利于组织开拓市场,吸引更多的客源。

在现代市场经济条件下,旅游产品非常丰富,旅游者选择的余地也越来越大,那些信誉好、质量佳的企业对旅游者的吸引力更大。在开拓市场的过程中,如果旅游企业能够凭借良好的组织形象形成一定的品牌效应,那么,这种品牌效应将会起到维护和提高顾客忠诚度的作用,进而能够吸引更多的客源。然而,有个别旅游企业为了眼前的利益,而不顾牺牲自己的信誉,不仅损害了旅游者的利益,也损害了整个行业的形象。

(三)良好的组织形象有利于增强组织的向心力和凝聚力。

一个组织的形象集中反映了组织的精神和风格。旅游业组织的知名度、美誉度越高,说明其内部的员工工作士气越高。反过来,组织的良好形象又会进一步增强其员工的自豪感,组织就像磁石一样吸引着员工,员工也乐于为这样的组织工作,从而增强了组织的向心力和凝聚力。旅游行业的员工流动率较高,而相当一部门人会选择那些著名旅游企业,所以,争当"最佳雇主"是塑造组织形象的重要内容。

第二节　公共关系部

一、公共关系部的含义

公共关系部,简称"公关部"。在旅游企业中,为了完成公关工作的具体任务,就需要有一个专门的部门来行使公关职能,没有这样一个专门的机构来筹划和组织,旅游公关工作就难以开展。公共关系部就是指在旅游业组织内部设立的以专门从事公共关系工作为职能的机构。在有的旅游业组织中,也称为"公关营销部"、"公关广告部"、"公共事业部"、"公关传播部"等。

二、公关部工作的特点

(一)工作范围的广泛性

公共关系部的工作范围是十分广泛的,旅游公共关系调查、旅游业组织形象的设计与传播、旅游业组织内、外部公共关系的协调以及顾客投诉的处理、进行危机公关等等，方方面面都要涉及到。

（二）工作成效的内隐性

公关部虽然在组织结构中的地位是十分明显的，但是其工作成效无法直接体现出来。以饭店为例，饭店的公关工作通常是围绕着餐饮和客房等营利部门的工作开展，所以公关部的工作成绩只能借助营利部门的经营状况体现出来，具有一定的内隐性。

（三）工作性质的挑战性

公关工作具有巨大的挑战性，从策划、协调各个部门的关系到最终实施计划，对公关人员的素质提出了很高的要求。由于公关工作的成败在很大程度上取决于对细节的考虑是否周全，这就好像是在制作一件精美的工艺品一样，任何一个细小的环节出现了问题，都会使整个计划功亏一篑。

（四）工作任务的艰巨性

公关工作需要公关人员全身心地投入，外部环境是不断变化的，具有很强的不确定性，危机事件随时都有可能发生。这就需要公关部的人员有敏锐的洞察力，及时发现隐患，预防危机的发生。同时，客人的要求是多种多样的，妥善处理客人的投诉，赢得客人的满意和理解也是一项需要耐心和勇气的工作。

三、公关部的设置形式

公关部是组织的"千里眼"和"顺风耳"，在组织中发挥着不可替代的作用。在现代的市场环境中，公关部的职能定位正在发生深刻的变革，旅游企业的管理者不能够仅仅站在宣传和锦上添花的角度考虑问题，而要努力发挥公关人员的专长，使他们参与到企业重大决策过程中来。公关部不能仅仅停留在迎来送往的接待层面和宣传推广的营销层面，而应使自己的职能逐步过渡到企业管理的层面。公关部的设置形式反映了该部门在组织结构中的地位和作用。作为公关人员更要树立起现代"大公关"的思想，从更宏观的角度参与企业战略的制定，不断开拓思路，扩展视野，为提高企业的整体绩效贡献自己的力量。

虽然我国的公共关系最早起步于旅游饭店业，但是很多旅游企业并没有专门设立公关部，而是由其他部门承担着类似的职能，随着旅游业的不断发展和进步，旅游业组织内部的分工也愈加明确，越来越需要有专门的职能部门承担起内、外关系协调、传播沟通的职能。因此，原来的组织结构设置已经不能适应市场的需求，旅游业组织公共关系活动专业化的呼声日益强烈，公关部的设置已成为大势所趋。它一方面要有利于公共关系职能的发挥，另一方面要有利于公共关系目标的实现。

对于旅游业组织来讲,根据公关部隶属关系的不同,可以将公关部的设置形式分为以下四种。

(一)部门隶属型(图 2-2)

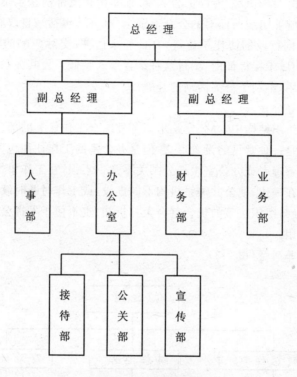

图 2-2　部门隶属型

1.归属于营销部门

这种设置形式突出了公共关系的销售职能。一些旅游业组织的管理者认为,公共关系活动的最终目的是促进旅游产品的销售,因此,把公共关系看作是一种促销策略,强调它的促销功能。这种归属的方法将公共关系的职能局限于旅游产品的推销,突出了市场关系和顾客关系,而容易忽略其他关系的公众对象,如媒体、政府、社区等公众对象。例如,一些饭店企业里设有公关销售部,就是把公关定位于促进饭店产品销售的功能。

2.归属于广告或宣传部门

这种设置形式突出了公共关系部的宣传职能。将公共关系部门作为旅游业组织的发言人,作为广告宣传的一种补充,对外传播、树立组织的形象,对内承担着与员工进行沟通的职能,通过举办一系列的活动来体现企业文化,发扬企业精神。比如,有的旅游饭店就把公关部称作"公关宣传部",突出它在宣传方面的作用,却忽视了公关部在饭店企业战略决策方面的咨询参谋作用。

3.归属于接待部门

这种设置形式突出了公共关系部的接待职能。一些旅游业组织如旅行社、旅游景区、交通部门没有设立专门的公关部,而是由接待部门来承担公关部的相应工作。因为旅游业组织所面对的公众范围十分广泛,包括来自政府方面的、新闻界方面的以及同行业的协作单位等,日常迎来送往、交际应酬的事务也比较繁忙,所以将其归属于接待部门。不过这种设置形式贬低了公共关系部在旅游业组织的地位和作用,不利于公关活动的开展。

4.归属于办公室

在传统的组织结构中,办公室是承担各种综合工作任务的部门。将公关部归属于办公室也是一种常见的设置形式,但是办公室的工作往往包罗万象,非常繁杂。如果组织管理者或办公室主任公共关系意识不强,在工作繁忙时,容易将公共关系工作放在一边,使公共关系机构形同虚设,或工作时断时续,缺乏连续性。而且,公关部参与组织决策的机会就会大打折扣,也不便于发挥公共关系在组织内部的协调作用。

(二)部门并列型(图 2-3)

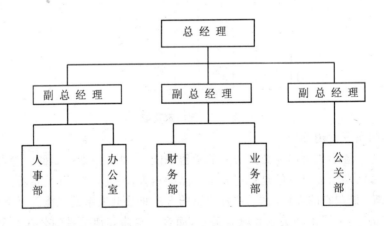

图 2-3　部门并列型

这是一种常见的公关部设置形式。为了体现公关部与其他部门的密切联系与合作关系,很多旅游业组织采取将公关部与营销部、财务部等其他职能部门并列的形式来设置公关部。在这种情况下,公关部可以收集到其他部门的各种相关信息,明确自己的工作重点,并有足够的职权去调动资源,协调关系,其传播业务也比较完整。与第一种类型相比,此种类型的公关机构在组织中地位和权力比较高,反映了公关业务在组织中的独立性和重要性。随着旅游企业面对的竞争压力越来越大,公关工作的地位逐渐得到提升,在旅游企业中,把公关部设为与其他部门相并列形式的也越来越多。

（三）高层领导直属型

为了体现组织对公关部工作的重视,有的旅游业组织由最高管理者直接领导公关部的工作,而不必通过中间的管理层次。这种形式突出了公共关系部在组织中的重要地位,有利于发挥公共关系部的职能,为旅游业组织的决策提供建议。同时,也便于信息在旅游业组织内部的传递与沟通。如图 2-4 所示,就是一种总经理直接负责型:

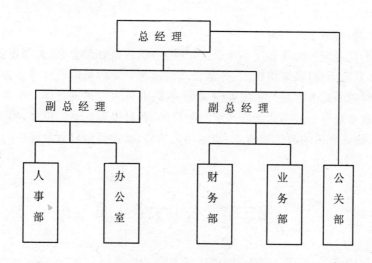

图 2-4　总经理直接负责型

四、公共关系部的工作职能

（一）收集与处理信息

公共关系部是组织的信息情报部。在传媒业迅速发展的今天,信息的数量激增,这就需要公关人员有敏锐的"嗅觉",及时捕捉到对组织有用的信息,并对信息进行分类处理。比如,在一次新闻发布会结束之后,公关人员要了解到会的哪些新闻记者发了稿件,他们采取何种形式对组织进行的报道,有哪些地方需要改进等。

（二）咨询建议

公关部在收集与处理信息的基础上,要根据组织的实际需要参与决策的制定,提出自己的建议和意见,供组织的领导者参考。当外界对组织产生误解,组织形象发生扭曲时,就需要通过一系列的公关工作来进行矫正;如果调查发现公众对组织的产品和服务有意见时,要及时汇报给相关部门,请他们配合及时改进。所以也有人把公关部称作组织的"参谋部"和"咨询部"。

（三）传播沟通

公关部还要承担起组织内、外关系"协调员"的角色,当组织内部各部门之间发生矛盾和纠纷时,公关部可以配合相关部门进行调解,同时还可以通过办企业内刊、建立网站等形式来加强与内、外部公众的沟通。对外与新闻媒介建立良好关系,撰写新闻稿,把组织最新的发展动态及时传递给他们,争取较多的新闻报道机会。同时,当社会上有不利于组织的消息传播时,要借助新闻媒体的力量及时澄清事实,争取公众的理解和支持。

（四）策划举办专题活动

为了提高组织的知名度和美誉度,塑造组织的良好形象,公关部还要负责策划、举办专题活动,联络组织内、外部公众的感情。对内可以通过举办各种体育、文艺比赛的形式来丰富员工的业余文化生活;对外可以借助新闻发布会、展览会以及开放参观等形式来达到宣传组织的目的。各种专题活动的举办,需要有明确的主题、选择合适的时间和地点、确定相关的公众,还要做好效果评估的工作。

第三节　公共关系人员

公共关系人员,这是对从事公共关系工作的职业人员的普遍而又常见的称呼。从一种较狭义的角度来理解,以从事公共关系实践工作为职业的人员,可称为公共关系人员。对于旅游业组织来说,公共关系人员是组织内专门从事公关工作的人员。公共关系在我国起步较晚,再加上一些企业的低端操作,使得一些人对公关工作产生了偏见。在一些普通公众的眼里,公关就是陪同客户喝酒、吃饭,或者是剪彩、放鞭炮、舞狮子;在媒体看来,公关等同于准备新闻发布会的材料、发出请柬、然后每天催促发稿。这些都是对公关工作和公关人员的偏见和错误认识。事实上,公关工作的内容十分丰富、范围也十分广泛。公关人员也需要具备良好的专业知识和文化素质。

近些年来,由于市场环境的变化,一些旅游企业的管理者逐渐意识到了公关工作的重要性,对公关人员愈加重视,社会上对公关人才的需求也逐年递增,公关人员的报酬更是水涨船高。据中国公共关系协会发布的《2006 年公关行业调查报告》显示,2006 年公关行业的平均月薪为 7000 元,公关顾问、公关总监和高级客户经理的年薪已经超过了10万元人民币。公关顾问已经成为了炙手可热的职业。

一、公共关系人员的日常工作

从旅游业组织的公共关系机构看,公共关系人员可分为公共关系管理人员和一般工作人员。以下以旅游饭店为例来说明公关人员的日常工作。

(一)公共关系管理人员及其日常工作

公共关系管理人员是指旅游业组织中公共关系部门的经理、总监即负责人,是公共关系机构的领导者和管理者。他们要根据旅游业组织发展目标和实际情况负责统筹策划旅游业组织公共关系活动。

1.公关部经理的岗位职责

(1)为公共关系活动确定目标和对象;

(2)全面协调本部门员工的工作分配、检查工作完成情况;

(3)决定可控制选择公众的重点、接近公众的媒介、活动的时机以及最佳使用人力和设备等财力、物力的方法;

(4)根据可获得的资金、现有人员以及设备情况,判断执行目标的可行性;

(5)树立和保持本组织及其政策、服务和人事的正确形象;

(6)追踪外界舆论意见并向管理部门传递;

(7)就传播问题及其方法和技巧向管理部门提出建议;

(8)让公众了解饭店的政策、服务和人事以赢得最大限度的了解和理解;

(9)作为饭店的形象代表,组织管理各项重大活动及对外社交活动;

(10)制定饭店公关年度支出计划。

2.公关总监岗位职责

(1)协调各部门之间的关系,加强横向沟通和合作;

(2)审阅销售组、预订中心及美工组提交的年(半年)度计划,及年(半年)度工作总结;

(3)拟定部门年(半年)度工作计划和年(半年)度总结;

(4)审阅《工作报表》并批复有关请示;

(5)负责服务标识和追溯性的统筹和监控;

(6)统筹和落实饭店内外的公关宣传工作;

(7)对外通过接待、出访、新闻媒介等,力求在公众面前树立饭店的最佳形象。

(二)公共关系一般人员及其日常工作

公共关系一般人员是指组织内部公共关系机构中工作的各类人员。其日常工作内容如下所示：

1. 公关员岗位职责

(1)联系新闻媒体,宣传组织的最佳形象;

(2)协助部门经理策划饭店内部各部门的推销和宣传活动等方案;

(3)协助部门经理接待重要客人,如 VIP;

(4)协助部门经理对重大美工制作进行监督;

(5)协助部门经理负责对组织服务标识进行统筹和监控;

(6)协助部门经理对饭店各项重要接待、会场布置、场景气氛做好拍摄记录工作;

(7)对有关本组织的媒体报道做好摘录归档工作;

(8)根据实际工作情况需要,编写《备忘录》并交公关部经理审核后,送发到相关部门;

(9)根据工作情况填写《工作报表》,及时将工作中存在的问题及建议向部门经理反映并按有关批复展开工作;

(10)负责宣传相片、图片资料的管理;

(11)草拟节日活动方案;

(12)负责对户外宣传品制作及管理,如外墙横幅、彩旗等宣传品的制作及管理,预留广告位置,审核户外宣传品的内容,落实悬挂及拆除宣传品等工作。

2. 美工人员岗位职责

(1)对经理负责,根据经理的工作安排,完成日常美术设计及制作,如:告示牌、广告牌、横额、酒店环境装饰等;

(2)独立完成或协助专业广告人员完成重大美术制作任务,如重大宴会会场布置,大型广告等;

(3)妥善保管、节约各种美工工具、用料等;

(4)做好美术资料搜集、处理、分析和存储工作;

(5)认真钻研业务,不断提高自身的创作设计水平。

二、公关人员的素质与能力要求

公关工作是由公关人员来具体执行的,公关人员个人素质的好坏直接影响着公关工作的效果,从心理学的角度来讲,素质是指一个人的心理、生理状态的外在表现,是人生来具有的生理特点,是人的能力形成和发展的前提。同时,后天的社会实践和教育培养对一个人素质的形成会起到重要的作用。公关工作是一项与人接触频率很高的工作,所以对公关人员来讲,除了要具备相关的理论知识和专业知识外,还要具有良好的心理素质。

（一）公关人员的知识结构

1. 基本理论知识

从事旅游公共关系实践工作需要公共关系理论的指导。公共关系基本理论知识包括：公共关系的基本概念、公共关系产生和发展、公共关系的构成要素、公共关系的基本原则、公关机构的设置和工作内容以及公关工作的基本程序等。

2. 基本实务知识

公关工作是一项实践性十分强的工作，对于公关人员来讲，除了要具备基本的理论知识外，还要熟悉公关工作的基本实务知识。公共关系的基本实务知识包括：公共关系调查、公共关系策划、公共关系活动实施与评估、公共关系计划制定、与媒体、政府等相关公众打交道的知识、公共关系专题活动的开展、公关礼仪等等。

3. 旅游业专业知识

旅游公共关系是公关学的理论在旅游行业的具体应用，因此，必须将公关学和旅游学结合起来。对于从事旅游行业的公关员来说，除了要掌握公关学的基本知识外，还要通晓旅游行业的工作特点和相关部门的运行规律。这主要包括旅行社、旅游交通、旅游景区和旅游饭店经营管理方面的知识。只有全面掌握了这些知识并把它们应用到实际工作当中去，才能够把公关工作做好。

另外，社会在进步，知识更新的速度也在加快，这就需要公关人员有终身学习的思想，结合组织的性质和工作的特点，紧跟社会和时代的步伐来更新自己的知识，不断地充实自己的头脑，完善自己的知识结构，从一个合格的公关人员逐渐成长为优秀的公关人员。当然，做公关工作未必要有公关专业的背景，其他相关专业的人也能够胜任，关键在于是否具有公关员的潜质。

（二）公关人员的心理素质

心理素质是人们心理面貌稳定性倾向的总和，一般包括知觉、性格、情绪、意志、兴趣等方面。公关工作是一项与人打交道的工作，特别是旅游行业又是服务性的行业，每天要与各种各样的人接触，公关人员除了要具备一定的知识结构外，还要有良好的心理素质。

1. 良好的性格

所谓性格是人对现实的态度和与之相应的行为方式的独特结合，它构成了一个人区别于他人的特点。恩格斯就曾经指出："一个人的性格不仅表现在他做什么，而且表现在他怎样做。""做什么"说明了对现实的态度；"怎样做"反映了人的行为方式。瑞士著名的心理学家荣格根据人的个性倾向性把人的性格分为内倾型和外倾型两种。外倾型的人具有以下特征：性情和行为外露，对环境适应能力强，善于交际，开朗活泼，热情坦率，不拘小节，但处事轻率，不够谨慎；内倾型的人则表现为：性情和行为不外露，善于内心活动，情感深沉，冷静沉着，但是孤僻、反应迟缓，不善交际，适应环境慢。公关工作涉及的面广，根据分工和岗位职责的不同，两种性格类型的人都有用武之地。但对社交能力的要求较高，需要有较强的亲和力。因此，在这方面，外倾型的人会更受欢迎。

2.较高的情绪智力

作为公关人员，除了要具备良好的知识结构和智商外，还需要有较高的情绪智力。即"认识自己的情绪、管理自己的情绪、激励自我、认识他人的情绪、处理人际关系方面的能力"。公关人员要和形形色色的人打交道，处理投诉、化解矛盾和纠纷是日常工作的重要内容。公关人员如果不善于控制自己的情绪，不能够把工作和个人的情绪分开或者是把消极的情绪带到工作来，那么就会严重影响工作的效果。高情绪智力的人不会在情绪激动时作出决策，在遇到客人投诉时，能够有效地化解他人激动、紧张的情绪，使对方心境趋于平和，这对于投诉的最终解决是非常必要的。

3.广泛的兴趣

兴趣是个体积极探究并力求认识某种客观事物的态度倾向性或爱好某种活动的倾向。它是在需要的基础之上产生和发展起来的。公关人员需要和方方面面的人打交道，工作内容和任务非常繁重，如果没有广泛的兴趣，势必会影响个性魅力的发挥和工作的效果。同时，在与各种内、外部公众沟通的过程中，特别是在一些非正式场合，广泛的兴趣有助于公关人员结交更多的朋友，建立良好的人际关系。

4.坚强的意志

公关工作是一项十分辛苦的工作，需要耗费人大量的精力和体力，需要全身心地投入。有时在应对危机、紧急事件时，还需要在很大的工作压力下工作。因此，没有坚强的意志力是无法胜任这项工作的。

(三)公关人员的能力结构

能力是一个人顺利完成某种活动所必备的心理特征。心理学上一般把人的能力分为一般能力和特殊能力。一般能力是指在不同种类的活动中表现出来的共同能力。特殊能力是指在从事某种专业活动所必需的多种能力的有机结合。要想成为一名优秀的公关人员，以下几个方面的能力是必需的：

1.沟通能力

一个优秀的公关人，首先必须具备出色的沟通能力，公关的任务就是与媒体、政府、客户不停地沟通、交流以达成良好的宣传效果和品牌效应。这就要求公关员不仅要具备良好的沟通意识，还要掌握一定的沟通技巧。尤其是当组织内部的各部门之间、员工之间发生矛盾、冲突和摩擦或者是旅游业组织与其外部公众因某种原因而产生误解、冲突甚至危机时,公关人员更要努力想办法进行劝解、说服和教育等工作,通过沟通与调解,缓和紧张气氛,增进相互的了解,达成彼此的谅解。

2.协调能力

所谓协调能力,指的是公关员在公共关系活动中巧妙地调动有关方面的积极性,争取各方面的配合和支持的能力,同时也包括有效处理矛盾双方关系的能力。公关工作的开展需要各部门的相互配合和支持,公关员要善于协调各方的利益关系,以保证公关目标的实现。

3.策划能力

开展公关活动必须要先进行周密的安排,策划是公关工作的起点,可以说,没有策划就没有公关活动方案,就没有方案的实施。良好的策划能够"化腐朽为神奇",收到事半功倍的效果。策划是公关工作的一项重要内容,这就要求公关人员能够有创新的意识和开放的精神以及良好的文字写作功底。

4.观察能力

公关人员要能够审时度势,善于观察周围环境的变化,捕捉有价值的市场信息,要保持对社会现象的敏感性。能够透过现象看到事物的本质。并能够从多角度、侧面来分析问题,区分对象与背景,不断总结经验。比如,对于公众舆论导向、新闻报道的观点等要认真分析,观察判断,找出有可能对旅游业组织的发展产生不利或有利影响的信息,以便有效地进行公关活动。

三、公关人员的职业道德

公共关系人员经常要与公众打交道,是组织形象的大使,其个人的职业道德水平如何,将会直接影响到组织的形象和声誉。特别是对于旅游业组织来讲,旅游业是服务性的行业,服务工作是需要人性化的,职业道德是服务质量的保证。另外,旅游公关人员不仅要接触国内的公众,有时还要与国外的公众进行接触,如果没有良好的职业道德和修养,将会有损国家和民族的形象。具体来讲,旅游公共关系人员在工作中应遵守下列道德规范:

(一)公正廉洁

公关人员有机会接触到媒体、政府、竞争者等众多公众,在与他们打交道的过程中要廉洁自律,不谋私利。对于一些行业内的歪风邪气要自觉地进行抵制,不用直接、间接的收买手段去获得版面和播放时间,不能搞"有偿新闻"。不对政府官员进行行贿以取得不正当的利益,做到洁身自好、公正廉洁。

(二)不卑不亢

在与各个利益主体公众打交道的过程中,要做到不卑不亢,不做有损于国家、民族、组织尊严的事情,避免被竞争对手收买、利用或是做出有损于组织利益的事情来。另外,对于自己以前和目前所服务的顾客和雇主、同行、新闻机构,以及不论职务高低的公众,都一视同仁、公平对待。要使自己的活动不仅符合客户和雇主的利益,而且要符合公众的利益。要对整个社会负责,注重社会效益。

（三）真诚友善

公关人员接触的公众范围广,类型复杂,不论与什么样的公众交往都要本着真诚友善的原则,做到以诚待人、以诚感人。特别是在对待客户时,要经常与他们保持联系,主动拜访,认真听取、了解他们对于组织发展的意见和建议,加深彼此的理解和沟通,这对于公关人员来讲是非常重要的。

（四）实事求是

在沟通信息时,必须真实准确,实事求是。在进行公关调查研究、收集社会公众和内部公众对本组织的评价时,要如实地加以整理、分析和反映,既报喜又报忧。在向外传递本组织的信息时,不弄虚作假,不隐瞒事实。不能表面上是为了公众利益,而暗地里却是为了实现有违于公众利益的目的。真实是公共关系工作的生命线。

［补充阅读］

苏州市×酒店公关人员的状况

公关部经理

学历:本科

专业:商务管理

外语水平:英语六级,日语二级,高级口译

工作范围:作为酒店的形象代表,组织管理酒店的各项重大活动及对外社交活动,制定酒店公关年度支出计划等

公关部副经理

学历:本科

专业:公共关系专业

外语水平:英语六级,法语四级

工作范围:负责酒店对外形象宣传工作,以及公关图片、音像传媒资料的保存

公关部员工

学历:本科

专业:旅游管理

外语水平:英语六级

工作范围:审阅对外发布的稿件,配合其他部门参与公关部的各项活动

公关部员工:

学历:大专

专业:新闻媒体专业

外语水平:英语四级

工作范围:获取外界信息,适时地进行市场调查,确保酒店重大活动的顺利进行

公关部员工:

学历:大专

专业:平面设计

工作范围:设计宣传图纸,企业形象代表设计,以及酒店其他地方的装潢设计

第三章 旅游公共关系的客体

本章提要

公众是旅游公共关系工作的对象,是旅游业公共关系的客体。在现代市场竞争环境下,旅游业组织要想生存并获得发展就必须要处理好与相关公众之间的关系。本章从公众的重要性出发,重点探讨了公众的分类、公众的心理定势并分析了旅游业组织的基本目标公众。

第一节 公众及其分类

公众是旅游公共关系工作的对象,也是旅游业组织赖以生存的基础。没有公众的支持,旅游业组织就会成为"无本之木,无源之水"。那么,究竟什么是公众呢?

一、旅游公众的基本涵义

从公共关系学的一般意义上说,公众即与公共关系主体利益相关并相互影响和相互作用的个人、群体或组织。"公众"这个概念涵盖了公共关系工作的所有对象,凡是公共关系传播沟通的对象都可称之为公众。因此,公众是公共关系对象的总称。

旅游公众是与旅游业组织相互联系、相互作用的个人、群体和组织的总称。凡是与旅游业组织有利益关系的个人或组织都可以称为公众。在旅游公关活动中,利益是连接旅游业组织和相关公众之间的纽带。

二、旅游公众的重要性

《孟子·离娄上》中说:"桀纣之失天下,失其民也。失其民者,失其心也,得天下有道:得其民,斯得天下矣。"这是孟子通过长期研究得出的结论,简单地说,就是"得民心者得天下"。对于旅游业组织来说,这个道理也同样适用。

《荀子·王制》中有一段十分精彩的论述:"水能载舟,亦能覆舟"。说的也是同样的道理。这个古老的比喻,形象地说明了组织与公众之间的关系。如果把组织比作舟,公众就好比水,当组织与公众的关系和谐时,舟就能够顺水前行。否则,逆水行舟,则不利于企业的经营。

《孟子·公孙丑下》中的"天时不如地利,地利不如人和"强调的也是同样的道理。"人和"一方面指的是组织内部的团结协作,另一方面,是指组织与其公众之间的关系融洽和谐。

（一）公众是旅游业组织生存发展的基础

任何组织的发展都离不开公众的支持。旅游业是一个综合性非常强的行业,各相关组织的关系密不可分。对于饭店企业来说,其基础设施的正常运行就离不开电力部门、通讯部门、供水等部门为其提供的服务,更不用说顾客和员工在企业发展中的重要作用了;对于旅行社而言,需要向饭店、旅游景区、交通等部门采购产品,同行业内部的这种合作关系是非常重要的。如果哪个环节出现了问题,都将会导致整个旅游服务过程的失败。

（二）公众能为旅游业组织的发展建言献策,为组织的管理决策提供依据

"公众的声音是上帝的声音。"以旅游饭店的员工为例,员工是旅游饭店重要的内部公众。对于服务性组织而言,身处一线服务的员工,有机会经常性地接触到客人,因此他们最能了解客人的需求和反应,这些信息如果能够及时地反馈给组织,会对提高饭店的服务质量产生积极的影响。在这方面,顾客公众的作用也是不容忽视的:他们通过自己切身的感受发现组织在服务、管理过程中存在的问题,为组织的发展建言献策,好的意见和建议会成为组织经营管理决策的依据。

（三）公众是促使旅游业组织提高服务质量的力量源泉

目前,旅游市场的竞争日趋激烈,只有那些服务质量好的旅游企业才能够吸引来更多的客人。旅游企业必须要重视内、外部公众的意见和建议,使它成为提高服务质量的源泉,努力提高自己的服务水平。

三、旅游公众的特征

（一）同质性

旅游公众的同质性是指公众成员遇到了共同的社会事件或共同的问题，而且该事件或问题同公众成员有着相同或相似的利害关系。旅游公众不是一盘散沙，而是具有某种内在共同性的群体。这种共同性主要体现在"利益趋同、需求趋同、目的趋同、问题趋同等"。比如，近几年来，旅游上市公司越来越多，如股东就是组织的重要公众，他们对旅游业组织的经营、管理情况是十分关注的。股票的上涨或下跌都会牵动着他们的心。可以说，他们有着共同的利益追求。如果组织的内部管理或经营决策出现了重大的失误，那么直接危及的就是股东的根本利益。

所以，旅游业组织在与公众打交道的过程中首先要找到公众的共同特征，他们有何种共同利益、问题，以便于理清思路，开展工作。共同点是旅游公关工作的突破口，抓住了这个共同的特征，许多问题就可以迎刃而解了。

（二）群体性

公众是一个利益群体，而不是一个孤立的对象，他们共同构成了一定的公众舆论环境。旅游业组织在生存、发展的过程中必须要面对一定的社会关系和社会舆论，特别是在当今的信息社会，公众的利益成为媒体关注的焦点，谁也不能够小视公众舆论的力量。比如一家旅游企业，既有内部的职工公众、股东公众，又有外部的社会公众；不仅包括市场上的顾客、销售商，还包括社区、政府、新闻界等等有关的团体组织或个人。对于一个旅游团来讲，众多的游客也是一个群体，他们是为了到旅游目的地参观游览而结合在一起的。旅游业组织对其中任何一种公众也不能够疏忽，否则将会导致整个公众环境的恶化。公众环境恶化必然影响组织的生存和发展。因此，首先应该将组织面对的公众视作一个完整的环境，要用全面、系统的观点来分析自己面对的公众。

（三）相关性

公众总是相对于一定的公共关系行为主体（组织或个人）而存在的。一群人之所以成为某一旅游业组织的公众，是因为他们面临的共同点与该组织具有一定的相关性、互动性。这种相关性是组织与公众形成公众关系的关键。寻找公众、确定公众很重要的就是寻找和确定这种相关性，并分析清楚，从而确定自己目标、选择自己的对策和行动方案。旅游公众与旅游业组织之间由于某种利益关系而结合在一起，他们与组织之间有着密切的联系。顾客是来旅游业组织享受服务的，需要与组织的各个部门的服务人员打交道。同行业的组织间也需要互相配合，共同做好服务工作。如对于旅行社来说，需要和交通部门、景区、购物商店、旅游饭店等联系,购买他们的产品,再把这些产品组织起来,提供给游客,因此说旅行社与业内相关组织之间的利益是密切相关的。

（四）可变性

公众是在一定时空环境下由于某种问题、利益关系而与组织发生联系的,当问题得到解决或者利益关系解除时,公众也会相应地发生变化。这种变化主要体现在性质、数量、范围等方面:逆意公众转化为顺意公众、不受欢迎的公众转化为受欢迎的公众,大批公众变成小部分公众等。比如,客人对旅游企业提供的服务感到不满而进行投诉,旅游企业通过积极有效的处理最终取得了顾客的谅解。在这个过程中,逆意公众转化为了顺意公众。所以说,旅游业组织所面对的公众并不是一成不变的,公关人员要认真把握住这种特点,通过各种沟通传播手段适时引导公众,化解矛盾、理顺关系,使他们朝着有利于组织的方向进行转化。

四、旅游公众的分类

公众的种类有许多,按照不同的标准可以做出不同的分类。就像苏轼在《题西林壁》中写道的:"横看成岭侧成峰,远近高低各不同。"科学地对公众进行分类,可以帮助我们了解工作对象的性质和特点,找到问题的关键,为制定合理的公关决策提供依据。

（一）按照公众与组织的归属关系,可以将公众分为内部公众和外部公众

内部公众就是处于组织内部与其有归属关系的员工,同时还包括员工的家属和股东。外部公众是与组织不存在归属关系,但是与组织有密切关系的公众,主要包括顾客、竞争者、新闻媒介和社区公众等。内部公众是组织公共关系的基础,外部公众是组织公共关系的重要方面。

组织公共关系的政策需要内外有别。公共关系传播的信息是经过选择整理的、有序的信息资料,哪些适宜内部传播,哪些适宜在外部传播;内部传播和外部传播在形式、尺度、时间等方面都有区别。组织内部的情况不能毫无控制和调节地宣扬出去,必要的保密也是一种重要的传播政策。在对外传播之前,内部传播必须统一口径,否则就会造成整体形象的混乱。

（二）按照公众对组织的重要程度,可以将公众分为首要公众和次要公众

首要公众是指对旅游业组织的生存、发展具有重要影响和起决定性作用的公众。他们是组织公共关系工作的重点对象,组织需要投入大量的人力、物力和财力来维持、改善和巩固与这部分公众之间的关系。比如,在旅游饭店接待中的重要人物 VIP(Very Important Person),就是旅游饭店组织的首要公众,这些人包括政府要员、社会名流以及其他对饭店有重要影响的客户。对于首要公众,在服务过程中就要倍加小心,不能出现任何差错,同时如果赢得了这些重要客人的

好感,也会直接提升饭店组织的整体形象。

次要公众是指那些对组织的生存和发展具有一定的影响作用,但是并不起决定性作用的公众。这类公众的数量多,而且在一定的条件下也有可能转化为首要公众。因此,在做好首要公众工作的同时,也要努力搞好与这些次要公众之间的关系,为组织的发展营造有利的公众环境。

(三)按照公众对组织的态度,可以将公众区分为顺意公众、逆意公众和边缘公众

顺意公众,顾名思义就是对组织的产品、服务、政策等持正面看法或赞同态度的公众。相反,对组织的产品和服务、政策等持负面看法或否定态度的公众就是逆意公众。边缘公众则是站在中间立场,意见和态度不明朗的公众。如对于西式快餐食品,有的人非常喜欢并经常购买,这部分人对于快餐店来说就是顺意公众,而有的人认为快餐食品是垃圾食品而拒绝食用,这部分人对快餐店来讲就是逆意公众。还有的人是属于中间立场的,这部分人就是边缘公众。公关的一项基本政策是"多交友,少树敌"。因此,应该尽可能争取支持,减少敌意。首先,应该将顺意公众当作组织的财富,悉心维护和"保养"。其次,要注意做好逆意公众的转化工作,改变其对组织敌对的态度,即使不能将其转化为顺意公众,也应促其成为边缘公众。再次,耐心细致地做好争取边缘公众这个"大多数"的工作,引导他们成为顺意公众,防止他们成为逆意公众。边缘公众的态度倾向往往成为公关竞争中的决定因素,常常是公关工作的"必争之地"。

(四)按照组织对公众的态度,可以将公众分为受欢迎的公众和不受欢迎的公众以及被追求的公众

"不受欢迎的公众"是指那些违背旅游业组织的利益和意愿,对旅游业组织构成现实或潜在威胁的公众。如许多旅行社都把业内列在"黑名单"上的人作为不受欢迎的公众,拒绝为他们提供服务。而很多高星级的酒店也不欢迎那些衣冠不整和带宠物的客人。旅游景区更是把那些随意破坏文物古迹、污染自然环境或是恶意伤害小动物的客人视为不受欢迎的公众。"被追求的公众"是指那些符合组织的利益和需要,但他们却对组织知之甚少或不感兴趣的公众。如对于旅行社来说,"银发市场"是他们追求的对象,因为城市中许多老年人在经济、时间以及身体方面都具备外出旅游的条件。但他们本身的出游率却较低,是很有潜力的市场。对于一个商务酒店来说,那些大公司中经常进行公务旅行的职员就成了他们追逐的对象。

(五)根据公众在发展过程中不同阶段的特点,可将公众区分为非公众、潜在公众、知晓公众和行动公众

随着欧洲游市场的启动,中国公民有机会到欧洲的一些国家进行游览了,面

对这一政策的出台,有的人对欧洲游一点儿也不感兴趣,他们对于旅行社而言就属于非公众;有的人虽然对欧洲游感兴趣,但是对出国旅游一无所知,担心语言及生活习惯上的差异会给旅行带来不便,因而也没有报名的打算,这部分人就属于潜在公众;知晓公众是那些对欧洲游有兴趣,但是由于时间或其他方面的因素暂时无法参团的人;而那些在政策出台后,积极报名参加的人就属于行动公众了。

再比如说,在一次旅游过程中,导游私自带领游客到一个珠宝店购物,许多游客禁不住导游和商贩的劝说,就纷纷慷慨解囊,各自购买了一些珠宝。旅行结束回到家里后,有的游客到相关部门验证后才发现买到了假货,于是就向组团社进行了投诉。在这个事例中,那些没有参加这个旅游团的其他游客显然就是非公众;买了东西,但是还没来得及验证真伪的游客就是潜在公众;已经发现购买到了假货,但是由于各种原因还没有和旅行社联系或到相关部门投诉的人就是知晓公众;而那些向旅行社或相关部门进行投诉的游客就是行动公众了。

在公众发展的不同阶段,组织应该采取不同的公关对策。提高公关工作的准确性和针对性,并避免浪费。对于潜在的公众应该未雨绸缪,加强预测,密切监视势态的发展,分析各种可能的后果,制定多种应付的方案,积极引导事情向好的方向发展。对于知晓公众则应该采取积极主动的公共关系姿态,及时沟通,主动传播,提供信息,满足公众要求被告知的心情,使公众对组织产生信赖感,主动控制舆论的局势。最后,对于行动公众必须采取相应的行动,将压力转变为动力,转变为对组织有利的合力。

第二节　公众的心理定势分析

一、公众心理定势的含义

心理定势就是指人们心理上的"定向趋势"。它是人们对于某一对象的共同心理与行为倾向。公众心理定势是一种普遍存在的社会现象,它是在一定的社会条件下,经过人们相互作用后,使个人的社会经验积累凝结而形成的。心理定势是导致知觉歪曲的影响因素,它可能会造成信息的失真,掩盖知觉对象的本来面目。正确认识知觉的心理定势,对于做好旅游服务、管理工作是很有帮助的。

二、公众心理定势的作用和影响

(一)使人们快速识别知觉对象

当人们遇到某个事物或人时,可以根据自己已有的知识和经验对知觉对象加以判断,使认识的过程大为简化。在公共关系活动中,公关人员会接触各种各样的人,在与他们打交道时要注意察言观色,不断积累经验,能够迅速识别、判断出对方的年龄、职业、兴趣爱好、性格等方面的特点,为建立良好的人际关系奠定基础。

(二)使人们的认识发生偏差

心理定势有时会对人们的知觉产生干扰的作用,使人们对事物的认识发生偏差,甚至会走入误区。由于心理定势作用的影响,会导致"一叶障目,不见泰山",使人们不能够对事物的本来面目认识清楚。因此,对于公关人员来讲,要充分利用心理定势的积极作用,尽量减少它的消极影响,以便透过现象看到事物的本质。

(三)使人们的心理和行为受到制约

心理定势通过情绪主体和心境来制约人的心理和行为。特定的情绪和心境不仅能够使情绪主体产生特定的自我体验,而且还会通过他的心理活动和行为投射到其发生关系的人或事上,产生以己度人的效果。

总之,心理定势是一种客观存在的心理活动状态,它以一种先入为主的观念、情绪来判断问题,从而给人们正确认识事物造成一种障碍,产生不良的消极影响。心理定势是一种固定化的心理状态,作为公共关系人员必须要因势利导,努力克服心理定势所带来的负面影响,使公关工作得以顺利开展。

三、公众心理定势的类型

(一)首因效应

首因效应也叫第一印象效应。它是指当人们第一次接触某个人或事物时,留下的印象比较深刻,成为一种心理定势而难以改变。

有一位心理学家曾经做过一个实验:他把被试者分为两组,同看一张照片。他对甲组说,这是一位屡教不改的罪犯。对乙组说,这是位著名的科学家。看完后让被试者根据这个人的外貌来分析其性格特征。结果甲组说:深陷的眼睛藏着险恶,高耸的额头表明了他死不悔改的决心。乙组说:深沉的目光表明他思想深邃,高耸的额头表明了科学家探索的意志。

这个实验表明第一印象形成的肯定的心理定势,会使人在后继了解中多偏向于发掘对方具有美好意义的品质。若第一印象形成的是否定的心理定势,则会使人在后继了解中多偏向于揭露对象令人厌恶的部分。

既然在人际交往中有这样一个首因效应在起作用,公关人员就可以充分地利用它来帮助自己完成良好的自我推销:首先是面带微笑,这样可能获得热情、善良、友好、诚挚的印象;其次应使自己显得整洁。整洁容易留下严谨、自爱、有修养的第一印象,尽管这种印象并不准确,可对我们的推销总是有益处;第三使自己显得可爱可敬,这一切必须由我们的言谈、举止、礼仪等来完成;最后尽量发挥您的聪明才智,在对方的心中留下深刻的第一印象,这种印象会左右对方未来很长时间对您的判断。

第一印象最深刻、也最顽固。一旦留下了不好的第一印象,是十分不幸的。花一分钟留下的印象,花一个小时也难以矫正。公关人员在与客户打交道时,要特别注意首因效应的影响,努力给对方留下一个良好的第一印象。

(二)刻板印象

是指社会上部分人对某类事物或人物所持有的共同的、固定的、笼统的看法和印象。这种印象不是一种个体现象,而是一种群体的共识。比如,在人们的印象当中,北方人性格豪爽,南方人温柔细腻。

刻板印象在英文中被称为 stereotypes,这个词有着十分有趣的来历:早期的印刷排版工人是按照字母的顺序查找字模来排版的,在这样的过程中,为了方便起见,他们把经常联合使用的词的字模捆绑起来,每次遇到连用就直接使用捆绑的字模而不必分别查找几次,以此加快排版速度。这些被捆绑起来的字模就叫做 stereotypes。后来,刻板印象的词义得以延伸,在社会科学研究中一般指"以选择及建构未经发展的、概括化的符号,将社会族群或某群体中的个别成员予以类别化的做法。"

如人们往往认为只有漂亮的女性才能充当公关员的角色,公关工作就是吃吃喝喝、陪客人跳舞,或者拉关系、走后门等等,甚至有人把社会上那些"牛皮癣广告"与公关工作混为一谈。这些都是人们对公关工作的误解,对公关工作产生了很大的负面影响,不利于整个公关行业的健康发展。

(三)晕轮效应

在认知中,观察对象时,对象的某个特点、品质特别突出就会掩盖我们对对象的其他品质和特点的正确了解,被突出的这一点起了类似晕轮(月亮周围有时出现的朦胧圆圈)的作用,导致观察失误。这种错觉现象,心理学中称之为"晕轮效应",也叫光环效应。它是指从对象的某种特征推及对象的整体特征,从而产生美化或丑化对象的印象。就像刮风天前月亮旁边的光晕一样,被看成是月亮光的扩大的泛化。"情人眼里出西施"说的就是这个道理。情人在自己的心中是最美丽的,于是其它与之不一致的信息就会被忽视或否定了。

　　1972年,美国心理学家戴恩等做过一个实验,他们选取一批不同人的照片,把照片分成漂亮的、难看的和中等的三组,然后请一些人从社会地位、生活幸福等方面对照片上的人进行评估,结果发现,在几乎所有方面,漂亮的人都得到了积极肯定的评价,而难看的人都得到了消极否定的评价。

　　晕轮效应一般产生在不熟悉的人之间或者伴随有严重情感倾向的人之间,最能产生晕轮效应的是外表,外表的美丽往往容易留下美好的第一印象。另外,一个人的气质、性格、能力、才智以及家庭背景、个人修养都会产生晕轮效应。但是,无论是什么样的人,一个粗俗的举止,就会破坏一个人的全部好印象,而一个美好的举动则可使一个人倍增光辉。

　　公共关系人员要重视晕轮效应的影响。努力发挥它的正面作用,限制它的消极作用:不能孤立地以貌取人、以才取人、以德取人、以某一言行取人,以某一长处或短处取人,这些都属于晕轮效应,是不正确的知觉。

　　(四)近因效应

　　即最近或最后印象的强烈影响。事物给人留下的最后印象往往非常深刻,难以消失。对一件事物或对一个人接触的时间延长以后,该事物或人的新信息、最近的信息就会对认识和看法产生新的影响,甚至会改变原来的第一印象。公关传播工作亦要注意这种近因效应,注意用新信息去巩固、刷新公众心目中原有的良好印象,或尽力改变原来的不良印象。

　　近因效应和首因效应说明,在人际交往时要注意开始和最后的表现,努力达到“虎头豹尾”式的效果。对于旅游公关人员来讲,尤其要注意这一点。另外,当服务时间的间隔长时,首因效应小,近因效应大;当一个人的认知程度低时,近因效应影响大。

第三节　旅游业组织的基本目标公众

　　组织的性质、类型不同,具体的目标公众也不同。每个组织都有特定的目标公众对象。对于旅游业组织来讲,员工、顾客、媒介、竞争者、政府、社区是旅游业组织的基本目标公众。

一、员工公众

　　员工是旅游业组织的基石。公共关系工作的目标之一就是“内求团结”,员工关系是旅游业组织公共关系的起点和基础。员工是旅游业组织的内部公众,是组织内部沟通、传播的对象,他们既是旅游业组织内部公关工作的对象,又是外部公关工作的主体,是与组织自身相关性最强的一类公众对象。目前,旅游业员工的流失情况比较严重,直接影响了企业的正常经营和运转,因此,公关人员要加强与员工公众沟通,提高他们对组织的向心力、凝聚力,提高员工的忠诚度,减少人才的流失。

对于旅游业组织来讲,员工是服务工作的直接承担者,他们与顾客接触的机会较多,员工自身的素质和水平的高低会直接影响顾客的感受,进而会影响旅游业组织的服务质量。因此,只有让员工满意,才能让客人满意。旅游业是一项服务性行业,员工的工作强度大,报酬相对较低。如果员工不能够从组织那里得到足够的关心和理解,往往会对工作失去兴趣,甚至会选择离开组织。因此,对于公关部门来讲,要经常与员工保持良好的沟通,了解他们在工作和生活中的困难和需要,帮助他们排解心理上的压力。同时,通过开展各种活动来丰富员工的业余文化生活,加强各部门员工之间、员工与管理者之间的信息沟通,提高员工的工作满意度。

[读一读]

马里奥特集团的员工哲学

世界知名的酒店管理集团马里奥特就是关心员工方面的楷模。到 2003 年,马里奥特已经连续六年被美国《财富》杂志评为"向往在美国工作的 100 家最佳公司"之一。在马里奥特的经营哲学中有这样一条原则:"对待员工就像你想让他们对待你一样——给他们提供成功的途径,给他们信心,尊重他们,让他们喜欢工作并对工作有兴趣"。马里奥特关心员工是从"保持公平对待"开始的。通过与员工在一起,倾听他们的诉说、关心他们的家庭情况,了解他们的希望、抱负,家庭生活和工作动机,从而实现对员工的理解。马里奥特的奠基人说得好:"如果你关心员工,员工就会关心客人。"因此,在执行公司的任何制度和程序时,向员工讲明规章制度的基本原则是对员工的关心,马里奥特信任员工,并给他们创造良好的发展机会。

二、顾客公众

顾客是与组织具有直接利益关系的外部公众,是旅游企业组织市场传播沟通的重要目标对象。当前旅游市场竞争日趋激烈,能否拥有一支稳定的、优质的客源队伍是影响旅游业组织生存发展的重要因素。建立良好顾客关系的目的,是促使顾客形成对组织及其产品的良好印象和评价,吸引他们来本组织消费,对顾客公众做好公共关系的意义在于：

（一）良好的顾客关系能够为旅游业组织带来直接的经济利益

一个组织的存在价值，很大程度上在于其产品或服务能够得到顾客的接受和欢迎。旅游业组织尤其如此。目前，旅游市场的竞争日趋激烈，组织的经济效益需要在市场上实现，而顾客就是市场，有了顾客才有市场。无论是旅游饭店、旅游景区还是旅行社和旅游交通部门，都需要有稳定的客源支持，否则将会失去市场。因此，顾客公众是企业组织公共关系对象中利益关系最直接、明显的外部公众，可以说顾客关系是旅游企业市场经营的生命线。

顾客公共关系要求组织将顾客的利益和需求摆在首位，通过满足顾客的需求来换取组织的利益。在与顾客打交道的过程中，争取他们的关注和理解是至关重要的。特别是像旅游业这样的服务性行业，人际交往无处不在。公共关系在联络感情，理顺关系方面有着独特的优势。对于重要客人要建立客史档案，做好贵宾接待服务；对于客人的投诉，要妥善进行处理，以免扩大事态，对组织造成不利的影响。

（二）良好的顾客关系体现旅游业组织正确的经营理念

旅游业组织的性质决定了必须树立"顾客至上"的经营理念，旅游企业的一切政策和行为都必须以顾客的利益和需求为导向，而这种经营理念和行为必然表现为企业良好的顾客公共关系，即企业在市场公众心目中具有良好的声誉和形象。比如，一些世界著名的旅游饭店集团之所以能够受到顾客的青睐，就是因为他们树立了"以客为先"的经营理念，通过完善的个性化服务和超值服务赢得了顾客的尊重，正是这种良好的顾客关系诠释了他们的服务理念。

［读一读］

波特曼丽嘉酒店的"顾客至上"理念

上海波特曼丽嘉酒店是上海市中心的焦点，它地处著名的南京路，是一家集零售、餐饮和娱乐于一体的综合性酒店。上海波特曼丽嘉酒店，有一套"上海温馨欢迎"的方案。从机场到大堂，有一位固定的员工陪同客人。每一位员工在与客人交谈时，会十分注意细节，将他们的个人喜好收集起来，记录在随身带着的小纸片上。客人的这些喜好，以及客人的姓名和照片将被送到客户认知部，输入全球互联网的酒店系统，进行存档，以后不断补充。每天，世界各地丽嘉酒店的员工将收到两份需要学习的资料：一份是总部传过来的重要客人的信息；另一份是所在酒店当天客人的信息。当客人再次踏进全球任何一家丽嘉酒店时，会惊喜地发现，酒店的员工竟然知道他的姓名，房间的摆设竟然已经变成了自己喜爱的风格，酒店提供的餐饮也完全合自己的口味。客人的点滴喜好都被酒店视为最值得尊重的东西。正是由于波特曼丽嘉酒店在对客服务方面孜孜以求,因此它两度荣膺由布隆勃格电视台和《亚洲商务》杂志联合颁发的"亚洲最佳商务酒店",四度荣获了"中国最佳商务酒店"及"亚洲最佳会议设施酒店"。

三、媒介公众

媒介公众指新闻传播机构及其工作人员,如报刊杂志社、广播电台、电视台及其编辑、记者。媒介公众是公共关系工作对象中最敏感、最重要的一部分。这种关系具有明显的两重性:一方面新闻媒介是旅游业组织与广大公众沟通的重要中介;另一方面新闻界人士又是旅游业组织需要特别争取的公众对象。媒介与公众对象的合一,决定了新闻媒介关系是一种传播性质最强、公共关系操作意义最大的关系;从对外公共关系实务工作层次来看,新闻媒介关系往往被置于最显著的位置,甚至被称之为对外传播的首要公众。正像一位酒店职业经理人所说的:"我的成功七分得益于酒店,三分得益于媒体。"

旅游业组织与新闻媒介建立良好关系的目的是争取新闻传播界对本组织的了解、理解和支持,以便形成对本组织有利的舆论气氛;并通过新闻媒介实现与大众的广泛沟通,增强组织对整个社会的影响。具体来讲,良好的媒介公共关系的意义在于:

(一)有利于形成良好的公众舆论环境

随着时代的不断进步和发展,每个旅游业组织都仿佛生存在"玻璃体"里面,其一举一动都会受到外部公众的关注,特别是借助新闻传媒的力量,信息传递的速度已经远远超过了人们的想象。社会公众借助各种大众传媒来了解外面的世界,新闻媒体关注的焦点往往也会成为公众热议的话题。社会公众认为媒体的评价是客观中立的,可信程度高。因此,搞好与新闻媒体的关系至关重要。一方面,旅游业组织的特色产品、服务等相关信息可以通过媒体进行宣传让公众知晓;另一方面,当组织遇到公关危机时,可以借助媒体的力量为其进行疏导和沟通,争取相关公众的理解和支持。旅游公共关系的一项重要任务就是为旅游业组织创造良好的公众舆论环境。

(二)有利于提高组织被宣传报道的机会

旅游业组织要实现大范围、远距离的沟通必须借助于各种现代大众传播媒介。大众传播媒介借助于现代印刷、电子等传播技术,大量高速地复制信息,以实现大范围、远距离的传播。这是现代公共关系的主要手段之一。但是,大众传播媒介一般不是由组织内的公共关系人员直接掌握和控制的,有关的信息能否被大众媒介所报道,以及报道的时机、频率、角度等等,要取决于专业的传播机构和人士。因此与新闻界人士建立广泛、良好的关系,是运用大众媒介、争取媒介宣传机会的必要前提。与新闻界关系越多,组织有关信息的报道数量就越多;与新闻界关系越好,组织有关信息的报道质量就越好。媒介关系的这种公关传播性之强,是其他公众对象难以企及的。

四、政府公众

政府公众是指政府各行政机构及其工作人员,即旅游业组织与政府沟通的具体对象。旅游业目前已经成为国民经济中一支不可忽视的力量,它在吸引外资、解决劳动就业、扩大国际交往等方面起着重要的作用。目前,从国家政府机关到地方各级旅游行政管理部门都非常重视旅游业的发展,并相继制定、出台了一系列的政策和规定:如《导游人员管理条例》、《旅行社管理条例》《星级饭店评定标准》,这些政策的出台,一方面对旅游业组织的经营行为形成了约束,同时对于规范旅游市场竞争也起到了极大的推动作用。对于旅游业组织来说,了解并自觉遵守这些政策和规定是组织生存和发展的前提与保障。如果触犯了它们,就有可能信誉扫地,遭到公众的唾弃,如果能够模范遵守,争创名牌,就会受到公众的信任和追捧。具体分析政府公共关系的意义有两点:

(一)政府的认可和支持具有高度权威性和影响力

在市场经济条件下,政府相关部门对旅游企业的经营行为起着宏观调控作用,规范市场秩序,促进行业健康发展。近些年来旅游行业在蓬勃发展的同时也出现了不少问题,比如旅行社"零团费、负团费"现象的出现,极大地侵害了旅游者的切身利益,亟待规范和整治。2007年年初,上海市旅游事业管理委员会与上海市名牌推荐委员会联合举办了"上海市旅游服务名牌"评选活动,在全行业树立模范典型,在社会上产生了巨大的反响。一些被评上名牌产品的旅游线路销量直线上升,组团人数显著增加。正是由于顾客公众对于政府权威机构的信任,所以才会青睐那些名牌产品,而旅游企业也直接从中受益:名牌就像磁石一样能够吸引公众前来消费,组织的知名度和美誉度也随之提高。所以,搞好与政府公众的关系,争取获得其认可和支持非常重要。

(二)与政府建立良好关系能够为组织形成有利的政策、法律和社会管理环境

近些年来,中国经济的飞速发展带动了旅游业的进步,同时也吸引了世界著名饭店集团、旅游公司的目光。很多外国旅游企业、集团纷纷抢滩中国市场,加大投资力度,谋求在中国市场的发展。要想顺利进入中国市场,就必须要搞好与政府部门的关系,为自己争取有利的发展环境和空间。比如,2005年3月,国家旅游局会同商务部研究修订了《设立外商控股、外商独资旅行社暂行规定》,降低了外商投资国内旅行社的门槛和限制:外商控股或外商独资旅行社的注册资本由

原本规定的不少于 400 万元人民币降低为不少于 250 万元人民币,同时取消了原来关于境外投资方设立控股或独资旅行社的范围只限于北京、上海、广州、深圳、西安 5 个城市的规定。这一规定的出台,对于那些想要进入中国市场的外国旅游企业来说无疑是非常利好的消息。

通过良好的政府关系,组织能够及时了解到有关政策的背景,较方便地争取到政策性优惠或支持。比如,很多旅游景区的开发与保护就需要大量的资金扶持,国家目前也非常重视这方面的工作,如果能够通过公关活动得到政府有关部门的支持,就能够获得人力、物力、财力方面的保障。

政府的政策、法律和管理条例是一个组织决策和活动的依据和基本规范,组织的一切行为都必须保持在政策法规许可的范围之内,否则的话就要面临相应的制裁。比如,每年旅游行政管理部门都要对旅行社进行年检,并依法对违规经营的旅行社进行处罚;按照《星级饭店评定标准》的规定,有关部门每年要对已经评上星级的饭店进行复检,对那些不符合标准的饭店要进行警告、通报批评,问题严重的还要被取消或者降低星级。所以,了解政府部门出台的相关法规和政策并模范遵守是十分重要的。

五、名流公众

名流公众指那些对社会舆论和社会生活具有较大的影响力和号召力的有名望人士,如政界、工商界、金融界的首脑人物;科学界、教育界、学术界的权威人士;文化、艺术、影视、体育等方面的明星;新闻出版界的舆论领袖等。这类关系对象的数量有限,但对传播的作用很大,能在舆论中迅速"聚焦",影响力很强。通过社会名流去影响公众和舆论,往往具有事半功倍的效果。

旅游业组织特别是著名的旅游饭店有很多接触社会名流的机会。对于这些企业来说,要很好地抓住这样的良机,通过为名流提供高质量、完善的服务来赢得他们的认可,并通过他们的影响力来提高饭店的美誉度。比如,海南三亚的喜来登度假酒店就通过为来自世界各地的一百多位参赛选手提供周到、细致的服务而连续几年成为世界小姐组织机构授权的"唯一官方指定入住酒店",不仅赢得了全世界的瞩目,而且树立了良好的企业形象。

而上海白金五星级酒店上海波特曼丽嘉酒店,有许多名人都曾经下榻,也在一定程度上为酒店提升了知名度。其中包括美国前总统克林顿,以及老布什和小布什,小布什是在 2001 年参加 APEC 会议时入住的。另外世界著名三大男高音卡雷拉斯、多明戈、帕瓦罗蒂以及影视明星阿诺·施瓦辛格都曾经在这里入住。

建立良好的名流关系的目的,是借助名流的知名度扩大组织的公共关系网络,扩大组织的公众影响力,提升组织的社会形象。其意义和作用包括:

（一）利用社会名流的知识和专长为组织发展建言献策

　　社会名流往往具有一定的知识和专长，旅游业组织与社会名流建立良好的关系，能充分利用他们的见识、专长为组织的经营管理提供有益的咨询和建议。比如，酒店行业内的专家往往从事酒店管理工作多年，有着丰富的从业经验，组织的管理人士能够在与他们交往的过程中获得广泛的社会信息或宝贵的专业信息，这对于酒店的进一步发展是十分重要的。

（二）利用社会名流的关系网络为组织赢得客源

　　名流在社会上的影响力是其他普通公众所无法匹敌的，他们大多具有广泛的人际关系网络，旅游业组织可以凭借他们的社会资源为自己吸引和招徕更多的客源。比如，饭店企业与商界、政界名流建立良好的关系，就可以吸引他们每年来此举办会议；旅行社如果能够与商界名流建立良好的关系就可以吸引他们参加奖励旅游、商务旅游等项目。有些社会名流虽然不能够直接为旅游业组织提供客源，但由于他们与社会各界有广泛的联系，或对某一方面的关系有特别重大的影响，组织便能通过他们与有关公众对象疏通关系，扩大社会交往范围。

（三）利用社会名流的声望提高组织的知名度与美誉度

　　社会名流往往具有一定的社会声望，旅游业组织通过与他们建立良好的关系，就能够凭借其在社会上的影响力而提高自己的知名度和美誉度。社会名流外出时往往会选择与自己的身份地位相称的酒店入住，这就给饭店企业提供了良好的机会，通过给他们提供贵宾服务，突出其礼遇，满足他们受尊重的心理需求。同时，社会名流所到之处，新闻媒体往往会竞相跟踪报道，这无疑是酒店进行公关宣传的良好机会，等于为酒店作了一次免费的广告，其效果要比做单纯的商业广告好得多。

六、社区公众

　　社区公众指旅游业组织所在地的区域关系对象，包括当地的管理部门、地方团体组织、左邻右舍的居民百姓。社区关系亦称区域关系、地方关系、睦邻关系。社区是一个组织赖以生存和发展的基础，只有与所在社区的个人、群体或组织处理好关系组织才能够谋求更大的发展。否则，社区关系如果不顺畅，将会直接阻碍组织与其它公众之间关系的发展。"天时、地利、人和"是任何一个组织获得成功的必要条件。

（一）社区关系直接影响着组织的生存环境

　　旅游业是与自然生态环境息息相关的行业，要想实现可持续性发展就必须重视对资源的开发与保护，并且与所在社区的政府部门、居民百姓等公众搞好关系，争取他们的支持和认同。社区如同组织扎根的土壤，没有良好的社区关系，组织就会失去立足之地。跨区域性的组织也不能脱离特定的社区,甚至要善于同各种不同背景的社区公众打交道,以争取社区提供各种地方性的服务和支持,所以很多跨国旅游企业在中国市场上都非常重视参与社区的公益活动,以便获得政府的好感,为自己营造一个良好的生存环境。以希尔顿酒店集团为例:希尔顿鼓励员工融入当地的社区,并利用公司的资源支持他们的活动。该集团于 2000 年建立了一个全部由希尔顿国际及其员工参与的社区慈善基金会,通过捐资捐物来支持与行业有关的慈善团体。

(二)社区关系直接影响着组织的公众形象

社区公众涉及当地社会政治、经济、文化、教育等各个方面和阶层,类型繁多,涉及面广,对组织客观上存在着各种不同的要求和评价。组织要想提高自身在社区中的地位,就要树立一个"良好企业公民"的形象,经常参加并资助各项社会公益活动。许多国际著名的酒店集团都非常重视社区关系的建立和保持,以此来提高自己的公众形象。喜达屋集团所属的天津喜来登大酒店一直致力于推广关爱社区、关爱弱势群体的活动,该酒店于 2002 年 3 月 28 日会同天津市体育局、天津市残疾人联合会等单位共同举办了"以奥运精神鼓舞残疾青少年及孤残儿童"的特别活动,在社会上引起了广泛的反响。旅游业组织与社区之间应该加强信息的传播,关心并支持社区建设,像爱护自己的家庭一样爱护社区,为社区公众多做贡献。

(三)社区可以为组织的发展提供充足的劳动力资源

研究表明:旅游业每增加 1 个人就业,就可以带动 5 个人就业。旅游业是一个劳动密集型的行业,需要大量的人员供给,而社区的人口相对密集,又有地理位置上的优越条件,因此,社区可以为旅游企业提供人力资源方面的支持。同时,旅游企业的发展也能够促进社区就业问题的解决,带动当地经济的发展,双方可以实现"共赢"。

(四)社区是组织相对稳定的购买力市场

社区有相对密集的居民人口,他们有着各种消费的欲望,社区周边地区的企业由于距离较近,所以相互之间接触的机会较多。旅游企业的发展离不开所在社区的支持。特别是对于一些中、小饭店企业,社区的成员包括附近的居民、公司、学校等往往会成为其稳定的客源市场。

[补充阅读]

肯德基的社区公益公关

肯德基凭借自己的品牌优势和先进的管理经验,在中国市场上如鱼得水市场扩张的步伐日益加快,并取得了良好的经济效益。从 1993 年进入浙江省以来,杭州肯德基有限公司在浙江全省的发展有如燎原之火,稳居快餐行业第一把交椅。杭州肯德基品牌的成长之所以能够如此快速地发展和壮大,得益于浙江良好的投资环境,省市各级政府和领导的关怀和支持,当然,更得益于广大消费者的爱护和认可。所以,饮水思源,杭州肯德基有限公司本着积极回馈社会的宗旨,热心参与各项公益事业,积极融入到社会大家庭中来。

　　从 1995 年到 2001 年,杭州肯德基有限公司在杭州市小学中设立了优秀学生奖学金,金额达到 101 万元,有 16850 名优秀小学生获得了该项奖学金。自 1995 年起设立的肯德基特殊教育基金,到 2001 年共投入 9 万元基金,用于特殊儿童的教育和成长,使得他们在肯德基爱心的温暖下,完成学业,同健康人一样走向社会。同样从 1995 年开始实施的肯德基特殊教育助学金计划,经过了十年的历程,肯德基每年出资 4 万元,10 年内共计资助了 1000 名残、弱儿童,使他们充分感受到社会的温暖,得到学习的机会,实现了自己的人生价值。

第四章　旅游公共关系的传播

本章提要

　　从一定意义上说,公共关系就是一个组织和相关公众之间的传播管理。公共关系传播是公关活动的媒介,旅游业组织要想在公众心目中树立良好的形象,就必须要通过一系列的传播沟通手段将自己的形象传播出去,本章重点探讨了公关传播的原则、传播的媒介,并对公共关系传播与广告进行了比较分析。

第一节　概述

一、旅游公关传播的含义

(一)传播的含义

　　传播一词,在英语里面称作 communication,它来源于拉丁文 communis,强调信息传递者与接受者的同等地位和相互作用,即"双向"与"交互"。传播(communication)与社会(community)两个词有共同的词根。可以说,传播活动是伴随人类社会共生共存的一种普遍现象。人们在共同的生产和生活中,为了相互交流和合作,就要借助一定的媒介通过一定的方式来传递信息。正像人类学家爱德华·萨皮尔所说的：“每一种文化形式和每一种社会行为的表现都或明或暗地涉及传播。”在古代社会，身体语言、有声语言、舞蹈、音乐、图画等等都可以成为人们之间信息交流的方式。在现代社会，人们之间的联系更加紧密，交往变得更加频繁，传播的方式和媒介也发生了很大的变化。今天，人们可以从不同的角度来理解传播，给传播进行定义，但是，就其最基本的含义来讲，传播就是指人与人之间信息双向交流与共享的过程。

（二）传播的相关理论

1.拉斯韦尔的 5W 理论

1932 年美国的传播学家哈罗德·拉斯韦尔提出了人类传播过程的“5 个 W 模式”。此模式将传播行为分为以下五个内容要素：

（1）传播者是谁（Who）

（2）传播内容是什么（Say What）

（3）传播渠道是什么（In Which Channel）

（4）传播对象是谁（To Whom）

（5）传播效果如何（With What Effects）

这个简单的传播模式曾经被当时的学术界奉为经典模式。许多学者用它来组织关于传播的讨论。拉斯韦尔传播模式显示了早期线性传播模式的特点，但是它忽略传播过程中的反馈要素，以及传播动机的分析，即传播者为何而传播，受众为何而选择媒介、接受信息。因此，这种传播模式具有一定的局限性。

2.把关人理论

德国著名社会心理学家库尔特·卢因在 1947 年所写的《群体生活的渠道》一文中提出了“把关人”的概念。“把关人”又称为“守门人”，是指那些在信息传播的过程中，对信息的提供、制作、编辑和报道能够采取“疏导”与“抑制”行为的关键人物。疏导行为是指对信息准予流通，而抑制行为是指不让信息进行流通或将信息暂时搁置。“把关人”既可以指个人，也可以指集体。把关人之所以会对信息交流采取不同的态度和行为，主要是受自己原有的观点、意见、经验、兴趣以及周围信息的影响。以媒体的新闻报道为例，一篇新闻报道或者是广告能否通过媒体进行发布，不仅取决于信息本身，而且要符合国家相关法律、政策的规定，同时还要符合媒体自身的实际情况。新闻媒介的编辑、审定人员会对信息进行审核，对报道的内容、报道方式和时间进行控制。因此，对于旅游业组织来讲，在公共关系传播过程中，要主动与媒体进行联系，为其提供符合规范的新闻稿件，充分重视把关人的地位和作用。

3.两级传播理论

“两级传播”理论是研究者通过对政治竞选的调查得出的结论。1944 年，美国著名社会学家拉扎斯菲尔德带领一个研究小组以 1940 年美国总统竞选为对象,就大众传媒对政治行为的影响进行研究。结果发现,大众传媒讯息并不是直接对选民产生影响的,而是先到达某个群体中的意见领袖,然后再由他们,把自己读到、听到的讯息传递给群体的其他受众成员。也就是说,信息的传播,是按照"媒介意见——领袖——受众"这种两级传播的模式进行的。在这当中,处于中间环节的意见领袖的作用和意义非同寻常。他们通常是一些消息灵通人士或者是某方面的权威专家。这一模式的提出,粉碎了早期传播研究者们认为大众传播媒介对受众的影响所向披靡的神话。尽管此后的研究又对两级传播理论提出了许多批评,但这一理论的核心思想仍能够较好地解释舆论的扩散过程。它告诉我们,要进行有效的传播,就应该把注意力首先集中于那些意见领袖。两级传播理论为正确处理"小道消息"和组织内部的沟通奠定了良好的基础。

在旅游公共关系传播中,公关人员首先要意识到意见领袖的存在。比如,经验丰富的旅游专家、社会名流以及旅游者都可能成为左右公众舆论导向的意见领袖;而在旅游业组织内部,"消息灵通人士"、非正式组织的核心人物以及"关键员工"都会成为影响其他员工观点、态度、意向的意见领袖。其次,在保证信息真实性的前提下,运用合适的方法和手段去影响意见领袖,使他们能够对旅游业组织形成良好的印象,理解组织的行为。

(三)旅游公关传播的含义

在公共关系活动中,组织需要与内、外部公众进行信息交流,传播活动是必不可少的内容。而旅游业本身就是一个开放性、服务性的行业,无论是旅游饭店、旅行社还是旅游景区以及旅游交通部门都需要与公众进行良好的沟通,否则,就会影响到服务的质量和组织的形象。

旅游公关传播是指旅游业组织为了实现其公共关系目标,综合运用各种传播方式和传播媒介同旅游业组织的内、外部公众进行双向信息交流的活动和过程。

二、旅游公关传播的特点

(一)旅游公共关系传播的主体是旅游业组织

旅游公共关系传播的主体是旅游业组织,它不是个人,也不是职业的信息传播机构。旅游业组织包括旅游饭店、旅行社、旅游景区、旅游交通部门等,他们为了影响或改变公众的态度,使公众了解本组织的政策、目标和行为,必须经常向那些与组织的发展有某些直接或间接利害关系的个人、群体和组织发布信息。

(二)旅游公共关系传播的对象是旅游业组织的目标公众

旅游公共关系传播的对象包括内部公众和外部公众。旅游业组织在公众心目中的印象,从某种意义上说,就是公众对旅游业组织所持有的态度。公共关系的根本目标是建立组织在公众中的良好形象,也就是促使公众形成对组织有利的态度。旅游业组织的目标公众范围广、层次多,在传播过程中,要把握其特点,做到有的放矢。

(三)旅游公共关系传播的渠道众多,媒介广泛

旅游公共关系有着丰富的传播渠道众多,既包括人际传播、组织传播还包括大众传播等。从传播媒介来看,除了传统的传播媒体如电视、报纸、广播、期刊外,随着现代科技的发展,互联网、短信等也成为旅游公共关系的传播媒介,不同的传播媒介效果是不同的,旅游业组织可以根据传播对象的特点、公关目标的要求以及旅游业组织的经济实力有针对性地选择传播媒介。

(四)旅游公共关系传播有明确的目标

旅游公共关系传播的目标就是通过沟通组织与公众之间的信息联系,来协调关系,树立良好的组织形象和声誉。旅游公共关系传播的目标包括完善旅游业组织的形象、矫正旅游业组织的形象以及修复旅游业组织的形象。在目标的指引下,旅游业组织通过制定传播的方案,有计划、有步骤地进行公共关系的传播活动。

(五)旅游公共关系传播是一种双向传播

旅游公共关系的传播要与公众实现双向互动传播,对于旅游业组织来说,公众对其服务的意见和态度是旅游业组织今后改进工作的动力和方向。同时,旅游业组织公众的需求在不断发生着变化,随时了解他们的心理需求,展开公关调查都需要进行双向的沟通。现代科技的发展为旅游业组织与公众实现双向传播提供了平台和广阔的发展空间。

三、旅游公关传播的作用

(一)传递信息,让内、外部公众了解组织的动态

对于公关部门来说,不仅需要搜集信息,而且需要传播与旅游业组织发展有关的信息,让内、外部公众了解组织的发展动态。这些信息主要包括与产品和服务相关的信息、与组织人事更迭相关的信息以及与组织重大发展决策相关的信息等等。

(二)联络感情,密切与内、外部公众之间的关系

旅游业是服务性的行业,客人与组织之间直接接触的机会多,为了提高员工的忠诚度和顾客的满意度,就需要与组织的内、外部公众进行有效地沟通,了解内、外部公众的想法和对组织的意见、建议,同时,通过开展生动活泼的组织活动,吸引内、外部公众参加,联络感情,与他们建立良好的关系。

（三）化解危机，争取内、外部公众的理解和支持

在当今的市场环境中，危机时有发生，危机对于旅游业组织来说，既是挑战也是机遇，在处理危机的过程当中，离不开内、外部公众的理解和支持，危机能否化解取决于能否实现与组织内、外部公众的有效沟通，信息在这当中起着至关重要的作用。

四、旅游公关传播的基本要素

旅游公关传播是人类传播活动中的一个特殊类型，它既包括了一般传播的基本要素，同时也具有自身的特殊要素。

（一）传播者

也就是公关传播活动的信息发送者。具体来讲，就是旅游业组织或代表组织向公众传递信息的公关机构和公关人员。

（二）传播的内容

它既包括旅游业组织的传播者发出的所有信息，也包括从公众那里获得的反馈信息。

（三）传播媒介

公关传播的媒介有很多，主要包括：电视、报纸、广播、期刊等传统媒介以及互联网、手机短信等新一代媒介。

（四）目标公众

旅游公关传播的目标公众包括顾客、员工、政府、社区、股东等等，它涉及的范围比较广泛。

五、公共关系传播的类型

根据传播的方式和内容，可以把公共关系传播分成以下五种类型。

（一）人际传播

人际传播是指发生在个人与个人之间互通信息、交流思想、沟通感情的社会行为。它是构成并维持社会的前提，是人际关系得以实现的基础，也是最常见、最普遍渗透于人类生活一切方面的基本传播方式。旅游业是一个服务性的行业，要与客人进行面对面的接触，客人对服务质量是否满意在很大程度上取决于与服务员接触的经历是否满意，因此这种人际传播显得特别重要。服务员的语言、动作、服务的态度都会影响客人的感受，一句亲切的问候、一个微笑的表情对于改善"客我关系"是非常重要的。

对于每一位顾客来讲，如果在与旅游业组织接触的过程中获得了满意的服务体验，那么按照"1:25:8:1"的原则，即"一个满意的顾客可以影响周围25个

人,其中有 8 个人产生购买意向,这 8 个人中又有 1 个人能够购买产品和服务",这样的人际传播会形成良好的口碑效应。旅游业组织的公关人员在公关活动中涉及大量而频繁的人际交流。因而,人际传播是公关人员最直接、最为具体的工作,也是公关活动中运用最为广泛的一种传播方式。

(二)大众传播

所谓大众传播,就是旅游业组织运用先进的传播技术和产业化手段,以社会上一般大众为对象而进行的大规模的信息传播活动。大众传播出现于 19 世纪 30 年代,其代表事件是"人人都看的报纸"——廉价"便士报"的出现(以《纽约太阳报》和《先驱报》的创刊为标志)。大众传播的主要媒介有报刊、广播、电视、互联网、手机等,它们是社会进步的产物,也是社会进步的重要标志。旅游业组织需要经常与社会公众打交道、向其介绍产品、推销服务,如果能够充分利用好大众传播媒介,将会收到事半功倍的效果。

(三)组织传播

这是指在一个正式的旅游业组织或机构内相互交流信息或观念的传播活动。对于旅游业组织来说,其服务质量和水平在很大程度上要依赖员工的表现,因此,与员工搞好关系,提高员工的忠诚度对于组织来讲是至关重要的。组织要将与员工的利益息息相关的信息及时地传播出去,同时还要将组织的发展目标和方向、组织的业绩以及组织的方针政策等及时地通报给内部公众,特别是当组织遇到危机和困难时就更需要员工的理解和支持。西安喜来登酒店在这方面做得就比较好。它在员工通道旁布置了很多宣传栏,将酒店的营业指标及完成情况会公示于众,让员工做到心中有数。同时,酒店还会定期评选出各个岗位的服务明星,他们的照片连同事迹都会公布于众,从而有效地增强了员工的工作责任感和自豪感。

六、受众的心理选择

当今时代是一个资讯时代,信息传播的速度越来越快,受众对信息的接受过程实际上也是一个不断选择的过程。人们可以在阅读报纸杂志时跳过某些版面的内容,可以随意转动旋钮调换广播波段,也可以随意按动遥控器调换电视的频道。从受众的角度来说,只有那些比较感兴趣的信息才会引起他们的注意,其他的信息则视而不见、充耳不闻。就是对同一信息的理解也会因其出现的频率、位置的不同而有所差异,在此基础上所形成的记忆也并非是完整、机械的。传播学者发现受传者在接触媒介和接收信息时有很大的选择性,这就是受众心理上的自我选择过程。

这个选择过程表现为三种现象,简称为"3S":选择性注意(Selective Attention）；选择性理解（Selective Perception）；选择性记忆（Selective Retention）。

（一）选择性注意

注意是指心理活动对一定事物或活动的指向和集中。而选择性注意就是指在信息接受过程中，人们的感觉器官虽然受到诸多信息的刺激，但是他们不可能对所有的信息刺激一一作出反应，只能是有选择地加以注意的心理状态。从选择性注意的角度看，如何提高信息的竞争能力，有以下几个因素值得关注：

1. 对比

在信息的版面和播出程序上，将内容大不相同的稿件或节目编在一起，表现为强烈的对比，以引起旅游者较大的注意，而不致被忽略和舍弃。比如：可以将国外酒店的节能环保情况与国内酒店的现状作为一个专题进行宣传，通过对比让受众了解相关的信息，从而留下较深刻的印象。

2. 强度

当许多信息同时呈现时，在其他条件相同的情况下，刺激性强的内容容易引起人们的注意；如在报纸的编排中，字号、字体、色彩等都可以加强信息的刺激强度而引人注目。比如：一些旅游城市像大连、苏州等利用业内比较有影响的《中国旅游报》进行形象宣传和展示，它们往往用整版的篇幅、彩色的版面再配上许多照片，这样给人的视觉冲击力较大，生动直观，宣传的效果也好。

3. 位置

在信息传播时，报纸的版面位置、广播和电视的播出时间、杂志的中页或封底，都显出了信息传播中空间位置和时间位置的重要性。如果说某个时段或位置能够减少或避免与不相干信息的碰撞与干扰，那么此时此处的信息就会显现出良好的传播效果。当然，报纸、杂志不同版面、位置的收费情况也各不相同。

4. 重复

对旅游消费者的重复刺激是使信息引人注意的一个重要手段。一般来说，重复的次数越多越容易引起受众的关注。比如，大连、苏州等旅游城市就长期凭借《中国旅游报》、中国旅游网等新闻主流媒体进行城市推广宣传活动，每隔一段时间推出不同的主题，向公众传递最新的信息，同时又保持了一定的连续性。大连市"奥运在北京，观光在大连"的旅游口号通过一系列的宣传已经深入人心，收到了良好的宣传效果。

5. 变化

"喜新厌旧、追新猎奇"是受众的普遍心理。富于变化性是吸引受众眼球的一个重要因素。旅游业组织要将组织发展的最新动态、新产品和服务等信息及时地传递给受众，以吸引他们的注意力。特别是对于一些重游率不高的景区，特色活动和景区的发展变化会对受众的心理造成一定的冲击，能够唤起他们的旅游欲望和动机。另外,旅游饭店的装修改造、时令餐饮产品的推出;航空公司新型飞机的引进、票价的调整;铁路部门的提速、新型列车的出现、服务的改进等都是潜在旅游者关注的话题。

[读一读]

人们阅读报纸广告的习惯

怎样才能使得广告吸引读者的眼球,并更加显眼,这里面有很多技巧。有研究报告表明,人们读报的时候一般是从报纸的上部左边开始用眼睛扫描,最后则是看到右下方的广告。换句话说,和人的读报习惯一样,人们阅读广告也是这样的一个顺序。20世纪90年代,英国报业协会的一个研究项目叫"色彩的功效"。研究人员做这一科研项目时,采用了一种叫"眼球跟踪"的设备来跟踪记录读者在报纸上停留的目光。这次研究的结果发现,读者并不是完全按照逻辑上的路径来阅读报纸版面或者广告的。随后有关广告的研究结果还发现,人们在看到广告时,眼球也仅仅只会平均停留2秒钟。这项研究同时还揭示了一个更为有趣也更为残酷的事实,有些读者习惯性的对报纸上的广告一点都不感兴趣,连看一眼的机会都不给。在这些读者读报时,面对一张报纸的版面,心中已经有了一份"内心地图"。这份地图引导他们浏览版面,同时也避免眼光走入那些潜在的不受欢迎的区域,如设计得非常差劲的广告。

(资料来源:《中国报业》2007年9月21日　作者:巢建新)

(二)选择性理解

按照心理学的解释,人们的知觉具有理解性,也就是说人们总是根据自己已有的知识和经验对知觉对象加以理解和解释。如果说选择性注意是人们对信息的一些零散捕捉,那么选择性理解则是对所注意信息作有意义的思考。对于同一个新闻报道或者广告,不同的人会做出不同的解释和判断,即组织所传递的信息常常并不等于公众所接受的信息,即受传者所理解、还原的意义与传播者意欲传递的本来意义之间往往会有一定的差距。

影响人们知觉选择性理解的心理因素包括需要、态度和情绪三个方面。

1.需要

信息受传者对于一条信息的理解往往是为了满足自己的某种需要。由于公众的知识、职业、家庭背景、个性等方面的差异,人们对于旅游信息的需要也呈现出明显的差异性。对于旅行社发布的旅游路线信息和行程安排,老年人和年轻人关注的焦点就会有一定的区别,年轻人往往喜欢新奇、趣味性强的项目,同时希望行程安排紧凑;而老年人喜欢慢慢地欣赏自然风光,希望行程安排不要太紧凑,以便于能够及时调整休息。需要的差别,影响了人们对于信息的选择,同时还影响了对同一条信息的理解。

2.态度

态度表现为对事物的肯定或否定、赞美或批评、爱好或厌恶等心理倾向。态度是由认知、情感和意向三种成分组成的。其中认知成分是指个体对态度对象的认识和评价，它是态度的基础；情感是对态度对象的情绪和情感体验，它是态度的核心；意向成分是个体对态度对象的行为准备状态。以上三种成分越相一致，态度就越稳定。对一则信息的理解，必然受到旅游消费者固有观念的影响。有些人对旅游持积极、正面的看法和态度，而有些人认为旅游是一件十分奢侈的事情。个体对旅游态度的不同会直接影响他们的旅游决策和旅游行为。

3.情绪

情绪指个体对客观事物是否满足了主观需要而产生的心理体验。对同一则信息，公众可能因为情绪与心境的不同而产生不同的理解：当人们在积极的情绪状态下，有可能会对旅游广告产生浓厚的兴趣，做出旅游决策；而当人们处于消极的情绪状态下时，可能对旅游广告感到非常的厌烦。这是一种很平常的现象。情绪是一种非常神奇的力量，对于大多数人来讲，不可能完全摆脱情绪对自己行为的影响。

(三)选择性记忆

记忆是一种极其主观的脑的活动：人们往往只记忆对自己有利的信息，或只记自己愿意记的信息，而其余信息往往被忽略了。这种记忆上的取舍，就叫做选择性记忆。它可以分为以下三个阶段：

1.输入

人们对一则信息的记忆往往只记大意。如某句精彩的旅游口号，某个最令人赏心悦目的镜头或某段令人难忘的旅游经历。人们记忆的不完整，还表现在往往把原有的信息按自己的惯用符号重新编排，因此，信息的传播者要设法在信息的构思和符号制作上多下功夫，根据人们的收听、收看习惯进行信息的编排和组织。

2.储存

从心理学上看，人的记忆能力是有限的。一般地说，一个人一次只能记得 8 个不相关的数字，或 7 个不相关的字母，或 6 个不相关的单词，这个成果又往往只是一种短期记忆。因此，在广播和电视宣传片中，尽量少用枯燥的数字而多用优美的音乐或者生动的画面来抓住受众的心，给他们留出丰富的想象空间，往往会达到意想不到的效果。

3.输出

记忆的输出有两种方式：辨认和回想。辨认是人们接收到某人信息后，可以辨别出自己以前是否看过或听过。回想则是人们能够把看过或听到过的信息用不同的符号予以复述。旅游是一段经历、一个过程,旅游者在旅游过程中利用手中的照相机、摄像机等记录下自己感兴趣的瞬间,目的就是为了将来能够重温一段美好的回忆。

第二节　公共关系传播的媒介

一、媒介的含义

媒介即中介或中介物,存在于事物的运动过程中。传播意义上的媒介是指传播信息符号的物质实体。著名的传播学家施拉姆认为:"媒介就是插入传播过程之中,用以扩大并延伸信息传送的工具。"

人们常说公共关系是一门"内求团结、外求发展"的艺术,为了把组织良好的形象传播出去,需要有媒体作为平台;当组织与公众之间产生误解或在媒介的运作中出现危机时,组织可以通过各类传播活动来争取公众的谅解,最大限度地减少摩擦或纠纷给组织带来的危害。

温家宝总理出访美国时,在哈佛大学所作的演讲中说道:"多么小的问题乘以 13 亿,都可以变成很大的问题。"这样的情况不仅仅表现在社会问题和经济总量中,也同样表现在企业的市场传播中。在中国,由 960 万平方公里的地域、13 亿人口和 56 个不同文化背景的民族构成的庞大市场体系使企业的传播工作变得非常复杂。在这种情况下,没有公众媒体的支持,企业形象设计就像是没有被商品化的产品一样不能发挥出其市场价值。

二、大众传播媒介

(一)报纸

报纸是一种传统的媒体,其特点是传播范围广、传播速度较快;信息可以储存并反复阅读,读者可以灵活地选择信息,不受时间和空间的限制;报道具有一定的深度和广度、可以就某个专题进行深入地探讨;报纸价格较低。但是不够形象、生动,并要求读者具有一定的文化水平和阅读能力,从而在一定程度上限制了其受众面。

报纸的传播范围比较明确,既有国际性的,又有全国性的和地区性的,既有综合性的又有专业性的,不同的报纸有不同的发行区域,即不同种类的报纸的覆盖范围各有不同。这种明显的区域划分,给广告主选择媒体提供了方便,因而可以提高广告效果,并避免广告费用的浪费。

利用:旅游业组织可利用报纸来进行活动的相关报道、也可以直接利用其中的版面做广告,达到扩大宣传的目的;或与报纸联合开办某一专栏,从而达到树立形象、提高品牌知名度的目的。比如,如家连锁酒店就与业内非常有影响的《中国旅游报》联合开办了"经济型酒店连锁专栏",对如何发展经济型酒店进行深入地探讨,在专门的版面上连续刊登相关文章,收到了良好的宣传效果。人们一提起经济型酒店马上就会想到"如家"这个品牌。

(二)电视

电视是传统媒体中受众面最广、也是最重要、最受欢迎的媒体。电视的特点是形象、生动、直观,可以得到良好的视听享受,信息传播速度快、时效性强,缺点是信息不易保存、收听要受到时间的限制,宣传费用高。

利用:可利用电视适合再现形象、现场过程的特点来进行新闻报道、现场采访、专题报道和广告宣传等。通过电视,可以全方位地展现旅游企业的魅力和形象,能够吸引受众的注意力,使其留下深刻的印象,从而达到良好的宣传效果。旅游景区可邀请电视台来进行拍摄制作专题片,以展示景区的良好形象。目前很多电视台开设了专门的旅游频道和旅游栏目,其影响力大、覆盖面也较广泛,旅游企业可以好好加以利用,发布广告信息或与电视台合作制作专题节目,定会收到满意的宣传效果。

(三)广播

广播也是一种重要的传统媒体,它的传播速度快、范围也较广泛、价格低廉。它的优点是能够引发人的联想,产生与众不同的宣传效果。缺点是收听时间和速度要受到限制,信息稍纵即逝、不易保存,不够形象直观,只有声音,没有文字和图像,传播效果有限。

广播媒体的覆盖面大,传播对象广泛。由于广播是用声音和语言做媒介,而不是用文字作为载体传播信息,适合不同文化程度的广大受众,任何有听力的人都可以接受广告信息。因而广播广告的传播对象广泛,几乎是全民性的。特别是近些年来,随着私家车的普及,车载广播受到很多驾车一族的喜爱,各地交通广播电台的节目收听率也较高,而这些人大多是年轻一族,追求时尚的先锋,对外出旅游兴趣较浓,又有较强的消费能力。所以,利用广播来进行宣传无疑能够收到事半功倍的效果。对于那些相当数量的文盲或者是没有阅读能力的人来说,广播也是他们了解外部世界、与外界进行沟通的工具,这是任何其它媒体都无法与之相比的。

利用:旅游业组织可以利用广播电台传递信息及时的特点,通过它发布新闻,并可通过接受电台记者的采访,举办互动类节目增强参与性,扩大影响。尤其是对于一些旅游景区,可以发挥地方电台的优势,在节假日与电台合作制作一些旅游专题节目,激发大家的旅游兴趣,提高景区的知名度。

(四)期刊

期刊具有读者群稳定、专业性强的特点,期刊杂志一般有较强的针对性,有较明确的阅读对象,一些旅游爱好者比较青睐旅游杂志和期刊。旅游业组织可以很好地利用期刊的优势进行广告宣传和深度报道。旅游期刊一般印制精良、图片优美,感染力强,缺点主要体现在出版周期长、不够生动形象,受众面有限。像《旅游》、《旅行者》、《时尚旅游》等都是比较知名的旅游类期刊,这些期刊的受众往往具有一定的经济实力,爱好旅游,外出旅行的机会较多,或者是旅游业内的专业人士,所以以期刊作为宣传的媒介也是不错的选择。

利用:旅游业组织可以利用期刊的上述特点,传递信息,介绍旅游景区的情况和旅游的一些常识,通过赞助等方式举办一些比赛、公众联谊的活动,提高组织在业内的影响力。

(五)网络

随着互联网的迅猛发展,网络传播也得到了飞速发展。网络传播作为一种全新的现代化传播方式,有着与传统媒体截然不同的新特征:突破时空限制、多媒体传播、双向交互性。它在许多方面突破了传统媒体存在的界限:区域界限、时间界限、传播方式的界限、互动界限、信息量的界限、传播成本的界限,从而带来一种全新的传播理念。据统计,截至 2007 年 9 月,中国网民的数量达到了 1.72 亿,按照信息产业部“十一五”规划,到 2010 年,中国互联网用户数有望达到 2 亿,年均增长 8%,普及率为 15%。网络传播是人类有史以来增长最快的传播手段。此外,网民队伍的高质量、高增长速度表明,网络媒体所拥有的是一支最具真正潜力的受众队伍,在这个队伍中,旅游爱好者不乏其人,很多网站都纷纷开设了旅游频道或者专栏。比如“搜狐旅游频道”、“新浪乐途旅游”等,为广大旅游爱好者提供了丰富的信息资源。

利用:饭店企业、航空公司可以通过开设自己的网站,在全世界范围内进行产品宣传和接受预订服务。现在,越来越多的人通过网络订机票和酒店,这样既快捷又方便,还可以获得价格折扣,传统的营销模式正在遭遇严重的挑战。旅行社和其他旅游相关部门也可以以网络为平台,向公众展示自己的产品和服务。另外,除了旅游企业,许多旅游官方组织、旅游协会也纷纷入网,介绍自己国家的最新旅游动态,向国内、外旅游爱好者和潜在公众提供旅游信息,吸引他们来旅游,共同推动旅游业的发展和进步。

[读一读]

网络公关应注意的问题

国外研究表明,在危机公关的整体运作中,网络推广占整个事件成败的40%。在网路上进行危机公关,最重要的是要建立一个完备的危机网上新闻中心。在内容上该中心至少应该包括危机介绍、进展情况、公司声明等;在页面设计安排上,尽量注意色彩和用词上的平和;界面的设计要充满人性化,同时要注意交互性问题和线上、线下的互动。与其他传统媒体相比较而言,网络的严肃性较差,因此,在对待危机公关上,企业一定要注意新闻的严肃性和准确性。另外,还要时刻关注地方网络流言的传播。对于公关人员来讲,网络是一把双刃剑,网络有时会扮演"电子乌鸦"的角色,以病毒的速度传播公关人员不愿意看到的企业负面消息,有时会给企业带来极其严重的后果。

第三节　公共关系传播的效果

一、旅游公共关系传播的原则

(一)真实性的原则

这是公关传播的首要原则。旅游业组织在传播过程中要从实际情况出发,不可以夸大事实,进行虚假宣传,欺骗受众,这样只能是损害自己的形象和声誉,更不能够通过收买、雇用新闻机构媒体记者的方式来发布不真实的消息,进行不正当的竞争。诚信是旅游业组织的生存之本。

(二)及时性的原则

旅游业组织在进行公共关系宣传时,要把握及时性的原则。对于旅游业组织举办的各种活动,要及时通报给公众,激发受众的兴趣,这样才能收到良好的宣传效果。当发生危机事件时,就更要把事情的真实情况及时地告知给公众,这样才能够争取主动,给公众留下一个良好的印象。

(三)量力而行的原则

旅游业组织在进行公关传播时要借助一定的媒体,如前所述,媒体的种类有许多,旅游业组织应该本着量力而行的原则,根据自己公关目标的需要以及自身经济实力的状况来进行选择,不能盲目跟风,要重视宣传的实效。争取以较少的投入获得较高的回报。

（四）针对性的原则

旅游公关传播计划的制定首先要明确受众,然后根据其特点进行有针对性的传播,不同年龄、职业、受教育程度不同的受众,其需求特点也不尽相同。作为公关人员应该在对目标受众进行充分调查的基础上,再展开有针对性的宣传。

二、旅游公关传播的效果

公共关系传播的目的就是促使人们态度的改变,对传播的信息产生认同感,改变人的态度总是与劝导者、被劝导者和传递的信息有关。因此,要想提高传播的效果,也要从传播者、传播的信息和传播的对象三个方面的因素入手。

（一）传播者

1. 权威性

传播者的权威性对于传播的效果有着重要的影响。影响权威性的因素包括专业性、社会地位、职业、年龄等等。为了振兴本国的旅游业,韩国总统、美国总统都曾经做过广告,这种名人效应对于提高宣传的效果还是有积极的推动作用的。在进行危机公关时,借助权威机构或权威人士来澄清事实也是十分关键的,因为受众在心理上认为权威者的话具有较强的可信度。

［读一读］

名人效应,重振士气

利用名人效应来克服负面时间的影响或改变自己长期负面形象,有时会收到意想不到的效果。比如希拉里·克林顿,当时的美国第一夫人,在 1999 年访问了意大利西西里岛首府巴勒莫。当时巴勒莫正被负面形象所困扰。希拉里在访问期间,竭尽所能地强调,她相信这座城市是一个安全的旅游目的地。经媒体作了进一步的报道后,该市重新赢得了公众的信任,收到了良好的公关效果。

（资料来源:《旅游业危机管理》,中国旅游出版社,德克·格莱泽著,安辉译）

2. 客观性

根据社会心理学家霍夫兰等人的研究结果,如果传播者被公众认为是客观、公正地传递信息,那么其可信度就较高。以往在电视广告中经常有名人为医疗保健品做广告,由于他们本身对产品并不了解、有的根本就没有使用过产品,而是在利益的驱使下才为其做广告宣传,受众认为他们之间是有着密切的利益关系,宣传者并不是站在客观的立场上,因此其宣传效果也就大打折扣了,很难让受众信服。

3. 受欢迎程度

受众的知觉具有选择性的特点,他们在一定时间内并不会对所有的刺激对象产生知觉,而总是选择那些自己感兴趣的、符合自己需要的对象。因此,要想吸引人们的眼球,就必须要选择那些受公众欢迎的人物来进行宣传。有研究表明,外表有吸引力的人往往也具有较强的说服力。因此,现在许多旅游城市选择形象代言人、旅游形象大使、旅游小姐等为其作宣传。如杭州选择"女子十二乐坊"作为其形象代言人就是看中了他们在海外,特别是在日、韩的受欢迎程度以及她们本身的形象与杭州城市文化相契合的特点。选择"女子十二乐坊"作为其形象代言人对于提高杭州的国际知名度、树立良好的国际旅游形象是非常有帮助的。另外,人们比较容易接受与自己相似的人的影响。因为,人们通常认为,和自己有着同样背景的人也会有共同的价值观,对事情也有着同样的知觉。所以,传播者与受众之间越相似,受众的认同感就越强。

(二)传播的信息

1.信息的真实性

面对社会上虚假信息和广告泛滥的情况,受众对信息的真实性要求也越来越强烈。对于旅游企业而言,由于其提供的产品具有无形性的特点,要想赢得受众的信赖就必须要保证信息的真实可靠,比如,一些促销手段的运用不能够哗众取宠,违反有关法律政策的规定。

2.信息的独特性

在"信息爆炸"的时代,受众的知觉是有选择性的,只有那些具有鲜明特点的信息才能够引起受众的注意。因此无论是在内容上还是在形式上都要力求有新意。

3.信息的明确性

传递的信息内容应该保持条理清晰,符合逻辑,这样才能使受众很方便、迅速地理解传播者的意图,提高传播的效果。如麦当劳为了提高信息的透明度,让消费者更清楚地了解所摄入食物的营养含量和成份,就在每一款产品的介绍上详细标注了其营养元素的含量,这样,消费者就可以根据自己的实际情况来选择食品,避免摄入过高的热量,影响身体健康。

4.信息的新鲜性

旅游业组织在进行宣传时,还要注意传递的信息要保持新鲜感,组织最近的活动信息、新产品的介绍、重大的政策变化以及组织的声明等要及时传递给受众。旅游业要选择传播速度快的媒体,尽快把信息送达到外界,让相关的受众及时地了解信息。

5.信息的连续性

在公关传播中,特别是媒体的专题报道,要注意保持信息的连续性,使受众能够更加全面地了解组织的情况,从而给受众留下一贯的、完整的印象。如在大众传播媒介所作的广告宣传,如果能够在一段时间内反复出现,受众的记忆就会更加牢固。

（三）传播的对象

1.传播对象的需求

旅游业组织所面对的公众范围十分广泛，其内在需求也是千差万别，为了提高传播的效果，首先必须要对传播对象的特点有个全面的了解，这样才能够做到有的放矢。比如，对于商务型酒店来说，其目标顾客主要是商务客人，他们对服务效率的要求较高，快捷、方便是他们对服务产品的期望，那么，在宣传产品时就可以突出这方面的特点；而对于以孩子和青年人为主要服务对象的主题乐园来讲，活动项目的刺激、惊险、有趣应该是信息传播中宣传的重点。

2.传播对象的接受能力

传播对象的教育背景、年龄和所处的社会文化背景等都会影响到其对信息的接受能力。旅游企业要根据传播对象的实际情况来选择合适的媒体，同时还要兼顾他们对信息的接受习惯。比如，旅行社针对"银发市场"展开的宣传，就要选择老年人喜爱的媒体及其专栏，在语速、语言表达方面都要考虑老年人的收听习惯和特点。

三、旅游公关传播与广告传播

美国著名的营销学家阿尔·里斯在他的一本名为《公关第一，广告第二》的书里用"广告消亡，公共关系永生"、"广告是风，公共关系是太阳"来描述公共关系的作用。由此可见，在新的营销时代，公共关系在品牌树立和品牌形象维护的过程中起着重要的作用。公共关系可以让组织通过第三方——大部分的媒体讲出自己的故事，这比单纯的广告宣传效果要好得多。从公关传播与广告传播的比较来看，它们有以下的区别和联系：

（一）表达方式和表达内容方面都存在差异

广告的表达方式直接而张扬，公共关系宣传含蓄而内敛；广告的宣传内容可以根据广告主的要求来决定，公共关系宣传的内容是由媒体决定的，比较客观中立，因此可信度比较强。相对而言，广告操作起来比较容易，而公关宣传则比较困难。因为组织无法控制新闻媒体传播的内容、无法控制传播的时间，甚至不知道信息是否被传达。正因为如此，受众往往更加信赖新闻报道的内容。有人曾做过这样的比喻："广告好比魔术师在舞台上进行表演，无论魔术师表演得多么精彩，台下的观众都知道那是假的。"而公关传播潜移默化地影响受众，有一种"润物细无声"的效应。

（二）在传播沟通的功能方面存在着差异

广告的语言是一种诉求，而公共关系借助的是沟通手段；广告侧重对品牌知名度的提升和销售的拉动,而公关传播则侧重于建立企业和品牌的影响力。广告的传播功能比较直接,而公关传播的影响则比较间接。

公共关系通常是一种渗透性的沟通,渗透性包括与媒体的关系、公众演讲、企业内部的沟通、与投资者的沟通、政府关系等等。由于公关具有多重维度——企业要维护和客户、消费者、政府、投资人等诸多方面的良好关系,因此对整合也就提出了更高的要求,如果各种传播渠道各自为政的话,不仅会造成大量重复性的浪费,在传播效果上也往往会打折扣。所以几乎所有的企业都会对整合传播有强烈的需求,恰当地发挥公共关系和广告各自的优势是十分关键的。

[补充阅读]

旅游公关传播的误区

一、将公关传播与销售业绩挂钩

旅游企业做广告,将广告效果与销售挂钩无可厚非,尤其是产品广告,拉动销售是广告的直接目标,所以在媒介的选择上要充分考虑销售渠道的区域分布;但一些旅游企业在公关的媒体选择上也常常机械地照搬广告投放策略,将公关的媒体投放与销售区域严格挂钩,考核公关传播效果也要参照销售业绩。这是非常不合适的。事实上,成熟的企业几乎不从销售层面考核公关的传播价值,更多的是从企业的影响力、品牌形象、特殊事件的处理等环节来评价公关传播的作用。公关传播产生的良好社会效益往往会超过经济效益,其潜在的、深远的影响是无法用单纯的数字衡量出来的。公关传播的社会价值要远远大于广告对销售业绩的贡献。

二、把媒体看成是发稿的机器

很多旅游企业误认为媒体的职能就是所谓的"发稿机器"。一些旅游企业也缺乏与媒体沟通的有效通道,往往以为请媒体记者与企业的高层一见面,沟通企业的情况,记者就可以为企业做出相关报道。不仅如此,国内很多企业对于媒体的负面报道都普遍排斥,而国外比较成熟的企业对媒体的关注往往更能表现出理性、平和的态度。其实,媒体的多样性和不同定位都要求旅游企业的公关人员能够针对媒体的特点,策划具有针对性的活动和新闻事件,帮助媒体挖掘事件背后有深度和广度的信息,主动为新闻媒介提供稿件。目前已经有一些旅游企业开始重视与媒体关系的建立。比如,深圳的欢乐谷在品牌创建的过程中,充分发挥自身的资源优势,主动与电视台、报纸等新闻媒体保持联系,邀请他们来景区制作节目,通过良好的创意找到双方利益的契合点,制作了很多成功的节目,通过与媒体的合作,极大地提高了景区品牌的知名度和美誉度。

第五章 旅游公共关系调查

本章提要

公共关系调查是旅游公共关系工作程序的第一步,通过本章学习,了解旅游公关调查的功能、内容、各种调查方法。理解公关调查的基本程序,掌握问卷调查的方法、调查方案的制定及旅游公共关系调查报告的撰写。

第一节 旅游公共关系调查的功能

一、旅游公共关系调查的含义

公共关系作为社会组织一种特定的"系统工程",通常由一系列公共关系工作构成。美国公共关系权威人士 S·卡特里普和 A·森特认为:"组织与公众的良好关系必须经过精心的策划,必须经过特定的步骤和过程。"这一步骤和过程即公共关系调查、公共关系方案的设计和制定、公共关系方案的实施、公共关系活动效果的评估。我们通常称之为公共关系的"四步工作法"。公共关系问题解决的过程,是一个持续的、循环往复的过程,各步骤相互联接,缺一不可。

旅游公共关系调查是为搜集有关旅游业组织公共关系状况、公众需要和社会环境等方面信息而进行的调查。人们经常通过实际考察、深入具体地收集信息,掌握第一手资料。而旅游公共关系调查既不同于社会现象的直觉感悟和日常观察,也不同于市场调查,它需要将社会现象的事实资料和数据资料进行加工整理、分析研究,以形成科学的观点和结论。

具体来讲,旅游公共关系调查是运用科学的方法,有计划、有步骤地去考察旅游业组织的公共关系状态,收集必要的资料,综合分析相关的因素及其相互关系,以达到掌握组织的情况,解决组织面临的公共关系方面实际问题为目的的实践活动,是公共关系工作程序的第一步。

旅游公共关系调查可分为一般性公关调查和特殊性公关调查。一般性公关调查是公关工作调查,通过了解情况,掌握资料,来制定公关工作计划,目的在于发展组织自身。特殊性公共关系调查是公共关系事件调查,目的在于解决现实当中存在的问题。

二、旅游公共关系调查的功能

(一)提供有关组织形象的信息

公共关系调查的基本任务,就是了解公众对组织的意见、态度及反应,因为组织的公共关系状态如何,主要取决于公众的态度和意见,通过公关调查,使组织了解其在公众心目中的形象地位,找出组织自我期望形象与公众实际形象的差距,以便根据这种差距来调整组织形象及信誉。为组织决策提供科学依据,增强公关活动的针对性,提高公关活动的成功率。

(二)为公共关系策划提供科学依据

公共关系策划是一项复杂的系统工程,它的每一步都必须以可靠、充分的信息为依据。通过公关调查,可以帮助组织正确认识所处的关系状态及与其生存发展的关系,分析形成这种关系状态的原因,明确将要策划的公关活动应重点解决什么问题,主要应针对哪些公众,以及公众有哪些需求和心理。并为公共关系策划准备必要的素材、理论和事实依据。

(三)公共关系调查本身具有公共关系效应

通过公共关系调查,一方面,调查人员与调查对象进行广泛的接触,向公众传播着组织的信息,可以塑造组织的良好形象;另一方面,调查所得到的信息结果,无论好坏,都起到一定的公共关系效应。有利的信息,对组织员工有激励作用,并能对外部公众产生吸引力;不利的信息,能调动起组织员工通过公共关系工作扭转形象的积极性,并能宣传即将开展的公共关系工作。

第二节　旅游公共关系调查的内容

旅游业公共关系调查的内容范围十分广泛,它涉及旅游业组织公共关系状态的种种影响因素。如果组织对自身状况不明确,不了解公众需求,是无法进行公共关系工作的。

（一）组织情况的调查

组织的基本情况,是公众对组织评估的主要依据,公共关系人员必须对组织的各方面情况了如指掌。在一个组织中,基本情况包括:

1.组织经营管理状况

组织的总目标,总的发展战略和方向,组织建立的时间及其对社会产生的影响,目前经营服务的范围、质量、财务状况,市场竞争对手及其主要情况,经营管理特点等。

2.组织内部员工的素质状况

领导者的水平、作风、管理思想等,职工的思想素质、技术文化素质、价值观念、家庭情况等。

3.组织自身公共关系活动的历史和现状

组织曾搞过哪些重大的公共关系活动？其影响如何？目前的公共关系状况如何等。

（二）公众舆论的调查

这是公共关系调查中最重要的内容。具体包括:

1.公众构成情况

如公众的性别、年龄、文化程度、职业、需求特点、思想观念、思维方式等。

2.公众评价情况

如公众对本组织的名称、标记及其社会作用了解的程度如何,公众对本组织提供的商品或服务的知晓程度、喜欢程度如何,公众是否愿意参加本组织举办的各种公共关系活动等。

（三）组织形象的调查

组织形象是社会公众对组织的整体印象和综合评价,也是组织的表现和特征在公众心目中的反应,通过知名度和美誉度两项指标反映出来。

1.知名度

知名度是一个组织被公众知道、了解的程度。具体表现为公众对旅游业组织的名称、标志、产品和服务的了解程度。这是评价组织"名气"大小的客观尺度。其计算公式为：

知名度＝ 知晓人数 / 调查人数×100％

2.美誉度

美誉度是一个组织获得公众接受、赞许的程度。具体表现为公众对旅游业组织所提供的产品、服务及相关推销方式的信任程度。这是评价组织社会影响好坏程度的指标。其计算公式为：

美誉度＝ 赞美人数 / 知晓人数×100％

知名度与美誉度的高低决定了组织形象的好坏。一个组织的知名度高，其美誉度不一定高；知名度低，其美誉度不一定低。因此，一个组织为了塑造良好的组织形象，必须把追求高知名度和高美誉度的统一，作为最高的境界。通过知名度和美誉度的调查，能掌握社会组织与公众关系的状态，为公共关系活动提供依据。

(四)社会环境的调查

组织社会环境是指对组织生产经营活动产生影响的各种自然条件、社会条件及其相关因素的总称。公共关系调查，要广泛收集一切同组织有关的社会环境信息。只有这样，才能实现公共关系的目的。

1.政治环境

政治环境调查是指在一定时期内，对现在和未来国内外的政治形势、政治制度及方针政策、法律、法规等的调查。例如，针对与旅游业相关的"环境保护法"、"劳动合同法"、"旅游法规"等有关内容都可以进行追踪研究。对政治环境的调查可以借助于各种大众传播媒介所发布的信息、内部参考资料、公开文件等进行分析。

2.经济环境

经济环境调查是指对一个国家或地区的经济发展战略，社会购买力的特点和发展趋势，组织在市场中的应变能力和承担风险能力等的调查。经济环境变化，影响和制约着组织公共关系的开展。旅游业组织要想在激烈竞争中获得优势，就必须对国内外经济环境有充分的了解，才可能开拓创新。

3.人文环境

人文环境调查是指对一个国家或地区的家庭状况、生活习俗、文化观念等因素的调查。研究人文环境对组织的影响，是公关调查不可忽视的重要内容。

[读一读]

不可忽视的人文环境调查

澳大利亚阳光州昆士兰中部沿海有一个名叫"亚坡"的小镇,它是一个风景优美的旅游胜地,居住着六千多居民。这里有碧海、蓝天、阳光、沙滩,天地一片洁净。没有工业污染;没有交通灯;没有停车场;没有任何犯罪。当地居民一直保持着夜不闭户,路不拾遗这种状态。

1980年,一个日本旅游企业计划在这里建造一个大型的国际性的度假村:包括野生动物园、植物园、高尔夫球场、钓鱼馆等,此外还有5个豪华旅馆、10个汽车旅馆、85个度假单元房和1200座别墅,能够同时接纳18000名旅游者。州政府批准了这一方案。可当地人反对这一方案,他们认为生活方式将被破坏。日本旅游企业为了使当地人接受开发,请当地人欣赏日本鼓手、舞女和焰火等娱乐活动,但都失败了。但日本旅游企业继续实施计划,当地人在即将完工的汽车旅馆下面引爆了一颗炸弹,造成了30万澳元的损失。开发继续进行,尽管日本企业开展了一系列公关活动,如投资500万澳元在旅游胜地附近建造退休人员之家;为亚坡那些想去日本访问和学习的青年人创立了一个奖学金基金,但当地人还是怨声载道。

由此可以看出,忽视社会环境的调查,违背当地人的生活习俗,再好的公关活动也是无源之水,无本之末。

4.科技、竞争环境

技术、竞争环境调查主要是指对目标市场的技术水平,组织所在的行业情况,竞争对手的公共关系动向所作的调查。这种调查对旅游企业成功地占领目标市场,迅速打开销路是十分有效的。

第三节　旅游公共关系调查的程序

旅游业公共关系调查是一种对旅游业组织的公共关系现象进行考察的科学认识活动,其运作程序如下:

一、明确调查目的

这是公共关系调查工作的第一步。调查目的不同,调查方法也不同。在调查活动开始之前,首先要明确调查的目的,公共关系调查的内容范围十分广泛,调查者要通过对组织面临的现实的公共关系问题进行探讨,根据实际需要,确定调查的目的。调查目的指导着整个调查的总方向,制约调查的全过程,所以只有明确的调查目的才可能使调查活动本身具有针对性、可行性和超前性。

二、制定、实施调查方案

(一)制定调查方案

旅游公共关系调查方案就是对某项调查本身的策划设计,总体方案设计包括以下几个方面的内容:

1.标题

一般采用公文式写作法,即采用"事由＋文种"的格式,如"黄金周国内旅游情况调查方案"。在这个标题中,"黄金周国内旅游情况"是事由,而"调查方案"是文种。在绝大多数情况下,公关调查方案的标题都采用"×××(调查内容)调查方案"的形式。

2.前言

主要是介绍本次公关调查活动的目的和意义,阐述调查活动的应用价值和理论价值,以便于执行人员充分理解公关调查活动的重要性。

3.确定调查对象和调查单位

确定向谁进行调查,由谁提供资料,也就是确定调查的总体范围及构成总体的个体单位。

4.确定调查方法

在制定调查方案时,应规定采用什么组织方式和方法取得调查资料,具体调查方法有访谈法、观察法、问卷法和实验法等。调查采取的方式、方法不是固定和统一的,往往取决于调查对象和调查任务。大、中型调查往往采用多种调查方式和方法。

5.经费预算

在进行调查经费预算时,一般需要考虑以下内容:

(1)调查方案设计费与策划费

(2)问卷设计费(包括测试费)、印刷费、装订费

(3)抽样设计费、实施费

(4)调查实施费用(包括试调查费用、调查员劳务费、受访对象礼品费,督导员劳务费、异地实施差旅费、交通费、务餐费以及其他杂费)

(5)数据录入费(包括问卷编码、数据录入、整理)

(6)数据统计分析费用(包括统计、制表、作图以及必需品花费等)

(7)调查报告撰写费

(8)资料费、复印费等办公费用

(9)管理费、税金等

一个调查中,通常调查前期的计划准备阶段费用安排占总预算的 20%,实施调查阶段的费用安排占总预算的 40%,后期分析报告阶段的费用安排占总预算的 40%。

6.制定调查提纲和调查表

这是公关调查方案中的关键部分。在这个部分,主要介绍本次公关调查活动的理论假设、项目指标设想以及据此而拟定的调查问卷表或调查提纲。

7.确定调查时间和进度、地点

确定调查活动的起止时间和活动的具体地点。调查地点是指到哪里去调查,它通常与调查单位相统一。

在设计调查方案的过程中,需要制定整个调查工作完成的期限,通常一项较具规模的调查活动,仅仅从问卷的印制到整个活动的完成,最少也要有 45～60 个工作日,一些大规模的调查会持续半年到一年。不过对于有时间性的调查,或规模小的调查等,所需时间多少可以作弹性浓缩。一般一个调查所需的时间大致分配如下:

计划起草、合议	4%～5%
抽样方案设计实施	7%
问卷设计、测试与合议	10%～15%
问卷定稿及印刷	3%
调查员的挑选与培训	4%～8%
实地调查	30%～35%
数据的计算机录入、统计分析	10%～15%
报告撰写	20%～30%
与客户说明会	1%
建议与修正、定稿	5%～10%

8.确定调查组织机构、相关负责人及人员分工。

9.署名。包括两项基本内容,即编制方案的组织或个人名称和工作方案的写作时间。署名有时置于标题之下,有时置于全文的最后。

(二)实施调查方案

在实施调查方案的过程中,要十分注意收集调查材料,其内容包括:首先是建立调查组织,配备好调查人员并要集中进行学习与培训。其次是收集现成资料、采集原始信息。要深入实际,系统地收集各种可靠的资料和数据,听取被调查对象的意见。要注意做到:全面、灵活、讲求艺术,尽可能地保证调查资料的质量。

三、处理调查结果

处理调查结果包括两个环节：一是整理调查资料，二是形成调查结果。整理调查资料即对调查中所取得的全部资料进行检验、归类、统计等。它要求先校对资料、补充遗漏，并按事先设计将资料汇总分类，加以条理化。在此基础上对调查资料进行分析研究，一方面应用统计手段进行数量分析，另一方面则应用比较、归纳、推理等方法，形成一份完整的调查报告。调查报告是对调查过程的一个总体评价。

（一）调查报告包括的内容

所谓公关调查报告是指反映公共关系调查所获得的主要信息成果或初步认识成果的书面报告。它是公共关系调查成果的集中体现。一份规范性的调查报告其结构如下：

1. 标题

一般由组织名称、调查内容、文种三部分组成。

2. 署名

署上调查委托单位、调查实施单位及调查主持人的名字。

3. 前言

简要介绍调查的目的、对象、范围、时间、地点、问卷发放和回收数以及调查研究方法等内容，主要是介绍基本情况和提出问题，写法可灵活多样。

4. 主体

这是调查报告的核心部分，要多角度、有条理地表达出调查所得的信息材料，主要是对事实的叙述和议论。一般把调查的主要情况、经验或问题归纳为几个问题，分为几个小部分来写。每个小部分有一个中心，加上序码来表明，或加上小标题来提示、概括这部分的内容，使之眉目清楚。

5. 主要结论及建议

在总体调查研究的基础上，结合调查报告主体部分研究结果，将调查最主要结论和建议列出。本部分要求简明扼要，无需展开。

6. 结语

结尾部分是调查报告的结束语。结束语一般有三种形式：

（1）概括全文。综合说明调查报告的主要观点。

（2）形成结论。在对真实资料进行深入细致的科学分析的基础上，得出报告结论。

（3）提出看法和建议。通过分析，形成对事物的看法，在此基础上，提出建议或可行性方案。

7.附件

附件是对正文报告的补充或更详尽的说明,包括数据汇总表、问卷样本、原始资料、背景材料和必要的工作技术报告。

(二)调查报告的撰写

1.序言

调查报告的序言部分通常包括扉页和目录。

(1)扉页

扉页一般只有一页纸,其内容包括:调查报告的题目;执行该项研究的机构的名称;调查项目负责人的姓名及所属机构;注明报告完稿日期。

(2)目录

目录应当列出报告中各项内容完整的一览表,但不必过分详细。如下所示:

目　　录

一、摘要

二、引言

　　1.研究背景及目的

　　2.研究内容

三、研究方法

四、结果与分析

　　1.×××的知名度

　　2.×××的美誉度

　　3.×××的旅游市场规模

　　4.游客的消费心态

五、结论及建议

附录:访问提纲和消费者问卷

2.摘要

摘要可以说是调查报告中极其重要的一部分,它也许是从调查结果得益的读者唯一阅读的部分,所以应当用清楚、简洁而概括的手法,扼要地说明调查的主要结果,详细的论证资料只要在正文中加以阐述即可。

3.引言

调查报告的引言通常包括研究背景和研究目的两个部分。

(1)研究背景

研究者要对调查的由来或受委托进行该项调查的原因做出说明。说明时,可能要引用有关的背景资料为依据,分析组织的公共关系活动等方面存在的问题。

（2）研究目的

研究目的通常是针对研究背景分析所存在的问题提出的。它一般是为了获得某些方面的资料或对某些假设所做的检验。但不论研究目的如何,研究者都必须对本研究预期获得的结果列出一张清单。

4.正文

调查报告的正文必须包括研究的全部事实,从研究方法确定直到结论的形成及其论证等一系列步骤都要包括进去。内容基本上包含三个部分:研究方法、调查结果、结论和建议。

（1）研究方法

在这一部分中,需要加以叙述的内容包括:

①调查地区。说明调查活动在什么地区或区域进行,选择这些地区的理由。

②调查对象。说明从什么样的对象中抽取样本进行研究。

③样本容量。抽取多少消费者作为样本或选取多少实验单位,确定样本容量时考虑到什么问题。

④样本的结构。根据什么样抽样方法抽取样本,抽取后样本的结构如何,是否具有代表性。

⑤资料采集方法。是实地访问还是电话访问,是采取观察法还是实验法等。

⑥实施过程及问题处理。研究如何实施,遇到什么问题,如何进行处理。

⑦访问员介绍。访问员的能力、素质、经验对调查结果会产生何种影响,对访问员的资格、条件以及训练情况也必须简略地介绍。

⑧资料处理方法及工具。指出用什么工具、方法对资料进行简化和统计处理。

⑨访问完成情况。说明访问完成率及部分未完成或访问无效的原因。

（2）调查结果

调查结果部分是将调查所得资料报告出来。资料的描述形式通常是表格或图形。在一份调查报告当中,仅用图表资料呈现出来还不够,调查人员还必须对图表中数据资料所隐含的趋势、关系或规律加以客观地描述。调查结果有时可与结论合并成一个部分,这要视调查主题的大小来确定。

（3）结论和建议

要说明调查结果有什么实际意义。结论的提出方式可用简洁而明晰的语言对研究前所提出的问题作明确的答复,同时简要地引用有关背景资料和调查结果加以解释、论证。

建议则是针对调查获得的结论提出可以采取哪些措施、方案或具体行动步骤。

附录的目的基本上是列入尽可能多的有关资料，这些资料可用来论证、说明或进一步阐述已经包括在报告正文之内的资料，每个附录都应编号。

（三）撰写调查报告的注意事项

1.调查报告要按照每一个细分目标的重要性来排列顺序，思路清晰，重点突出。尽量避免行话、专用术语，方便读者阅读。

2.尽可能使报告简明扼要，不要拖泥带水。

3.仔细核对全部数据和统计资料，务必使资料准确无误。剔除一切无关资料。

4.充分利用图表来说明和支持调查结论。

四、总结评估

公共关系调查的最后阶段是总结评估阶段。这一阶段的任务是总结评估本次公关调查完成情况如何，取得怎样的成果，存在哪些不足。具体包括以下两方面的内容：

（一）评估调查成果

对调查成果评估主要依据两个标准：一是调查成果的学术价值，主要通过调查所提供的资料数据的完整性、真实性、可靠性；提出的理论观点、建议、结论的科学性、合理性、创造性等方面进行评价。二是调查成果的应用价值，主要是通过公共关系调查成果被采用的情况、公关调查成果对公共关系科学运作的实际指导作用和所取得的实际效果进行评价。

（二）总结调查工作

对整个公关调查活动的工作过程和有关情况进行分析回顾。包括公共关系调查工作是否真正达到调查目的，有哪些经验教训，调查各阶段取得的工作成绩和具体收获。总结调查工作主要是为了积累成功经验，吸取失败教训，为以后公关调查工作提供参考与借鉴的依据。

第四节　旅游公共关系调查的方法

旅游公共关系调查方法，是指为了达到公共关系调查目的而采取的调查方式、途径、手段、措施以及基本技巧等。公共关系调查的方法多种多样，根据不同标准可以划分为不同类别。下面我们介绍一些最为常见的调查方法。

一、实地观察法

实地观察法(简称观察法)是指调查者进入现场,以观察为主要手段收集信息资料的调查方法。俗语说:"耳听为虚,眼见为实。"实地观察法正是通过调查亲眼所见来获取信息,信息的可信度比较高。如某公司打算在十字路口开一家快餐店,但到底是开在北街口还是南街口呢? 公司决定派人分别在南、北街口对经过的行人进行观察,观察结果发现在一天之中,经过南街口的人数是 14 万,而经过北街口的人数只有 8 万,于是公司就果断地做出决定,将快餐店建在南街口,这就是观察法的典型运用。

(一)观察法的特点

1.观察法是调查者有目的、有计划的认识活动,需要制定周密的观察计划,对观察的内容、手段、步骤做出具体的规定。

2.观察法需要利用一定的观察工具。观察者除了通过眼看、耳听、手摸等感性认识活动感知被调查的对象,还要借助观察仪器,如照相机、摄像机、录音机等记录调查的结果。

(二)观察法的实施过程

1.制定观察计划与提纲

2.设计观察监测记录表格

3.进入观察现场,做好观察记录。

(三)观察法的优缺点

优点:观察法的最大优点是它的直观性、可靠性和灵活性。由于观察者亲自到调查对象的现场直接与调查对象进行接触,有利于排除各种误会和干扰,从而获得第一手信息资料。

缺点:观察法的最大缺点是它的表面性和偶然性。由于调查面相对狭隘,有时受到一定客观条件的限制,因此有可能出现某些片面性,此外,投入的人力较大。

二、访谈法

访谈法又称访问法、谈话法,是社会调查中最古老、最常用的方法之一。是调查者通过与调查对象进行面对面的交谈以搜集信息的一种方法。

(一)访谈法的分类

个别访谈法就是同某些有代表性或者有深刻见解的个人进行交谈,从中获取信息,一般有两种方式:一是调查员按照事先拟好的调查大纲,逐项发问,让被调查者回答,后期记录整理;二是调查员通过与被调查者的自由交谈,了解所需的信息资料。这种方法有两个明显的缺点:一是耗时耗力;二是所获取的信息具有个别性,不能完全代表全体。

小组访谈法一般以 6—8 人为宜,在进行小组交谈时,要事先拟定交谈计划,要求调查员具有熟练的谈话技巧,要善于启发引导,善于综合归纳谈话的内容,同时,又要做到边问边记。小组访谈法既省力、省时又省钱,另外,小组成员间相互激发,还能提出更有价值的材料或见解。但小组谈话容易落入俗套,陷入一种开会式的形式中而了解不到真实的、有价值的信息。

(二)访谈提纲的设计

访谈提纲一般包括:

访谈调查目的——为何谈;访谈问题设计——应该问什么问题;明确访谈对象——该问谁;确定访问员——由谁去访问;确定访谈时间、地点——何时何地访问;确定访谈记录方式——怎么记;确定访谈报告方式——怎么写。

三、问卷调查法

问卷调查法是调查者运用统一设计的问卷,利用书面回答的方式,向被调查者了解情况并收集信息的方法。通常为调动调查者参与的积极性,问卷调查一般采取有奖答卷方式、或者给予答卷者一定的纪念品。

问卷法是以设计好的问卷为工具进行调查,而问卷的设计要求规范化和可计量。因此,问卷法能否成功与问卷的设计有很大关系,丹尼斯·威尔科克斯等人所著的《公共关系的战略与战术》一书中曾经详细列举了问卷设计的十一条原则,即:①决定需要哪些信息及其详细的程度;②用书面的形式说明调查的目标;③决定需要将问卷发给哪些受众;④决定样本的大小;⑤说明调查目的并保证匿名;⑥尽可能多用封闭式(多项选择)答案,答卷人在勾画答案时要比在开放式(自由回答)问卷中撰写答案容易和省时;⑦问卷要设计得易读、句子易懂、卷面整洁;⑧问卷的问题一般不超过 25 个,问卷太长使人望而却步,会降低回收率;⑨对问卷的理解和可能出现的偏见进行测试,拟从计划进行抽样的人群中选择若干代表先阅读问卷并提出改进意见;⑩提问有关教育程度、年龄和收入情况时,要用分类答案;⑪在问卷末尾留出空白供答卷人写意见和看法,这样做使答卷人能提供问卷正文未包括的额外信息或详细的说明。

(一)问卷的内容设计

问卷一般由前言、主体、结语三部分组成。

1.前言

是对调查的简要说明。用以向被调查者解释调查的目的、性质,以及向被调查者做出必要的承诺(如保密等),回复答卷的时间和方法。发起者、委托者、填写注意事项等。其主要目的:一是引起被调查者的重视和兴趣,使他们愿意回答;二是打消被调查者的顾虑,使他们敢于回答。

2.主体

是问题的陈述和排列。需要问卷设计者精心策划的部分。一般来说,包括两类问题:一是事实性问题,是关于被调查者的基本情况和现存事件或行为的提问。如被调查者的年龄、性别、职业、经济状况、文化水平以及是否吸烟、喝酒等问题。二是态度性问题,是关于被调查者对某个事件、某个组织或某项产品的态度和意见的提问。是调查者所要了解的主要内容和信息。

从被调查者回答问题的自由度来看,问卷中的问题又可分为封闭式问题和开放式问题。

(1)封闭式问题。这是一种事先对问题确定了可供选择的答案的问卷,被调查者根据各自的情况进行判断,在其中选择一个或多个自认为恰当的答案。这种问卷多用来调查事实、态度、行为等方面的问题。一般有是非式、单项选择式、多项选择式等几种格式。

①是非式问题是提出只有"是"与"否"两种答案的问题,让被调查者根据自己的情况对每个问题做出"是"、"否"的回答。例如:你喜欢旅游吗?　是(　　),否(　　)。

②单项选择式问题是给出一个问题的多种选择答案,要求被调查者选择其中的一个答案。例如:你最喜欢的沿海旅游城市是(　　)。

a.青岛　　　　　b.上海　　　　　c.厦门　　　　　d.大连

③多项选择式问题是就一个问题提供多种答案,由被调查者选择一个或几个答案。例如:你爱喝咖啡的理由是(　　)。

a.提神补脑　　　b.一种习惯　　　c.很时髦、很洋化　d.说不清楚

封闭式问题是问卷设计中较多采用的一种形式,因为这种形式的问卷答问方便、答案明确,能启发被调查者做出选择,也便于检验已有目标,并且答案规范,便于定量统计。但调查者事先制定的答案未必是最全面的、最严谨的,有可能遗漏很重要的选择项,从而影响调查质量,导致信息反馈的失真。

(2)开放式问题。这是一种自由回答的问卷,即只提出问题,不提供答案,答案由被调查者自由回答甚至填写。

开放式问题可以帮助调查者掌握较丰富的材料,扩展和演化对调查事物的认识。但由于答案不标准,不利于定量统计。

3.结语

简短地对被调查者的合作表示真诚的感谢,也可以征询一下对这次问卷调

查本身有何看法及感想。

(二)问卷问题设计的要则

不论设计哪类问卷,提问时都应做到:

1.问题要具体,不要笼统、抽象

例如问:"您认为中国旅游业的发展前途如何?"这样的提问太笼统。

2.问题用语要明白易懂,尽量不要用专业术语

例如问:"您的旅游动机如何?"此问题过于专业化。

3.问题要客观中立,避免倾向性

例如问:"你喜欢对人身体有益的旅游活动吗"此问题带有一定的倾向性。

4.问题要单一,不要在一个问提里面问两种事情

例如问:"您的父母亲是否喜欢外出旅游?"如果母亲喜欢旅游,父亲不喜欢旅游,此问题难于回答。

5.问数字要准确,不要交叉

例如问年龄,应列出"20以下;21—30;31—40;……"不应交叉。

6.选择题所列项目要互斥,不要出现包容

例如问"你认为登山旅游最适合哪类人群?"

a.青年人　　　　b.老年人　　　c.男人　　　　　d.女人

7.不要用形容词、副词,尽量用量词

例如问"您是否经常乘坐飞机?""经常"这类副词,每个人的理解是不一样的。

8.所列项目要穷尽各种可能情况,不能穷尽的要加一项"其他"。

(三)问卷的试调查

问卷的试调查是一个不可忽略的环节,运用问卷在几十人的小范围内作试调查。它有两大好处:其一,可以找出问卷中存在的问题。其二,可以测试问卷的问题能否回答调查者所要了解的情况。

(四)怎样提高问卷回复率

1.争取高知名度、权威机构支持。主办调查的组织名气大、信誉好,问卷回复率就高。

2.挑选恰当的调查对象。一般应选择有一定文字理解和表达能力、较强的参与意识、较少接受问卷调查的对象。

3.调查的课题有吸引力,容易引起被调查者的兴趣,回复率可能很高。

4.采用回复率较高的形式。发送问卷、访谈问卷回复率较高。

四、抽样调查法

抽样调查法是指以一定的抽样方法从调查对象中抽取一部分个体作为样本进行调查,根据这些样本具有的基本属性和基本情况来推论总体属性和情况的调查方法。

抽样调查方法是目前国际上公认和普遍采用的科学的调查手段。它可以和问卷调查、访谈等方法配合使用。而抽样调查法的理论基础是概率论。调查对象是一个总体,由一个个独立的个体构成的,每一个体叫做单位,从总体中抽选部分单位,被选中的单位就叫做样本,这个过程就是抽样。抽样调查要科学而慎重地选择调查对象,范围,考虑抽样样本的数量和样本的代表性,根据调查的具体目的、内容、情况和条件,选用恰当的抽样调查方法。常用的抽样方法有两种:

(一)随机抽样

随机抽样是采取一定的统计方法抽取样本,使样本的确定不受人们主观意志支配和干扰,总体中的每一个个体被抽样选定的机会是等同的。例如,调查者要在 1000 个工作人员的学校里抽取 50 人的样本,就可以用他们工作证上的号码以 20 为间隔来抽取一个样本。随机抽样法又可以分为单纯随机抽样、系统抽样、分层抽样、分群抽样四种,在抽样调查中往往将以上方法结合使用。

(二)非随机抽样

采用随机抽样方法抽取样本时,每一个个体被抽取的机会都相当,人为原因造成调查误差的可能性也比较小,但这种方法需要调查者掌握一定的抽样技术,所需时间较长,投入较高。因此,在公共关系调查中,常采用便利抽样、判断抽样、配额抽样等多种非随机抽样的方法来确定调查的具体对象。例如,调查者要在1000 人的社区里抽取 50 人的样本,采取以下方法:

按性别抽样:男 30 人,女 20 人;按年龄抽样:18～28 岁的应有 20 人,29～40 岁的应有 20 人,41～55 岁的应有 10 人;按收入抽样:高收入者应有 20 人,中等收入者应有 20 人,低收入者应有 10 人。此方法就是非随机抽样法中的配额抽样法。配额抽样就是由调查者根据所规定的控制特征,以及事先确定和分配的调查数额来选择调查对象。配额抽样方法简单,省时,省力,投入较少,但运用此方法,必须对调查总体情况十分了解,能准确地确定不同类型者在总体中的比重。

五、文献调查法

文献调查法是指调查人员通过查阅各种文献,对媒介所传播的有关组织形象或组织发展信息进行调查统计分析的一种间接的调查方法。

文献调查法的最大特点是不直接与现实社会的具体人进行交往,而是从各类文字材料中找到有价值的信息,通过一系列的分析形成对组织公共关系问题的认识,这一点不再像实地调查那样受时间和空间的限制,既可以察看现实资料,也可以调查以前的历史资料。回顾过去的历史,既可以了解组织在本地的活动资料,也可以调查在外地的活动资料,还可以了解同类组织在外地的资料。当前的任何一个调查项目都不可能单纯地采用一种调查方式,那么,文献调查则能为实地调查准备充分的背景资料,并为设计调查方案提供参考性的意见。

(一)文献资料的分类

文献资料的类型主要是从以下三个方面来划分的:

书面文献:指用文字或数字记录的资料,包括各种公开或不公开发行的书籍、报刊杂志、信件、档案、报告、会议文献、统计资料等。是一种最广泛的文献资料的类型。

声像文献:指运用录音、录像和摄影技术直接记录声音与图像的资料形式,包括电影、电视、录音、录像照片等媒介形式。

电子文献:指用电子计算机阅读和查阅的文件。

(二)文献调查法的主要步骤

1.建立索引、查阅文献资料

使用文献调查法收集资料,文献就是调查对象,要注明调查对象的地址。在大量搜集与调查课题有关的各类文献资料的过程中,要利用检索工具查找资料,或者请资料的管理者提供线索。在查阅文献时,要把文献发表或形成的时间、作者情况、出处等记录下来,以备查询。

2.鉴定、筛选

文献资料收集上来,不能马上使用,要检查、判断资料的可信程度,从大量的资料中选出有价值的资料,进行分类。

3.归纳、总结

将分析研究的问题概括为简明的结论,形成较系统的观点,用文字报告的形式总结其成果和理论。

文献调查法是利用手头可以查找到的历年统计资料、档案资料、样本资料乃至报刊杂志刊登的工商广告之类的第二手资料进行研究分析的方法。这种方法往往被人们所忽视,但事实上这是一种十分有效的调研方法。

(三)文献调查法的优缺点

1.文献调查法的优点

文献调查方法主要是书面调查,获取资料比较方便,受外界因素的干扰比其他调查方法都小,既省时省力,又节省开支,是比较经济的调查方法。

2.文献调查法的缺点

　　文献调查方法缺乏具体性、生动性。有些资料也会因为当时撰稿人或记录者的倾向性使文字材料不真实。调查者很难把所需要的资料找齐、找全。

[补充阅读]

肯德基的口味测试调查

　　肯德基在开拓中国市场时，就在公园和其他公共旅游景点，向旅游者提供休息场所，一边免费向潜在消费者提供已经烹调好的炸鸡块，一边征询他们的意见，以便对肯德基炸鸡块的口味进行调整。他们会在消费者作了初步品尝后，与调查对象坐在一起，亲切地询问："味道是否合适、盐放得如何、烤制是否过火、皮是否够脆、肉是否够嫩？"等问题，内容详细周到。消费者在感谢的同时，并不知道不知不觉中已经作了他们的调查对象，而会毫不保留地提供真实的意见。因此，肯德基找到了符合中国消费者口味的生鸡的来源，也完善了烹调技术标准。

第六章　旅游公共关系策划

本章提要

　　旅游公共关系策划是旅游公共关系工作程序的重要内容,本章在阐述了旅游业公关策划的含义、价值之后,重点介绍了旅游公共关系策划的内容及程序:组织现状分析、确定公共关系目标公众、运用多种创造性思维方法激发创意、选择媒体、经费预算,最后形成规范的旅游公共关系策划文案。

第一节　旅游公共关系策划概述

　　公共关系理论的奠基者爱德华·伯纳斯曾说:"我们是经过审慎的考虑后才使用策划这个词的。在我们的社会里,有着无以计数的利益集团和传播媒介。要解决协调、信息传播和说服等问题,只有通过策划这种途径才能取得有效的成果。"策划就是根据组织的现状和组织目标要求,分析现有条件,谋划、设计最佳行动方案的过程。西方管理学者认为,策划是与决策紧密相连的,在本质上是一种运用脑力的理性行为。

　　旅游公共关系策划是公共关系工作程序的第二步,通过旅游公共关系的调查研究,明确了组织公共关系存在的问题及目标要求,就要设计、谋划如何解决这些问题,达成具体的运作过程,从而使组织的公共关系处于最佳状态。

一、旅游公共关系策划的含义

旅游公共关系策划是一门科学,也是一门艺术。目前在我国学术界,对于公共关系策划的概念运用得比较普遍,但对其含义的理解却各不相同,概括起来,主要有以下三种不同的理解:

一是"程序"说。这是一种广义的理解,即把公共关系策划理解为公共关系活动"四步工作法"中的第二步。"四步工作法"包括公共关系调查、公共关系策划、公共关系计划实施、公共关系效果评估四步。在公关工作程序中,公共关系策划包括了日常公关工作、专项公关工作、总体公关战略、具体公关操作的全部内容。

二是"谋略"说。即把公共关系策划仅仅理解为是对专项公共关系活动的制造、谋略与设计。它具有相对的独立性,即独立于公共关系计划之外,并促进公共关系计划的实施和公共关系整体目标的实现。按照这种观点,公共关系策划就不应把具体的实施计划包括在内。

三是"计划"说。这是一种狭义的理解,即把公共关系策划仅仅理解为是对公共关系具体工作的设计与指导,其着眼点主要放在了具体的操作上和既定目标的实现上。也可理解为依据一定的目标建立起来并可用来进行具体操作的方案步骤。

综合以上各种观点,可以把"旅游公共关系策划"定义为:所谓旅游公共关系策划,就是旅游公关人员为了实现塑造旅游业组织形象、改善旅游业组织环境这一根本目标,根据旅游业组织形象的现状,分析现有条件,谋划、设计公关战略和具体公关活动最佳行动方案的过程。它包括以下几层含义:

1. 旅游公共关系策划是建立在调查的基础上

通过周密的旅游公共关系调查,掌握了大量有用的信息资料,在此基础上,有的放矢进行公关策划。

2. 旅游公共关系策划是为旅游业组织目标服务的

无论是日常公关工作,专项公关工作,还是总体公关战略,具体公关操作都必须服从组织目标,努力促使目标实现。

3. 旅游公共关系策划分为三个层次

总体公关战略的策划是对旅游业组织的总体、宏观、战略性的谋划、设计;专项公关工作的策划则是对某一公关活动进行谋划、设计;具体公关操作的策划是为了完成某一公关活动、推行某一公关方案而搞的具体策划。

二、旅游公关策划的价值和意义

美国策划大师科维曾形象地说:"如果把公关活动比作演戏,策划就是创作剧本,一个出色的剧本很容易在演出时获得成功,吸引公众;相反,一个平庸的剧本,无论导演和演员如何尽力,也很难化腐朽为神奇。"一般来说,经过科学的、周密的公关策划的活动,会为组织带来丰厚的效益。

(一)旅游公共关系策划是旅游公共关系活动中的最高层次

旅游公共关系策划在整个旅游公共关系活动中处于最高层次,它指导、规划着旅游公共关系活动,并居于公共关系运作的核心地位。组织的公共关系活动可分为三个层次:初级的公共关系活动表现为接待、交际、召集会议、日常联络等;中级的公共关系活动表现为公共关系促销和公共关系广告等。这两个层次的活动,只需要公共关系人员具备一定的公共关系理论知识和熟练的公共关系操作技巧就可以了。高级的公共关系活动——公共关系策划,必须在大量信息的基础上,分析、研究,发挥创造性的想象与思维,构思并推出新颖的公共关系招术,它要求公共关系人员具备良好的专业素质、广博的知识水平、创造性的思维方式才能胜任。

(二)旅游公共关系策划促成旅游公共关系工作的飞跃

旅游公共关系策划通过对以前公共关系工作的总结和评估,设计出新颖独特、内容丰富、主题突出的旅游公共关系策划方案,从而保证公共关系工作从内容到形式都能起到塑造和宣传组织形象,密切与公众关系的良好作用。现代公共关系运作是一项系统工程,无论是日常公共关系活动,还是专项公共关系活动,都需要进行很好的公共关系策划。通过策划提升公关活动的质量,使公共关系运作更上一个新的台阶。

(三)旅游公共关系策划可以提高旅游业组织的市场竞争力

高水平的公共关系策划可以帮助组织抓住机遇,渡过难关,是组织参与竞争的法宝。现代旅游企业的竞争,已经从旅游产品竞争转入到旅游企业信誉的竞争、形象的竞争。实践证明,公共关系策划的水平代表着公共关系工作的水平,哪个企业公共关系策划工作搞得好,哪个企业就会赢得公众的信任,并形成一种美好的形象。

三、旅游公共关系策划的基本原则

旅游公共关系策划的基本原则,是在科学认识和把握公共关系原理的基础上确定的。目的在于:公共关系人员在进行公共关系策划时,既要不断创新,发挥想象力,又要科学地规范公关策划活动,一般来说,旅游公共关系策划应遵循以

下基本原则:

（一）公众利益优先的原则

我们知道,任何组织公共关系策划都是为谋求组织发展而展开的,都必须考虑到组织的利益,所谓公众利益优先并不是要组织完全牺牲自身的利益,而是要求组织在考虑自身利益与公众利益的关系时,始终坚持把公众利益放在首位。因为组织的存在和发展决定于社会对它的需要程度,如果不考虑公众的利益,就等于取消了公众的这种决定作用,其结果只能是组织一厢情愿地谋求自我利益,却难以得到真正的发展。公关学之父艾维·李曾经说过:"从长远的角度看,凡是对公众有益的,也必将对组织有益。"

（二）真诚求实的原则

组织在策划公共关系活动时,必须以实事求是的态度,尽可能全面客观地掌握事实材料,注意信息的真实准确,反对不切实际,不讲效益的花架子。公关策划虽然讲究创意,但不能离开组织的真实需要和现实情况,片面追求轰动效应。如南京某购物中心1997年中秋节制作了一个直径180厘米、高20厘米、重300公斤、价值2600元的"月饼王"。在大厅里展览数日后,通过新闻媒介宣布,将这个"月饼王"送给社会福利院,企图既制造轰动效应,提高知名度,又通过社会公益活动提高美誉度。然而,此举不但没有博得市民的好感,反倒引来了不少非议:这"月饼王"是否新鲜? 光天化日之下摆放这么多天会带上多少病菌? 放了多少保鲜剂? 是有益于福利院老人们的健康还是有害于他们的健康? 由此可见,公关策划要真诚求实,以事实为第一位,技巧为第二位。

（三）灵活创新的原则

一次成功的公共关系策划必须是一次创造性劳动,是对公共关系理论创造性地加以应用,以其新颖、独特的内容吸引公众。"敢于创新,才能做到人无我有;善于创新,才能达到人有我新。"北京西郊一家田园式饭店,开业以来客房周转率一直保持在80%左右。原因是他们向宾客提供全部无污染食品;具有乡土气息的风味食品如煮玉米、烤白薯,受到宾客异乎寻常的欢迎。饭店有一鱼塘,宾客如有闲情逸致可以在此钓鱼,餐厅可按宾客口味代为烹制。而对宾客来说,远离闹市,躲开繁杂的人流、污染的气体和喧闹的噪音,可以领略幽静的田园风光。由此,我们可以看出,一个新的举措,往往能使公共关系工作收到意想不到的效果。

（四）目标导向的原则

旅游公共关系策划是在组织总体发展目标约束下进行的。在进行旅游公共关系策划时,一方面,策划者必须清楚此策划究竟为了解决什么问题,另一方面,公共关系策划的每一步骤和环节都必须紧扣组织的公共关系总目标进行。

第二节　旅游公共关系策划的内容与程序

旅游公共关系策划,要依据公关策划的原理,遵循公关策划的原则,科学地安排公关策划的内容和程序,并根据组织生存和发展的需要精心设计公关活动方案。英国著名公共关系专家弗兰克·杰夫金斯(Frank Jefkins)提出策划公共关系工作方案的六点模式,即:评价现状、确立目标、确定公众、选择传播媒介和方法、预算、估价结果。在我国公关实践中一般采用七步工作法,即:确定目标、确定公众、确定主题、选择媒介、确定时间和空间、预算经费、提出公关活动策划方案。

一、确定公关目标

公共关系目标是公关人员经过努力要达到的目的。根据不同的标准,公关目标可以分为总体目标和具体目标。

(一)总体目标

总体目标是与组织的整体目标相一致的。公共关系人员在选择公共关系目标时,必须考虑有助于实现组织的整体目标;有助于树立组织的整体形象;有助于影响和纠正组织决策与行动中出现的偏差。这种"一致性"的原则决定了公共关系目标要从组织整体利益出发。总体目标一般比较抽象地反映为组织的理念。如"麦当劳不仅仅是一家餐厅"这句话精确地概括了麦当劳集团的经营理念,而麦当劳的经营理念和欢乐、美味是通过餐厅的人员传递给顾客的。

(二)具体目标

具体目标要服务于总体目标。有确定的内容并指导具体的公共关系活动。具体目标的内容主要包括:

1.在开辟新市场或新的服务项目推出之前,在公众中传播组织情况,提高组织的知名度、美誉度。

2.参加某项社会公益活动,传播组织信息,增强公众对组织的了解和好感。

3.创造一个良好的消费环境,在公众中普及同本组织产品或服务项目有关的消费方式、生活方式。

4.争取政府对组织的了解和重视,从而得到多方面的支持。

5.组织公共关系处于危机时刻时,争取公众的了解、理解和支持。

6.在组织内部开展各种协调沟通活动,增强组织的凝聚力。

英国公共关系专家弗兰克·杰弗金斯将公共关系实践目标概括为 16 种,即:

——新产品、新技术、新服务项目开发之中,要让公众有足够的了解。

——开辟新市场、新产品和服务之前,要在新市场所在地公众中宣传组织声誉,提高组织的知名度。

——转产其它产品时,要调整组织对外形象,树立新的组织形象与新产品相适应。

——参加社会公益活动,并通过适当的方式向公众宣传,增加外部公众对组织的了解和好感。

——开展社区公共关系活动,与组织所在地的公众沟通,得到他们的支持。

——本组织的产品或服务在社会上造成不良影响后,通过公共关系活动,挽回影响;为本组织新的分公司、新的销售店、新的驻外办事处进行宣传,使各类公众了解其性质和作用。

——让广大公众了解组织领导层关心社会、参加各种社会活动的情况,以提高组织的美誉度。

——发生严重事故后,要让公众了解组织处理过程,采取的方法,解释事故的原因以及正在做出的努力,以取得公众的谅解。

——创造一个良好的消费环境,在公众中普及同本组织有关的产品或服务的消费方式、生活方式。

——创造股票发行的良好环境,在本组织的股票准备正式上市前,向各类公众介绍产品特点、经营情况、发展前景、利润情况等,宣传组织的投资环境和条件。

——通过适当的方式向儿童宣传介绍,使正在成长中的一代了解本组织产品的商标牌号、企业名称、服务特色;争取政府对组织性质、发展前景、需要得到支持的情况的了解,协调组织关系。

——赞助社会公益事业,赢得社会好感和关注,扩大组织影响。

——准备同其它组织建立合作关系时,对组织的公众、组织的合作者及政府部门宣传合作的意义和作用。

——处在竞争危机时刻,通过联络感情等方式,争取有关公众的支持。

杰夫金斯的目标清单说明,一个组织的各个方面都能成为公共关系的策划目标,不过各类组织的具体情况不同,编制目标时要根据实际情况和制定公共关系目标原则来确定。

确立公共关系策划目标思路如图 6-1:

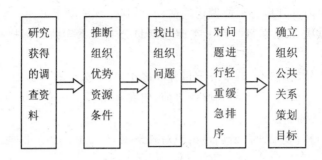

图 6-1 公共关系策划目标思路结构图

确定公关目标时应注意以下几点原则：首先，公关目标应具体明确，并按重要程度和执行的先后顺序排列；其次，公关目标应具有可行性和可控性，要有一定的弹性；第三，公关目标要兼顾公关主体和公关对象双方的利益。

二、确定公众

根据旅游公共关系活动的内容、目标及公众状况来确定目标公众。目标公众是指组织决定作为公关活动主要对象的那一部分公众。只有准确地确定目标公众，公共关系活动才能有的放矢，才能保证公关活动的效率和效益。确定目标公众，首先要对目标公众的权利要求进行分析，可借助于"权力要求分析法"即在公众分类的基础上，列出所有目标公众的权利要求结构表，然后对其进行评价、比较和选择。

分析目标公众的权利要求要注意以下问题：首先要确定适当的衡量标准。标准不同，评定方法就有差异；其次要联系本组织的实际对目标公众的权利要求进行分析，既要满足公众的权利要求，又要兼顾组织自身的利益，使二者相互结合。

确定公众有利于明确公共关系活动目的、设计公共关系活动主题、组织公共关系活动队伍、选择传播媒介。

我们以某旅游股份制公司的公众类型和权利要求为例，列表如下：

表 6-1 公众权利要求结构表

公司的公众对象	公众对象对公司的期望和要求
员 工	工资待遇合理，安全的工作条件，人际关系和谐，受到尊重，培训晋升的机会等
股 东	参加利润分配，参与股东表决与董事会的选举，有权转让股票，了解组织的经营动态等
顾 客	旅游产品质量好，提供优质的服务，公平合理的价格，认真解决各种疑难和投诉等

（续表）

公司的公众对象	公众对象对公司的期望和要求
政　府	遵纪守法,积极纳税,保证安全,承担社会责任和法律义务,公平竞争等
社　区	提供就业机会,保护社区的环境和秩序,支持、促进社区各项事业的发展
媒　介	真实提供有价值的信息,尊重新闻界的职业尊严,有机会参加公司的庆典等重大社交活动,为记者采访提供便利条件等
竞争者	树立正确的竞争观念,公开平等的竞争和协作,遵守本行业确定的竞争活动准则等
协作者	遵守合同,平等互利,共同承担风险,提供旅游信息和援助等

三、确定主题

公共关系活动主题是联结所有公关活动项目的核心,是统领整个活动、连接各项目、各步骤的纽带,是该项公共关系活动内容的高度概括。在主题确立了以后,所有的公关活动都要围绕这一主题展开。

公共关系活动主题的表现形式是多种多样的,可以是一个口号,也可以是一句陈述或一个表白。但无论哪种形式,一个好的主题应该符合下列要求:

首先,主题必须与公关目标相一致,并能充分体现目标;第二,主题要鲜明、独特、新颖、突出活动的特点并符合企业的性质;第三,主题设计要适应公众心理的需要,体现一种美感,使人觉得可信、可亲;第四,主题的设计要注意保持公关活动的连续性,恰当分配各项目的活动时间;第五,主题的设计要考虑组织的需要和可能,争取以最小的投入获得最大的效益。

[读一读]

"同一个世界 同一个梦想"

北京奥运会的主题口号是"同一个世界 同一个梦想"(One World One Dream),集中体现了奥林匹克精神的实质和普遍价值观——团结、友谊、进步、和谐、参与和梦想,表达了全世界在奥林匹克精神的感召下,追求人类美好未来的共同愿望。深刻反映了北京奥运会的核心理念,体现了作为"绿色奥运、科技奥运、人文奥运"三大理念的核心和灵魂的人文奥运所蕴含的和谐的价值观。口号表达了中国人民与世界各国人民共有美好家园,同享文明成果,携手共创未来的崇高理想;表达了一个拥有五千年文明,正在大步走向现代化的伟大民族致力于和平发展,社会和谐,人民幸福的坚定信念;表达了13亿中国人民为建立一个和平而更美好的世界做出贡献的心声。使"全人类同属一个世界,全人类共同追求美好梦想"的主题更加突出。

奥运会口号是奥运会举办理念的高度概括和集中体现。奥运口号的任务是把奥运会举办理念浓缩为一句更加简单有力和容易记忆的话,一句更富于视觉表现能力和感情色彩,能被各种不同文化背景的人广泛接受的口号。各届奥运会都精心设计打动人心的奥运口号以使其广泛传播,深入人心,并使其成为奥运会各种文化和视觉设计活动(场馆建设、文化活动、形象与景观、开闭幕式等等)的创作依据。

四、选择媒体

选择公关活动的媒介就是确定传播渠道。由于传播媒介种类繁多,各种传媒都有自己的特定功能和优势,也有各自的公众层面,因此公共关系策划要针对所策划的公共关系活动特点选择传媒。公共关系通常采用的传播媒介主要有:个体传播媒介、群体传播媒介、大众传播媒介。应用比较广泛的是大众传媒中的报纸、杂志、电视、广播、互联网络等。

选择传播媒介需要考虑以下几方面因素:根据公共关系活动的目标来选择、根据不同的传播对象来选择、根据公共关系活动的内容来选择、根据组织的经济条件来选择。

[读一读]
人们获取旅游信息的渠道

2007年,AC尼尔森中国出境游调查报告显示,旅游信息获取来源排名分别为网络、传统旅行社和传统媒体,其中每10名中国出境游客中有7名把访问旅游目的地网站作为出游的信息来源之一,而每10名中国出境游客中有6名利用网络旅游论坛来获取相关的旅游信息。传统媒体的使用率最低,只有40%的中国出境游客会选择报纸和杂志来获得相关的旅游信息,通过传统旅行社获取信息的比例则达到63%。

五、确定时间、空间

在开展公共关系活动时,要利用现有的事件、设施、条件和形式来确定时间和空间。在时间选择上,不宜在同一天或同样的时间里,同时开展两项重大的公共关系活动,以避免其效果相互抵消;同时要注意避开或利用重大节日、国内外重大事件。凡是同重大节日、事件没有任何联系的活动都应该避开,以免冲淡公共关系活动的主题,凡是同重大节日、事件有联系的活动则应该利用,可以烘托气氛,扩大公共关系活动的影响。例如:5月31日是联合国倡导的"世界无烟日",而且选定在6月1日国际儿童节的前一天,用心可谓良苦,这个活动的主题一目了然,就是要在全球范围内宣传"吸烟有害健康",让人们意识到应当给儿童一个有利于他们茁壮成长的、空气清晰的良好环境。而在空间的选择上,要根据不同的公关项目内容及经济条件来确定。

六、预算经费

开展公共关系活动,合理安排活动内容固然很重要,但必须兼顾经费开支,必须考虑投入与收益的问题,同时必须与活动的规模、效果相适应。因此,预算经费便成为公共关系策划的一个重要步骤。

(一)公共关系费用的构成

人员开支:包括公共关系人员的工资、奖金、补贴等。

项目开支:包括已经进行的项目、计划。主要有专业器材费用、广告费、宣传费、项目活动费、赞助费等。

材料支出:包括样品实物、印刷品、纸张、音像材料、场地设施、纪念品等各种材料、物品的费用支出。

管理费用:包括水电费、保险费、交通费、电话费、维修费、接待费等各项管理费用开支。

(二)公共关系费用的核定

核定公共关系活动的经费,应选用以下方法:

1.固定比率法。是指按照一定时期内,经营业务量的大小来确定预算经费总额的一种方法。经营业务量可以按照销售额计算,也可以按照利润额计算。各组织自行决定从中抽取一定百分比的数额作为公共关系预算。这种方法计算简便,简单易行。例如某公司全年销售额是1000万元,按1%的比例抽取全年的公共关系活动费用,总额为10万元,此次大型公关活动的费用为全年公关活动计划费用的四分之一,其总额为2.5万元。

2.投资报酬法。即把公共关系活动的开支作为一般投资看待,以相同数量的资金投入获得效益的多少为依据。哪个项目投资回报率高,就优先投入此项目。公共关系活动效益体现在经济效益和社会效益两个主要方面,社会效益难以或无法用资金数额来计算和表现,经济效益也基本上是通过组织的其他部门的效益间接体现出来,因此计算(基本上是估算)的数额只能是相对而言的,不可能精确。

3.量入为出法。即以组织的财务收支状况为依据,根据财政上可能支出的金额来确定公共关系活动经费总额。

4. 目标先导法。即先制定出公共关系活动所期望达到的目标,然后计算达到这一目标所需要的各项经费,从而得出公关活动经费总额。

几种方法,各有所长,运用时根据具体情况进行选择,一般情况下又会将几种方法结合起来使用。

七、旅游公共关系策划文案的形成

(一)优化、审定方案

为了使公关活动策划方案更具有科学性、合理性,需要对方案进行优化。方案优化过程,就是增加方案合理性的过程。审定方案就是公共关系策划方案形成之后,一般还要由有关领导、专家、具体工作人员参加的方案审定委员会(审定小组、工作小组)或专门会议,对方案进行讨论、评估、选择、优化、论证。

(二)旅游公共关系策划书的写作

旅游公共关系策划最终结果的内容,应该写成公共关系策划书,公共关系策划书是公关策划工作的表现和总结,又是公共关系活动实施的指导、依据和规范。

1. 公共关系策划书的写作过程

(1)撰写策划方案写作大纲,列出各章的标题、要点。

(2)对大纲进行补充、调整,使之内容全面,结构合理。

(3)对要点进行说明或阐述,形成策划方案初稿。

(4)对初稿进行修改补充,使之主题鲜明,重点突出,条理清晰。

2. 公共关系策划书的结构与内容

公共关系策划书没有一成不变的格式,它依据公关活动的不同要求,在策划的结构与内容上也有变化,一般情况下,策划书的某些要素是共同的。主要有以下几个部分构成:

(1)封面

封面设计要典雅、大方、美观。应该标明策划项目的名称、策划主体的名称(姓名、单位和职务等)、完成策划的日期(按实际完成方案日期填写年/月/日)、策划书的分类和编号等。

(2)目录

目录是为了方便阅读者对策划书的阅读,应该列出策划书正文的篇、章、节的名称。但如果策划书的内容篇幅比较少的话,目录也可以和前言同列。

(3)前言

前言,一方面是对策划书内容的高度概括性表述,另一方面在于引起阅读者的注意和兴趣。是对策划的必要性、社会性、可行性等问题的具体说明。主要包括：简单交待接受策划委托情况、策划原因、目的、策划实施后要达到的理想状态。

（4）正文

主要包括策划背景、目标、主题、活动项目与环节、活动日程、传播方式、创意关键、实施及检查评估。

（5）预算和进度细表

列表详细说明方案所需资金投入、人力投入、组织构建和进度安排等。

（6）有关人员职责分配表

列出有关人员职责分配情况，明确责任，以防某个环节出现差错。并且备有预案，如遇突然变故，能及时采取措施，调整人员。

（7）策划所需的物品及场地

在何时何地需要何种物品以及需要的场地布置要详细说明。

（8）附录或说明

附录或说明是方案的重要附件或需要说明的问题、事项等。

（9）署名

署名是指在文案最后注明策划机构名称或策划人员姓名、策划完成的日期。由于策划往往是受他人委托进行的，因此，在标题的下方应写上"委托方"与"策划方"的单位名称，以示郑重。

第三节　旅游公共关系策划的方法

公关策划是一种创造性的思维过程。日本千叶大学教授多湖泽指出："策划内容里的 97.9% 是任何人都知道的、非常常见的普通东西，当它们被一种新的关联体系重新组合起来，具有相对有效性时，就能发展成策划。"多湖泽所说的"关联体系"就是在创意策划中的一系列创造性思维方法。我们仅从公关策划的角度探讨以下方法。

一、思维谋划法

思维是人们对客观世界的理性认识，是在表象、概念基础上进行分析、综合、判断推理的认识过程。它是人类智慧最集中的表现活动。在公关策划中，因策划人的思维方式不同，其表现形态也不同。

（一）直接思维法

这是指策划者在公共关系实践中，对公共关系事物进行观察、分析、想象和记忆，而产生的一种感觉，并由此生成联想。以下的故事就是很好的说明。

[读一读]

小燕子的信

日本奈良市效区有一家旅馆，外部环境十分优美，服务员待客热情，很吸引顾客。但美中不足的是每年春季，许多燕子争相光临，在房檐下营巢安家，排泄的粪便弄脏了玻璃窗和走廊，服务员小姐擦不胜擦，使得旅客有点不快。旅馆主人爱鸟，不忍心把燕子赶走，但又难以把燕子粪便及时、彻底清除，很是苦恼。一天，旅馆经理忽然想出一条妙计。他提笔写道：

女士们，先生们：

我们是刚从南方赶到这儿过春天的小燕子，没有征得主人的同意，就在这儿安了家，还要生儿育女。我们的小宝贝年幼无知，我们的习惯也不好，常常弄脏您的玻璃和走廊，致使您不愉快。我们很过意不去，请女士们、先生们多多原谅！还有一事恳求女士们和先生们，请您千万不要埋怨服务员小姐，她们是经常打扫的，只是她们擦不胜擦。这完全是我们的过错。请您稍等一会儿，她们就来了。

您的朋友小燕子

这显然是以小燕子的名义写的向旅客们解释、道歉的信。旅馆经理把它张贴到显眼的地方。客人们看了这封公开信，都给逗乐了。不仅不再提意见，而且还对这家旅馆更感亲切，并留下了美好的印象。

（二）联想思维法

这是通过某事物而联想到他事物而产生的对某一具体事物的认识、理解并创新思路的心理活动过程。运用联想思维方法，除了要有丰富的表象、知识和信息的储备，以及实践经验外，还要善于找出它们与欲联想事物的相同、相似、相异、相反的内在和外在的连接点。

二、头脑风暴法

头脑风暴法又称自由思考法，简称 BS 法，原意是精神病人的胡言乱语，转意为不受任何拘束的自由漫谈。头脑风暴法是由 A.F.奥斯本于 1939 年首先提出的，并在 1953 年将此方法丰富和理论化。它是利用群体共同探讨和研究，通过相互间的某些激励形式，以提供能够相互启发，引起联想的机会和条件，使大脑处于高度兴奋状态，不断地提出新颖、新奇的创意的思维方法。

具体方法是邀请 5～10 人参加讨论会，一名主持人，1～2 名记录员。主持人不指出会议目的，只就某一方面的总议题征询意见，具体要求如下：

第一、对别人的意见不允许进行反驳，不要打断思路，也不要下结论。

第二、鼓励每个人独立思考，开拓思路，不许重复别人的意见，但可以补充意见。

第三、不允许私下交谈，以免影响别人发言。

第四、意见或建议提得越多越受欢迎，不要怕他们之间相互矛盾。

第五、集中研究一个问题，一个会议不要试图同时研究几个问题

第六、会议时间 1 小时左右，每人发言 5 分钟左右，允许第二次发言，相互补充。

头脑风暴法的不足之处就是邀请的专家人数受到一定的限制，挑选不恰当，容易导致策划的失败。其次，由于专家的地位及名誉的影响，有些专家不敢或不愿当众说出与己相异的观点。这种策划方法的优点是：获取广泛的信息、创意，互相启发，集思广益，在策划品牌、理念、广告词时常常应用此方法。

三、德尔菲法

德尔菲是古希腊的一座城市，因阿波罗神殿而驰名，由于阿波罗有着高超的预测未来的能力，故德尔菲成了预测、策划的代名词。这种方法始于 20 世纪 60 年代的美国兰德公司。

德尔菲法亦称匿名咨询法，是一种比较先进的调查研究和科学预测方法。具体操作如下：

第一，发函给各位专家，将所要策划的内容拟成若干条明确的问题，问题不带有任何倾向性，请他们用书面的形式回答问题。

第二，专家们将自己回答的问题寄回，领导小组对专家意见进行统计、综合，制成第二轮表格，再寄发给各位专家，请他们发表意见。

第三，领导小组在收到第二轮专家意见之后，进一步归纳、整理，制成表格，寄发给专家们分析、评价。

第四，专家们接到反馈结果后，修正自己的意见，再将意见寄回。

经过这样 3～4 轮的修改和反馈，专家们的意见往往比较集中，由此得出一个比较可行的方案。

这种策划方法的优点是：专家们互不见面，不能产生权威压力，因此，可以自由地、充分地发表自己的意见，从而形成比较客观的策划方案。但是这种方法缺乏客观标准，主要凭专家判断，有可能会影响策划的准确性。

四、借势造势法

借势造势是旅游公关策划中的一个重要方法。借势造势,简单地说,就是寻找和创造时机,采取相应的行动,扩大战果,巩固和发展大好形势。借势造势的方法与技巧如下:

(一)借势

公关策划中的借势就是借助具有相当影响力的事件、人物、产品、故事、传说、影视作品、社会潮流等,策划出对自己有利的公关新闻事件的策划方式。

1.借势的原则

关联性。所借之势,必须与新闻策划的目标和整个策划活动有着紧密的内在联系。

有效性。所借之势必须自身有较大的影响力和辐射力。

经济性。借势之举本为少花钱多办事,花小钱办大事,"以小搏大",如果借之亦要付出高成本,则可排除在借势之外。

趋向性。所借之势的发展趋势,发展走向要仔细考察,如果随着趋势的演进,所借之势可能会朝着反方向发展,朝着不利于企业的方向发展,那么借势是很危险的。

2.借势的主要方法

借"事件"之势。就是借助某一事件的影响进行旅游公关策划,以达到组织的目的。

借"政策"之势。借"政策之势"要注意对政策的理解、把握、熟悉和运用,政策不是一成不变的,所以要敏锐地观察政策在不同时期的变化。

借"时间"之势。就是借助某一特殊的、有重大纪念意义的时间进行旅游公关策划。比如,中国香港、中国澳门的回归庆典,北京奥运会的会徽发布等都是旅游公关策划的大好时机。

借"人物"之势。就是借助某一名人的影响进行旅游公关策划,以达到目的。人物可以分为古人和今人,只要他们有影响力,都可以借势。如山东的孔子国际文化节、毛泽东的故居等,这些名人的故居现在都成了著名的旅游目的地。

借"特产"之势。就是利用某地特产进行旅游公关策划,以达到组织目的。如大连的服装节、吐鲁番的葡萄节等。

借"舆论"导向之势。舆论导向是指在一定时期内,大众和新闻舆论有它特定的强调重点,特定的关注焦点、热点、倾向和走向。舆论导向有着能够引起人们心理共鸣的特征。

除了以上几种借势方法外,还有借文化之势、借民俗、宗教之势等等。

（二）造势

所谓"造势"，就是社会组织或个人在尊重事实、不损害公众利益的前提下，有目的地策划、组织、举办具有新闻价值的事件。制造新闻热点，争取报道机会，通过新闻媒介向社会传播，以达到吸引公众注意、扩大组织知名度和影响力的目的。在公关策划中，"造势"一直是一种经常而大量使用的传播方法。比如，1999年在云南举行的世界园艺博览会，虽然是一个世界性的会议，在云南举行之前已经在二十多个地方举行过了，但都没有留下什么硬性旅游资源。可云南不一样，他们趁势而动，不但提出了"人与自然——迈向21世纪"这样响当当的口号，而且，大手笔征地218公顷，建立了一个集古今中外园艺为一体的"昆明世博园"，从而使一个世博会的召开为云南留下了一笔永久的资产。

第七章 旅游危机与管理

本章提要

旅游业是一个十分脆弱的行业,其发展要受到政治环境、经济环境、社会文化等外部宏观环境的影响,同时又要受到内部条件的制约。在现代市场经济条件下,旅游企业所面临的不确定性因素逐渐增加,危机始终潜伏在旅游企业的周围,对于旅游企业来说,建立起危机预警系统,进行有效的危机管理,学会在危机中生存、发展,是十分重要的。本章介绍了旅游危机的特点及其分类、危机公关的原则以及危机管理等相关内容。

第一节 旅游危机的含义与种类

优秀的企业能够安度危机,一般的企业在危机中消亡,只有伟大的企业能在危机中发展自己。

在危机中生存,反而可以避免危机,在恐惧中生存,化恐惧为动力,反而可以避免外界带来的恐惧。

——安迪·格鲁夫

一、危机与旅游危机的含义

近些年来,"危机"这个词语越来越频繁地通过各种媒体传递到我们的耳边。从 2003 年的"非典",到后来的"禽流感",人们从这些公共卫生事件中感受到了危机对个体生命的威胁。而一些企业在遭遇危机后,也会成为媒体竞相报道的对象。特别是进入 2005 年后,许多跨国公司在中国市场频频受到危机的侵袭,它们当中有些企业由于没有妥善处理好危机,而一时间成为众矢之的,给企业自身的形象和声誉造成了严重的负面影响。在现代市场经济环境下,企业所面临的不确定性因素增加了。任何一个企业都无法完全回避危机的存在,那么,究竟什么是危机呢?简单地说,危机是指由人为或非人为因素引起的对企业的生存发展及整体形象有重大不利影响的突发性事件或状况。

相应地,旅游危机就是旅游企业在经营管理过程中,由于各种人为或非人为因素引起的对旅游企业的生存发展及整体形象有重大不利影响的突发性事件或状况。危机对于旅游企业来说,是无法完全避免的。当危机发生时,要从容应对,充分运用公共关系的手段进行有效的危机公关。旅游企业的性质不同,所面对的危机种类也有所差异。

二、旅游危机的种类

现代企业面对危机,就像面对死亡一样不可避免,可以说,这个世界上唯一不变的就是变化。危机像感冒病毒一样,种类繁多,难以一一列举,以下几种是常见的:

(一)与产品和服务相关的危机

通常是由于旅游企业在经营过程中,因产品和服务质量不过关给客人造成了物质或精神上的伤害。比如,2003 年 9 月,韶关市某医疗机构的一位男士,在当地一家装修豪华、名气颇大的酒家举办婚宴,赴宴者有很多人是医务人员。令人意想不到的是,平日里讲究卫生的医务人员这次竟然在食物卫生问题上"中招",婚宴后当天深夜,就有人腹泻不止,又有人呕吐、腹痛并伴有发烧。后被认定为是食物中毒。2004 年 10 月 22 日凌晨 1 时 12 分,海南航空公司的 HU7306 班机由于飞机机械故障,晚点近 5 小时飞抵首都机场。机上八十多名乘客拒绝下飞机,要求海航公司对误时做出赔偿,航空公司代表上飞机进行了解释和协商。乘客每人获赔人民币 500 元,并于当日 4 时 40 分许陆续走下飞机。2005 年 3 月 16 日晚,中国百胜餐饮集团主动向媒体发表声明,在肯德基新奥尔良烤翅和新奥尔良烤鸡腿堡调料中发现苏丹红(1 号)成分。2005 年 8 月 27 日,美国加利福尼亚州总检察长比尔·洛克耶日前对麦当劳、肯德基等 9 家著名连锁快餐店和食品制造商提起诉讼,要求法庭强制它们用警告性标签标明其炸薯条、薯片中致癌物丙烯酰胺的含量。这是美国检察机关首次就炸薯条含致癌物问题提出诉讼。以上这些案例都是由于产品和服务的质量问题引发的危机。

（二）经营管理不善引发的危机

通常是由于企业在战略决策、投资选择、经营运作、财务管理等方面出现较大的失误或纰漏引起的。圆明园的湖底防渗漏工程就是一个很好的例证。众所周知,圆明园是我们国家的遗址公园,是世界文化遗产的保护项目,在众多的旅游景区中具有特殊的历史价值和意义。因此,它的发展和建设也倍受公众的瞩目。2005 年 3 月 22 日,兰州大学生命科学学院生态学专家张正春教授发现湖底正在铺设塑料膜,他立刻意识到这是一次彻底的、毁灭性的生态灾难和对文物的破坏,并决定阻止这一行为。2005 年 3 月 28 日,人民日报对此事进行了披露。此后,许多媒体也相继进行了报道,事情逐渐升级为"圆明园环保事件"。2005 年 3 月 31 日,国家环保总局公开叫停圆明园湖底防渗工程;2005 年 4 月 13 日该局举行听证会;2005 年 7 月 5 日该局网站公布清华大学提交的环评报告,经过认定圆明园湖底防渗工程需要重新进行整改。在事件的整个过程中,媒体和广大公众纷纷将矛头指向了圆明园景区的管理部门,批评指责声不绝于耳。此事件也严重影响了圆明园景区的形象。

（三）组织人事变动引发的危机

目前,许多旅游企业如旅游饭店都在进行改制,在改制的过程中会涉及到人员变更和人员安置的问题,这些问题由于关系到每个人的利益,员工都异常敏感,如果处理不当,极易引发大规模的危机。另外,一些旅游企业高层管理层人员的人事更迭,也会影响到整个企业的稳定,甚至会丧失许多宝贵的商业机会,对于上市旅游公司来讲,还会直接影响到股价的稳定和公司的业绩。

（四）不可抗拒的因素引发的危机

指由旅游企业所处的外部环境变化而导致的危机:包括政治、经济环境、重大疾病疫情、自然灾害、政府法令的颁布等。

2003 年我国发生了严重的非典疫情。非典使旅游企业普遍陷入困境。2003 年 4 月下旬到 5 月份,全国 11615 家旅行社总体上处于歇业状态;8880 家星级饭店的平均客房出租率不到 20%;1062 家 A 级旅游景区(点)的游客接待数量和营业收入同比下降 80% 以上;中国旅游车船协会 105 家会员单位的接待人数和营运收入同比下降 90%。2003 年全年,旅游外汇收入减少了 88 亿美元,国内旅游收入减少了 2037 亿元,旅游业总收入损失 2768 亿元人民币。我国旅游业出现了自 1989 年以来的第一次负增长。而在这之后发生的"禽流感",同样给旅游企业特别是旅游餐饮企业带来了严重的影响。除了突发公共卫生事件以外,自然灾害和恐怖袭击也对旅游业造成了很大的冲击。比如,2004年圣诞节期间发生的印度洋海啸以及2005年10月发生在印尼巴厘岛的恐怖爆炸事件,都给这些地区旅游行业的发展蒙上了阴影。

三、旅游危机的特点

（一）种类繁多

旅游业是一个朝阳产业,同时也是一个十分脆弱的行业,其发展要受到很多外部因素包括政治、经济、文化、自然等宏观环境的影响和制约。旅游产业是世界上最大的产业,其相关的行业有许多。因此,旅游危机的种类非常多,既包括与旅游企业的产品和服务相关的危机、又包括与企业的经营管理相关的危机以及由于自然、意外因素所导致的危机。

（二）频率很高

旅游产品本身所具有的无形性、生产与消费的同步性、不可储存性等特点,使得旅游产品质量的控制变得非常复杂,再加上一些非人为因素造成的影响,使得服务过程难以控制。因此,旅游危机发生的频率也比较高。尤其是在外界不确定性因素的影响下,旅游危机发生的可能性大大增强。

（三）突发性强

像禽流感、非典等传染性疾病的发生是无法预料的,有时一夜之间就会因为受到周边国家或地区的影响而遭受惨重的损失。海啸、台风、地震等自然灾害的发生同样是人类无法抗拒的。因此,现在许多旅游企业相继制定了应对突发事件的紧急预案,以最大限度地减少由于这些意外因素给企业带来的损失。可以说,预防是应对危机的有效方法。

（四）影响巨大

危机的影响力就在于,一件不幸事件的发生就会将多年公关活动才树立起来的组织良好形象毁于一旦。这不仅会带来经济上的损失还有信誉上的损失、品牌形象的损失。由于危机所导致的直接经济损失是可以估量出来的,但是由于危机所造成的形象损失是无法估量的,而且这种影响是深远的、内在的,有可能会使企业在一夜之间遭受信誉破产,从此一蹶不振。

[补充阅读]

麦当劳消毒水事件

2003年7月12日,广州两位消费者到麦当劳用餐,发现所点的红茶有极浓的消毒水味道。据现场副经理解释,原因可能是由于店员在前一天对店里烧开水的大壶进行消毒清洗后,未把残余的消毒水排清所致。两位消费者与麦当劳的相关人员就赔偿等问题理论和争执长达两个多小时之后,店长和督导才到达现场。在工商局工作人员赶到现场调停近一个小时后仍以破裂收场,消费者愤然报警。

一周后,麦当劳发表简短《声明》,用主要文字描述事件过程并一再强调两位消费者是媒体记者,同时声明麦当劳一向严格遵守政府有关部门对食品安全的所有规定和要求,并保证麦当劳提供的每一项产品都是高质量的、安全的、有益健康的。整个声明中没有提及自己的任何过失、该如何加强管理或向消费者表示歉意,更没有具体的解决事情的办法。历经半月麦当劳和消费者达成和解,但是双方对和解内容保密。

点评:"消毒水"事件中,麦当劳在处理与消费者的关系上存在以下几个问题:第一,店长和地区督导在事情发生的两个小时后才赶到现场,说明麦当劳对消费者的漠视,以及在危机处理机制上的欠缺。一周之后才拿出一份以自我为中心的所谓"声明";第二,麦当劳的员工当着其他顾客的面与自己的顾客争执,唯一的结果就是损坏企业的品牌形象;第三,不能满足消费者的合理要求,有把"大事化小,小事化了"的嫌疑。应该说从报道的情况来看,消费者要求给个说法是完全合理的,而麦当劳只想草率应付。如果麦当劳满足消费者的合理要求,再辅之以感情因素,"消毒水"事件就可以得到圆满地解决。

(资料来源:《公关世界》2004 年 03 期 44 页 作者:叶秉喜 庞亚辉)

第二节 危机公关的原则与策略

一、危机公关的含义

无论何种形式的危机,也不论其成因如何,一旦发生便会成为公共事件,会立即引起公众的瞩目和舆论的关注。企业在危机中采取的各种应对措施也会招致公众的审视和评论。如果处理不当,就会使企业的信誉和形象遭到严重的冲击,甚至会使企业元气大伤。

危机公关,就是指对危机事件进行预测和预防、发现和处理等一系列活动以及修复和完善企业形象,将危机造成的损失减少到最低限度的公关运作过程。

二、危机公关的基本原则

当危机发生以后,要采取及时的、有效的措施来进行应对,具体的内容会有

所不同,但是在危机公关的过程中,遵循以下几条基本原则是十分必要的:

(一)公开性原则

"公众必须被告之"。这是公共关系的第一要义。现代企业的生存环境发生了明显的变化,企业仿佛生存在一个透明的环境里。旅游企业就更是如此,其一举一动都会引起公众的注意,特别是当发生危机时,公众最想知道事情的真相,在这个时候,旅游企业如果还"犹抱琵琶半遮面",遮遮掩掩,那么将十分不利于危机的化解。小道消息盛行会混淆视听,不利于澄清事实和真相。

(二)真实性原则

将事实的真相告诉给公众,这也是危机公关的重要原则。企业要确保自己对外发布的信息都是真实的,是经得起推敲和考验的,如果试图隐瞒事实的真相,欺骗公众,最终将会使企业处于非常尴尬的境地。如果再想重新赢得公众的信任就非常困难了。

(三)及时沟通的原则

在第一时间把事实的真相告知给公众,有利于企业在最短的时间内解决危机,现代社会瞬息万变,如果错过了最好的时机与相关媒体和其他公众进行沟通,那么将十分不利于危机的最后解决,有可能会"事倍功半"。美国的传播学者在对相互冲突信息的不同呈现顺序的研究中发现:当受众面对两种相互冲突的信息时,两种信息的不同呈现顺序会影响受众对信息的接受。即当先呈现信息A,紧接着呈现信息B,过一段时间再测试受众的反应,受众就会倾向于接受信息A,这就是传播学中的首因效应。

(四)公众利益第一的原则

在进行危机公关时,有可能会遇到公众的利益与企业自身的利益相矛盾的情况,在这时,旅游企业要毫不犹豫地把公众的利益放在第一位,即便是企业在经济上要受到一定的损失,也要坚持"顾客至上",只有这样,才能维护住企业的形象和声誉。

(五)信誉至上的原则

危机的发生,对于旅游企业来说,也是在经历一次信誉的考验。信誉是企业在长期的经营中,通过日积月累逐渐建立起来的。特别是对于那些在业内已经具有一定知名度和美誉度的企业来说,如果危机处理好了,有可能使企业的形象和声誉得到进一步的提升;否则的话,就有可能一败涂地,失去公众的信任。

三、危机公关的方法和手段

(一)确认危机的发生及其性质

当危机发生以后,首先要迅速确定危机的性质是属于产品和服务方面的,还是旅游企业经营管理方面的，或是由于其它意外因素引起的。只有先明确了危机的性质，才能制定出相应的解决方案。当然，对于那些一时间无法马上做出判断的危机，也要想办法在最短的时间内确认其性质。

（二）查明事实的真相和原因

明确了危机的性质，下面就要查明事实和真相，找出问题的症结所在。是哪个环节出现了问题？以前有过类似事件发生吗？相关的责任人和利益受损的公众有哪些？2005 年发生"苏丹红"事件后，肯德基对所有可能涉及的调料进行全面检测，并全力配合各级政府在不同城市对不同调料进行抽检，追寻问题调料的源头。后来经过确认，所有问题调料均来自宏芳香料(昆山)有限公司供应给中山基快富公司的两批辣椒粉。宏芳公司是一家大型专业调味料的供应商。有关部门及时追查了宏芳公司的苏丹红来源以及相关产品的其他流向。

（三）与媒体诚恳合作，积极沟通

媒体在危机的处理过程中是十分重要的。它是联系旅游企业和公众之间的桥梁。因为媒体的声音是比较客观的，特别是一些主流媒体，他们的意见往往也代表了广大公众的意见，因此旅游企业要与其及时沟通信息，态度要真诚，才能够获取媒体的好感，这对于危机的顺利解决是十分重要的。

在被相关部门查出其相关产品含有苏丹红成分后，肯德基所属的百胜餐饮集团于 2005 年 3 月 16 日正式通过媒体向消费者致歉，并表示愿意接受媒体的监督，查出问题产品的源头。因其态度非常诚恳，一时间赢得了公众的好感，为危机的最终解决奠定了良好的基础。

（四）采取措施阻止事态的发展

当危机发生时，往往会产生一系列的连锁反应，由于旅游企业的顾客范围非常广泛，为了避免事态的进一步扩大，必须要采取有效的措施避免将危机所造成的损失扩大。比如，停止销售问题产品，追查原料的来源，堵住源头。在肯德基发生苏丹红事件后，肯德基及时对国内所有餐厅和配销中心的问题调料进行回收、集中保管，按照公司内部废弃物处理标准程序予以销毁，并且按照有关要求，配合政府部门进行妥善处理。

（五）取得专家和权威机构的帮助

当危机发生时，由于信息的不对称，公众对组织的信任感会降低，如果能够有第三方特别是专家和权威机构进行解释和说明，会达到事半功倍的效果。因为，从心理学的角度讲，人们往往认为专家和权威机构传递的信息更加客观，因此更值得信任。

（六）争取内、外部公众的理解和支持

危机的化解，离不开公众的理解和支持，无论是旅游企业自身因素造成的危机，还是其他因素造成的危机，如果企业能够积极应对，以诚相待，并把公众的利益放在第一位，就会得到内、外部公众的理解和支持，进而赢得公众的好感。

四、危机后旅游企业形象的重塑

著名的危机公关专家诺曼·R·奥古斯曾经说过："每一次危机既包含着导致失败的根源，又孕育着成功的种子，化危机为企业重生的转机，是危机公关的最高境界。"对于旅游企业来说，在发生了危机事件后，如果能够妥善处理，并根据实际情况对企业的形象进行重新的塑造，将会给企业带来新的发展机遇。

（一）兑现危机中对公众的承诺，做好善后工作

根据危机的不同性质和种类，如果是由于旅游企业自身的原因引起的，如饭店发生食物中毒、景区的游乐设施出现安全问题等，要酌情对受害者及其家属进行赔偿。如给予必要的治疗、探望以及支付相关的费用，同时还要进行整改，对相关的责任人进行处罚，改进服务设施，加强对员工的培训教育，避免以后类似事件的发生。

（二）对企业形象重新设计，准确定位

当危机发生后，企业的形象势必会受到一定的影响。旅游企业在危机中如果表现为消极的、负面的形象，在危机过后，可对自身的形象重新分析、进行定位，既要剔除危机所造成的不良影响，又要承袭原有形象的优良成分，还要有鲜明的特点，使自己以崭新的面貌在市场上出现，让公众对自己重新产生信心，这对企业的后续经营会起到良好的促进作用。在拟定挽回或重塑企业形象的危机公关方案之前，危机公关小组应该根据常识，通过媒体调查来了解危机带来的核心危害，然后有针对性地进行公关。

（三）综合运用多种手段和渠道，全方位传播新的企业形象

当危机发生后，要利用媒体的优势，在对企业形象重新设计的基础上，运用各种传播手段，全方位地传播企业的新形象。比如，在墨西哥地震危机平息后，国家旅游局不失时机地将墨西哥迷人的风光、古老的文明和独特的旅游文化印制成宣传资料，并附上精美的旅游导游图，寄给与墨西哥有密切联系和来往的海外一千六百多家旅游机构和旅行社，从而使墨西哥的旅游形象得到广泛传播和各国旅游机构的好评。对于重新振兴墨西哥的旅游业起到了积极的推动作用。

（四）强化全面质量管理

危机的发生能够暴露出旅游企业在经营管理中存在的问题，企业可利用这个机会强化全面质量管理，使服务水平和质量能有一个飞跃。一方面通过顾客的亲身感受形成口碑效应，同时通过媒体宣传的进一步强化，带动危机后的企业走出低谷。

肯德基在遭遇了苏丹红事件后,向外界宣布将要采取三项措施来确保公司产品的质量和信誉。据百胜集团负责人介绍,鉴于当前中国部分食品生产供应商存在不能遵纪守法、严把食品安全关的隐患,百胜将投资200万元以上成立一个现代化的食品安全检测研究中心,对所有产品及使用原料进行安全抽检,并针对中国食品供应安全问题进行研究。同时,百胜还要求所有主要供应商增加人员,添加必要检测设备,对所有进料进行必要的食品安全抽检。另外,强化目前选择上游供应商的要求标准。

[补充阅读]

上海春秋国旅危机公关纪实

2005年2月16日上午8点50分,上海浦东国际机场,上海春秋国旅及沪上各大媒体迎来了海啸后上海首个赴泰国普吉岛平安归来的43名游客,用行动证明了普吉岛的旅游恢复情况,并表明"普吉已经安全,继续前往那里旅游是支援灾区的最好方式"。

就在50天前,还是同样的地点,春秋国旅迎来了最后一批被困普吉的游客。50天,可能许多人还没能完全从海啸灾难的阴影中走出来,许多旅游企业还处于观望、酝酿的阶段,但春秋国旅成为上海第一个"破冰"东南亚灾后旅游市场的旅行社,完成了从"应急处理"到后续"公关策划"、从"引导分流"到"重启市场"的全程危机公关计划。

海啸发生后,春秋国旅迅速启动应急预案,三天内东南亚旅游团队全部平安回到国内,东南亚海岛线路受到重创。可是海啸造成的负面影响并未就此停止,新的危机开始浮出,许多计划于1月份前往东南亚的客人纷纷退团。他们中很多是前往新加坡、马来西亚等实际上并未受海啸袭击的国家,在他们看来"整个东南亚地区"都受到海啸袭击了,原本春节期间红火的东南亚线路瞬间跌至谷底。

海啸后第三天,更为严峻的情况出现,影响波及到了国内游,海南作为海岛首当其冲受到连带影响,从包机流量以及咨询电话来看,许多客人对"海岛"产生了普遍恐惧心理,担心类似于普吉岛、巴厘岛的海南岛也可能发生海啸。面对新的危机,如果任之发展下去,必然有可能出现海南线的退团现象。海南一直是春秋国旅的主体包机线路,在新的危机面前,不进则退。

正面引导挽救市场

形成正确的舆论导向,尽快消除信息不对称,将已退团的游客引导向其他目的地,是解决后期销售危机的关键所在。为此,春秋国旅将"销售引导说明"通过网络传到各营业部、咨询中心,并上传公司网站,引用地震专家的分析,论证海南不会发生海啸,海南一直是安全的,不是整个东南亚都受到了海啸袭击;同时主题为"东南亚客源回流国内"的新闻通稿发到各媒体,这一正切时机的"新闻点"有力起到了舆论导向作用。

　　另一方面,春秋国旅对东南亚线路的已退团游客积极引导参加其他出境目的地或国内的海南、丽江等地,将损失降到最低。一系列努力保证了元旦市场的稳定,海南没有出现一例退团,每日两班的海南游包机,仍保持了100%的上座率。

　　元旦后第三周开始,整个上海市场果真出现了东南亚客源回流国内的情况,国内的海南、云南,出境的港澳地都出现火爆之势,春节期间上海市场最高峰时的海南游比平时暴涨150%,出现"一票难求"的现象。防患于未然的引导,有效消除了隐藏的潜在危机。

蓄势待发恢复组团

　　海啸后的东南亚市场几乎是"冰冻"状态,占了近30%份额的东南亚线对旅行社来说极为重要,特别是春节之前,一天不恢复就意味着继续损失。经历过非典考验的旅行社明白,需求的压抑必然会最终爆发,况且海啸不同于非典,只要当地不出现传染疾病且设施恢复,随时可以恢复组团,谁"第一个吃螃蟹"也意味着谁能抓住先机。

　　1月6日,温家宝总理在东南亚海啸峰会上提出了救灾和重建七点建议,其中第三条为"研究帮助受灾国恢复旅游业的具体措施和办法,鼓励中国旅游者在条件恢复时到受灾国旅游"。这是一个积极的"信号"。此时国内各地正在进行爱心捐款活动,作为一家旅游企业,援助受灾国的最好方式就是帮助其恢复旅游业,在条件恢复时将客源重新输送到当地。春秋国旅董事长王正华在业务例会上组织各部门认真学习温总理讲话精神,要求相关部门、泰国分公司密切关注当地旅游业的恢复进展,一旦条件恢复,立即启动恢复计划,重新"引燃"东南亚市场。

把握时机首发普吉

　　在受海啸袭击的地区中,泰国普吉是影响最大的,普吉在上海市场上一直有着较高的知名度,是最被社会关注的焦点所在。如果条件恢复,组织首发普吉的团队必能引起社会广泛关注,从而找到"破冰"东南亚市场的入口。

　　1月上旬,据春秋国旅泰国分公司赴普吉实地调查后反馈,2月后普吉可逐渐恢复接待。接着又有一个积极的信号出现,沪上某媒体发表一则标题为《沪上游客打探普吉岛恢复情况东南亚游线渐复苏》的报道,说"随着欧美游客陆续返回马尔代夫、普吉岛等景点,沪上已有游客咨询普吉岛等地旅游恢复的具体情况,并表达了想去这些地方旅游的愿望。"5天后,上海媒体赴普吉考察团发回报道《2月赴泰将获赠三重保险》,泰国旅游业将从2月起将全面恢复。"2月首发普吉",春秋国旅最终落定首发时间,并确定大年初四发出首个散客团,1月19日,行程、报价、策划方案全部落定,同时向各媒体发出新闻通稿,20日起,"普吉首发团"的新闻陆续见诸报端,推广计划正式启动。

主题点睛凸显深意

作为灾后首个旅游团,应该有不同寻常的意义,特色卖点也直接关系到营销推广的成功。主题既要能吸引"眼球"又要体现出特别的意义。由于首发团正值中国的新春佳节,中国人有在春节悬挂象征"吉祥如意"的中国结的传统习俗,而中国结里的"平安结"更有"平安吉祥"之意,于是首发团的主题从这里切入,定为"平安结·中国情",意为让代表中国传统文化的"平安结"漂洋过海,捎去中国人民对灾区的深深情义,希望东南亚人民在未来的日子里能"平平安安"每一天。春秋国旅在出发前为每个团友赠送"平安结",到了普吉后,在普吉旅游局的协助下,特别举办一个"平安祈祷"暨欢迎仪式,团友将带去的平安结再亲手赠送给当地民众,为他们祈福。

这一系列的情感诉求、特色安排,均要让游客感受到自己不仅代表了上海,更代表了13亿中国人民,是用实际行动支援灾区,这是一次鼓舞当地人民战胜困难、重建家园的关爱之旅,是比任何金钱都可贵的精神赈灾,以此增强游客的使命感、荣誉感、成就感。活动的口号提炼为:"爱心漂洋过海,真情感动世界。"

软硬相辅整合推广

海啸后的首发团对媒体来说,有三大新闻价值点:一为海啸后东南亚旅游业开始恢复了;二为春节特色旅游;三为此团是否能成功成行? 多家媒体从正式宣布开始,到首个家庭报名、中期报名情况、截至报名、首发仪式、平安归来等,均作了全程跟踪报道。

新闻的力量在于让公众知道了"这件事",广告体现了价格、日期等旅游团的基本信息。《重回普吉,以爱的名义》、《上海游客传递无言支持》、《告别灾难,"泰国珍珠"继续闪光》等一篇篇煽情感人、触动内心情感的新闻报道为活动起到了推波助澜之效。

春秋国旅还有效整合媒介资源,在两周内通过电视、电台、网络以及春秋国旅网站、遍布上海区县的五十余家营业部、长三角区域的南京、杭州分社,协议代理商等多渠道同步强势推广,在整个长三角撒开一张大"网"。

参加普吉首发团的43名游客平安归来后现身说法,用亲身经历证明了一切。这个在海啸过后的后续公关活动也为上海市场的东南亚游恢复做了最好的造势。据悉,3月2日上海将恢复普吉的直航航线,2月下旬开始"普吉"再次成为各大旅行社广告中的常规产品,春秋国旅的灾后第二个普吉团业已开始报名,新、马、菲等影响不大的地区节后的销售情况也开始渐渐恢复至往年同期水平。

中国旅游企业在经历了非典、地震海啸、交通意外等一系列天灾人祸后,危机管理的意识、处理危机的能力显著增强,有力维护了了游客的利益和企业的信誉。从另一个角度看,企业对危机事件的处理过程及后续公关活动,也更能增加公众对企业的了解,从而化"危"为"机",塑造企业良好形象,提高美誉度。对市场的前瞻性预测、对机会的敏感捕捉、对事件的巧妙策划推广并在此基础上"多走一步",是化"危"为"机"的关键所在。

(资料来源:《中国旅游报》2005 年 2 月 28 日 作者:李小峰)

第三节　危机管理

一、危机管理的含义

所谓危机管理,就是指组织运用有效的方法和手段对潜在的或出现的危机采取预防或处理的措施,以最大限度地控制并减少危机给组织带来的损失和危害的过程。包括危机预防、危机识别、危机处理等一系列管理活动。

在经济全球化的发展背景下,一些国内大企业已经着手建立危机处理机制,但与一些跨国企业相比,总体而言,处理的方法和手段还不够成熟。比如,对于在2003 年发生的"非典"及后来的"禽流感事件"而言,有些餐饮企业面对危机,反应迅速,采取了很特别的措施保障消费者安全,但更多的企业内部危机意识匮乏、危机公关处理体系缺失、危机处理手段落后,有的企业甚至对此表示不屑,把危机公关称之为"做秀"。

可以说,全球化在为企业创造更多发展机遇的同时,也使得企业每天面对的危机也越来越多,从自然灾害、流行疾病,到经济危机、军事战争、恐怖袭击,不胜枚举,任何一场危机都可能使企业长期的努力付之东流。一个组织的危机意识和态度决定了其危机公关的效果。对于旅游企业来讲,就应该结合具体的情况和所面临的问题,对危机进行有效的预防和控制。

二、危机管理的措施

(一)成立专门的危机管理机构

企业要设立专门的机构和安排相关人员对危机进行应对。要有专人负责收集信息,制定危机管理计划,以便在危机到来时迅速反应,统一部署、各司其责,采取相应的应对措施。同时,对员工进行相关的培训,增强其危机意识。国外很多大的饭店集团都有专门的危机处理团队,并且把危机管理作为培训的一项重要内容,聘请专业人士给员工进行有关危机应对的培训,帮助他们掌握有关危机识别、危机处理过程中媒体应对的技巧等。而国内旅游企业在这方面还是比较落后的。

图 7-1 是旅游企业危机管理的组织机构框架图。

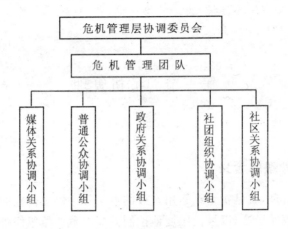

图 7-1　危机管理组织结构框架图

(二)建立危机预警机制

古语说得好:"预则立,不预则废。"最好的危机管理莫过于事先预防。为了更好地预防和识别危机,组织应建立起良好的危机预警机制,它能够减少危机的监测成本和提高监测的效果,从而减少危机带来的损失。密切注意各大主流媒体对本企业的相关报道,公众舆论的焦点是什么,不同公众的观点、意见中哪些是对企业有利的,哪些是对企业不利的,专家学者争论的焦点是什么,政府部门的表态、相关部门的反应等,为危机的解决广泛收集信息,在问题转化为危机之前提早做好预防,做到"知己知彼,百战不殆"。就如艾米莉亚·罗布森斯在为《国际公关协会》撰文所称的那样:"在灾难发生前,任何公司如果不预先考虑并制订出一套'如何发布坏消息'的政策,到时只会措手不及。"

很多企业的公关部都停留在发布企业新闻通稿、接待媒体采访等日常的事务性工作上。但是也有一些企业的公关部门自觉地承担着一项秘密任务:在广大的媒体群落中搜集一切和自己的企业与行业有关的信息,包括不利的和有利的。然后将这些信息进行分类整理,为广告和企业宣传制定有针对性的公关方案,包括做一些或大或小的公关活动等等。如杜邦公司的公共事务部在每天的午餐时间都会有一个电话会议,公共事务总部的工作人员以及各地区的负责人都会在这个时间进行一些沟通,大家会就过去的一天发生了哪些事情以及如何解决等进行交流,同时还会预见性地去发现未来的一天哪些事情将会发生。会议之后,公共事务部门会向相关部门调查了解情况,同时也会将情况反馈到管理层。

(三)预期信任的建立

心理学将信任分为记忆信任、感知信任和预期信任。而预期信任是建立在感知信任和预期信任基础上的对于未来的信念和认同感。组织应该通过长期和一贯的方式以不同的形式和活动在受众中树立自己的正面形象及良好的声誉,从而在受众中构建对自己的正面预期。这样当危机发生时,在公众心目中会自发地产生一种信心:组织是值得信赖的,它一定能够安度危机。像可口可乐公司,就已经在消费者心目中建立起了这种信任,因此,当危机袭来时,公众并不会产生过多的恐慌心里,从而为危机的顺利解决奠定了良好的基础。

微软总裁比尔·盖茨曾经说过:"微软离破产永远只有18个月。"在现代复杂的社会环境下,危机的发生是不可能完全避免的,每个旅游企业都应该做到居安思危,未雨绸缪。当危机到来时,能够以积极的姿态来面对,用自己的行动去影响公众。正像中国国际公关协会秘书长郑砚农所说的:"你不能改变事实,但是可以改变公众的态度。"危机的发生对于旅游企业来讲,可以说是一把双刃剑,旅游企业可以利用其被公众瞩目的契机,通过有效的公关运作来进一步提高自己的美誉度,巩固和提升自己在公众心目中的良好形象。

"凡事福中有祸,祸中有福"。只要企业能够正确地面对危机,就可以将危机带来的负面影响降到最低点,或者将企业的劣势变为优势。

三、公关部在危机公关中与媒体的沟通

当企业发生危机后,公关部就要发挥自己"扑火"的作用,特别是要与新闻媒体密切联系,通过他们向广大的社会公众传递真实的信息,这样一方面表示了企业对危机事件的重视,同时也表明了企业对公众利益的关心。良好的处理问题的态度会对争取公众的理解和支持起到促进作用。具体来讲要做好以下两个方面的工作:

(一)和媒体记者沟通

媒体记者是公关传播中的"守门人",他们的作用非同寻常。一般来讲,当业内有新闻事件发生时,媒体记者会抢先知道消息,如果公关人员经常和这些记者沟通交流,一些不利的公关素材就有可能提前知道,如果得知其中有涉及到本组织的负面消息或有危机事件的苗头时,便能够通过做一些工作而防患于未然。因为,就危机事件的发展规律来看,每次危机的发生绝对不是偶然的,一些危机之所以会发展到不可收拾的地步,都是由于对苗头的危害性和爆发性预测不足,特别是公关部门的"触觉不灵"。如果事前和一些记者沟通,就能及时掌握前沿信

息,危机来临时能有所感觉,并有可能将危机扼杀在萌芽状态。因此,公关部门要经常和媒体记者沟通,以便及时获得信息,做好危机的预防工作。

(二)在媒体中搜寻信息

旅游企业的公关人员要注意在广大的媒体中搜集一切与本企业和行业的相关信息,将信息进行分类整理,并分析与研究,从而为广告和企业宣传及公关方案制定奠定基础。在一些公关意识比较强的旅游企业里,公关人员会将旅游业内、外信息汇编成册,并提供专业分析,为危机预警提供帮助。大多数危机的产生都是因为企业的变化使一些公众的利益受到了伤害,这种伤害很可能产生矛盾冲突而被媒体知道,所以公关部门一定要关注企业内外的利益变化趋势,关注企业的政策变化给哪些人带来了利益损失,及时与其沟通,消除隐患,避免事态扩大。

第八章　旅游饭店公共关系

本章提要

旅游饭店业是最早引入公共关系思想的行业，由于饭店业与国际接轨的时间较早，管理更趋于规范，公共关系在饭店业的发展相对来讲比较成熟。本章从公共关系在饭店业的发展出发，对饭店公共关系的意义、特点进行了详细介绍并系统地阐述了旅游饭店公共关系的协调以及饭店形象塑造等方面的内容。

第一节　旅游饭店公关概述

作为旅游业的重要组成部分，我国的旅游饭店业是最早引进公共关系思想的行业。20世纪80年代，广东、深圳的中外合资饭店中沿袭了海外的管理模式，在饭店的组织结构中设立了公关部，负责开展公关活动，由此，公共关系作为一种重要的职能和手段在饭店业和其他行业得到了广泛的应用。

随着旅游业的发展，我国的旅游饭店数量增长很快，经济效益也有了明显的提高，星级饭店数量继续保持适度增长。据统计，到2006年末，我国共有星级饭店12751家，比上年末增加923家，增长7.8%；拥有客房145.98万间，比上年末增加12.76万间，增长9.6%；拥有床位278.55万张，比上年末增加21.38万张,增长 8.3％。

饭店公关,顾名思义是将公共关系学的理论应用于饭店行业的实践活动。饭店公关从 20 世纪 80 年代初期以创建品牌为要旨,到现阶段以保护品牌为主要目的。饭店公关在我国已经走过了二十多个春秋,为公关行业的发展奠定了坚实的基础。

新一轮最大额度占领我国饭店业市场的战略规划正在国际饭店管理集团和本土饭店管理集团两大阵营中激烈角逐。国际饭店管理集团借助其强大的品牌优势及财力支持,起步快、起点高,他们以最快的速度收购或输出管理中国的五星级饭店、度假村,而国内的本土饭店管理集团也正在快马加鞭地扩大自己的市场份额。集团与集团、饭店与饭店之间展开了品牌较量。所有这一切,都需要有一个强大的饭店公关部门予以支持,为饭店集团的战略规划得以实施制造强大的媒体宣传攻势,并大做品牌宣传文章。

一、饭店管理集团公关网群

当前,不论国际饭店管理集团还是国内饭店管理集团对饭店公关都给予了相当的重视。随着饭店集团化进程的发展,饭店公关的集团化操作程度也越来越高。比如,一个国际品牌的饭店管理集团麾下有 20～30 个饭店,就会有 20～30 个公关部门,并自然形成一个跨地区、跨国界的公关网络群体。饭店集团的所有信息包括人事变动、各种促销活动都能通过集团局域网迅速传递到所有饭店公关部,公关部再将信息传递到媒体和客户。这一庞大而高效的国际饭店管理集团公关网群是国内饭店管理集团所力不能及的,国内饭店管理集团这一公关网群资源还没有得到很好的开发和利用。

二、饭店公关蓬勃发展

中国饭店公关在走过了二十余年的风雨历程后,可以说进入了一个非常关键的新时代。饭店公关人员不仅要懂得怎样创立品牌、开创知名度,还要懂得怎样保护品牌,更要懂得怎样应对公关危机。饭店市场竞争激烈、危机四伏的环境对饭店公关从业人员的素质、业务技能、应对媒体的能力提出了更高的要求。国外大的饭店管理集团都对自己内部的公关从业员工进行专业的培训,从本集团内部的公关手册到危机公关的应对措施以及实战练习等方面提供强大的培训课程,而本土化的饭店管理集团却很少有人问津。国内饭店公关从业人员的危机意识和处理危机公关的技巧亟待提高。

在国际饭店管理集团工作的公关从业人员,由于有饭店管理方的支持,同时也是制度成就他们的职业发展,他们每个人都有比较高涨的工作热情和激情,他们大都能够积极主动地发挥自己的聪明才智,策划组织一个又一个精彩的公关宣传活动,使他们的作用在饭店整体运营中显得格外重要。如洲际酒店集团接管北京国际会议中心后将其更名为五洲皇冠假日大酒店,其声势浩大的媒体发布会和随后饭店大堂里一系列的公关活动,以及配合集团整体为龙头的广告宣传,都大大加速和提高了皇冠假日品牌在人们心中的知名度和认知度。

三、旅游饭店开展公关工作的意义

(一)有利于树立饭店良好的形象,提升饭店品牌价值

饭店公关部的一项重要职能就是要树立良好的饭店形象,帮助饭店提升品牌价值。饭店公关从业人员肩负着树立品牌、创建品牌知名度、提高顾客群体对自己饭店品牌的认知程度的重任。从事饭店管理三十多年的北京国宾友谊酒店管理集团行政副总裁葛瑞龙生动地描述了饭店公关人员的责任。他说:"一个品牌形象的创立不是一时一事、几次公关活动的事情,而是几代公关经理人共同努力磨练出来的结果。"

(二)有利于创造一个良好的工作氛围,减少人员流失

在其他行业,正常的人员流失一般在5%～10%左右,作为劳动密集型企业,饭店的流失率也不应超过15%。但据中国旅游协会人力资源开发培训中心对国内23个城市33家二至五星级饭店人力资源的一项调查,2000年至2002年饭店业员工流动率分别为25.64%,23.92%,24.2%,平均流动率高达24.59%,远远超过了15%的理论上限。

公共关系的根本目的就是要"内求团结,外求发展"。饭店的公共关系部可以结合饭店的实际情况,加强各部门之间的协调与沟通,特别是那些有密切往来的部门,减少矛盾,互助合作。同时,饭店工作劳动强度较大,员工工作十分辛苦,往往要承受着生理和心理上的双重压力。饭店的公关部门要与员工多交流,帮助他们解决工作和生活中的困难,创造一个良好的工作氛围,增强员工的归属感和忠诚度,减少人员的流失。

(三)有利于与顾客建立良好的关系,提高经济效益

饭店的公关部是饭店形象的代表,拜访客户、与他们建立良好的关系是公关人员的重要职责。在目前的市场竞争形势下,谁拥有了客户,谁就拥有了市场。饭店的一切公关营销工作都是围绕着客户而展开的。饭店要根据自己目标顾客的不同,制定相应的策略,通过优质的服务和真诚的顾客公关来打动客人,争取客源,提高经济效益。

四、饭店公关的任务

（一）收集信息,参与决策

饭店公关部的一项重要的任务就是通过一系列的公关调查工作,了解公众对饭店服务的意见或建议,对饭店的各项方针政策、市场营销活动的可行性做出分析和预测,从而为饭店的管理者做出科学的决策提供依据。

[读一读]
杭州天杭大酒店从宾客意见中寻找不足

为了更好地向宾客提供优质服务、强化员工的岗位技能,杭州天杭大酒店从2005 年 4 月初起,由人事质培部会同前厅部、客房部和公关营销部经理,及大堂副理和公关营销部销售人员与入住酒店的宾客面对面征询对酒店服务工作的意见和建议。这是酒店进一步强化对宾客征询意见和建议的措施和步骤。为组织好此次宾客意见和建议的征询工作,酒店专门制订了意见征询表。主要从前台和后台各岗位点员工礼貌问候及微笑服务;总台办理入住和退房手续速度;客房卫生、设施设备状况和客房中心提供服务速度;餐饮服务和菜肴质量;保安员停车指挥和拉车门服务;工程部员工维修服务;销售人员接待服务;娱乐及其它各岗位有声服务;选择入住酒店原因和对酒店的总体印象,按满意、较满意、一般和不满意四个方面进行。人事质培部和公关营销部每周还分别对收集到的宾客意见和建议逐一进行整理和分类汇总,及时在部门经理早会上通报反馈,相关部门则对宾客提出的意见和建议负责跟踪服务的落实工作,力求各项措施真正落到实处。通过组织征询宾客的意见和建议,酒店从中寻找和发现了在经营管理、服务工作中存在的一些不足之处,以及需改进提高的地方,进一步调整完善、促进和提高了酒店的整体服务质量,以更好地向宾客提供优质、满意的服务。

（资料来源:《中国旅游报》2005 年 6 月 2 日　作者:裘水安）

（二）拜访重要客户,与其建立良好的关系

饭店的发展离不开顾客的支持,特别是那些对于饭店来讲特别重要的人,如重要客户、大客户、长住客人等,饭店的公共关系人员要准确掌握这些重要客人的相关资料,经常与其联络感情,增进彼此间的了解和友谊。如饭店的公关人员可以在重要的节假日、纪念日以及客人的生日时通过打电话、发信函问候客人,展开"温情公关"。

（三）策划公关活动,树立组织形象

饭店作为营利性的组织,应该经常参加社会公益活动,通过捐资、捐物支持社会公益事业的发展,树立良好的"企业公民"形象,这样往往更容易获得公众的认同和好感。同时,根据饭店发展阶段以及公关目标的不同,策划公关活动,提高酒店的知名度和美誉度。

[读一读]

京城酒店的特色公关活动策划

洲际酒店集团麾下的北京中成天坛假日饭店开张营业之际,公关部策划了"出租司机连线两个酒店的活动",让出租车司机找出宣武门附近的中环假日饭店和永定门附近的中成天坛假日饭店的最佳路线和到达的最快速度,奖励踊跃参加的出租司机。此项活动不仅达到了同时宣传两家新开业饭店的目的,也同时宣传了两个同一品牌的酒店,并且,新开张的这两家饭店也得到了广大出租司机的认知。

北京城西部五星级的国宾酒店之所以能够成为西城地区商务、政务活动频繁的首选酒店,也是得益于公关宣传活动的结果。2000年,国宾酒店正式营业,它是京城最早装备宽带的饭店。公关部策划接待的"第二届中国网络小姐大赛",促进了国宾酒店高科技互联网系统设备的建设与运营;"亮丽的士亮丽北京"公益活动使国宾酒店的地理位置在出租车司机中广泛流传;"为奥运健儿送行"、"国宾奥运之夜","系列名人围棋邀请赛"等一系列公关庆祝活动,为饭店销售部开拓体育行业的客源市场建立了广泛联系。

(四)协调员工关系,创造良好的工作环境

内部公关是外部公关的前提和基础。饭店行业员工的流失率是比较高的,为了吸引并留住那些"核心员工",就要经常了解他们的所思所想,为其创造一个良好的工作条件,并通过举办各种活动来提高员工的工作士气。可以通过办内部刊物、报纸等手段,给员工搭建一个相互交流的平台,加强内部信息的沟通。

(五)处理突发事件和客人的投诉

饭店业作为服务性的行业,其产品具有无形性的特点,而产品质量也很难控制,在对客服务过程中,容易出现矛盾和纠纷。严重的还会引起客人的投诉,这时,公关人员就要配合相关部门,做好客人投诉的处理工作。首先要有正确的思想,正所谓"一位不满意的客人是一次机会",客人之所以有不满,是因为饭店在管理细节上出现了问题,因此要重视客人的意见,妥善地处理客人的投诉。

(六)通过媒体做好公关宣传

饭店公关经理人要时时刻刻地、脚踏实地地做好每项公关宣传工作。如将饭店集团内的高层管理人员的任命、慈善助学活动、新的促销价格、新的菜单推广、员工生活等有价值的新闻事件,通过饭店公关人员的喉舌和各种媒体渠道,生动具体地呈现在大众面前,送到客户的眼前。一句话,"饭店公关要不断地制造声音,有了声音才会有生意"。

[补充阅读]

利用公关手段,进行全面营销

三亚喜来登度假酒店连续两年成为世界小姐组织机构授权的"唯一官方指定入住酒店",并于 2004 年 11 月 10 日再次迎来 112 位来自世界各地的参赛佳丽们。在开业不到两年的时间里,连续赞助了第 53 届和第 54 届世界小姐总决赛。

三亚喜来登度假酒店的公关部被称为市场沟通部。他们在对内沟通和对外沟通方面下功夫。在对外沟通方面,从市场沟通部外发的新闻稿,绝不是由市场沟通部工作人员在办公室里杜撰出来的,而是与各部门充分沟通,搜集第一手资料整合而成的。2004 年 7 月 10 日晚 8:00,三亚喜来登度假酒店在中央电视台播出的"绝对挑战"三亚喜来登度假酒店节目中招聘宾客服务经理。绝对挑战本来是一个人力资源栏目,各企业通过此栏目在全国招贤纳士,但是在此次节目中,三亚喜来登度假酒店却巧妙地布下了多个展示企业形象、宣传集团品牌、体现酒店服务质量的埋伏点,并邀请了 2003 年世界小姐决赛的冠、亚、季军参加,使整个节目精彩纷呈。同时也创下了"绝对挑战"节目栏目自 2003 年 10 月 25 日开播以来的最高收视率。

传统意义上的宣传是对客户重复强调酒店的优势。如何无声胜有声,如何在不知不觉中让品牌形象印刻在人们的脑海里,确实需要花费一番功夫和脑筋。像这样借助一个人力资源栏目,借助世界小姐美丽的影响力,使三亚喜来登度假酒店多层次的信息潜移默化地影响了几千万观众,这种影响力和号召力远远超过一个 30 秒广告片的宣传效果。

第二节 旅游饭店与相关公众关系的协调

一、与员工关系的协调

(一)饭店员工关系的重要性

1.员工关系是饭店公关工作的起点

员工是饭店企业最宝贵的资产,员工关系是饭店公关工作的起点。首先,员工是组织最基本的细胞,与饭店目标的实现和利益息息相关。饭店的一切计划、措施必须首先得到员工的理解和支持,并身体力行才能够实现。因此,员工是公共关系"内求团结"的首要对象,只有员工关系和谐,才能够谈得上"外求发展"。其次,员工处在对外公共关系的第一线。他们是直接与外部公众接触的,每个人都是饭店形象的代表,人人都是"公关员"。饭店的大部分公关工作都是通过员工的服务实现的。

因此,只有团结了自己的员工,构建了和谐的员工关系,才能够为外部公关打下良好的基础。

2.良好的员工关系是饭店树立外部形象的基础

客人来到饭店,接触最多的就是饭店的员工,他们的表现如何直接决定着客人对饭店的评价。"没有满意的员工就没有满意的顾客",只有饭店与员工建立起互信、和谐的关系,员工才会有动力努力工作,认真钻研业务,乐于为饭店贡献自己的力量。如果员工关系不顺畅,员工工作的积极性不高,就会影响其在服务工作中的表现。可以说,在饭店中,人人都是公关员,都是饭店的形象大使,拥有一支训练有素、懂公关的员工队伍,是饭店最宝贵的财富。

(二)饭店员工关系的协调

1.营造良好的工作环境

饭店的组织结构是非常严密的,上、下级关系明确,规章制度健全,对员工有着约束的作用,如果管理者不能够与员工进行有效的沟通,就容易让人产生压抑、抵触的心理,使饭店与员工之间的关系紧张。饭店员工都希望在组织中同事关系融洽、个人能力得到充分发挥。因此,饭店管理者要努力消除员工受束缚的心理,并鼓励员工积极参与管理,充分发挥他们的主观能动性和创造性。要尊重员工,给他们发表意见的机会,对于提出良好建议的员工除了要进行表扬外,还要给予适当的物质奖励。比如,喜达屋集团旗下的喜来登酒店就非常重视与员工的沟通工作。他们视员工为最宝贵的资产,每年都要进行员工满意度的测评,让员工为所在部门的管理者打分,并征求他们对酒店管理工作的意见和建议。这些宝贵的信息收集来之后并没有被束之高阁,酒店会聘请专业的咨询公司来进行分析,从而为改进以后的管理工作提供依据。没有满意的员工,就不会有满意的顾客。

2.重视员工的培训工作

在管理不善的饭店里,员工被当成一种单纯的劳动力,是工作的机器;而在经营成功的饭店里,员工被视为饭店的宝贵财富,是最重要的资源,开发这种资源成为饭店管理的重要工作。培训是充分挖掘员工潜力的一种有效办法,它是投资于未来的一种方式,由于不能够收到立竿见影的效果,往往不被人重视。另外,培训的层次也较低,大多数饭店的培训还都停留在技术、技能培训的层次,而忽视了职业道德、处事原则、公关技巧以及学习能力的培训。在上海波特曼·丽嘉酒店,每年为每个员工提供至少 120 个小时的培训。同时,酒店还为雇员参加业余培训(通常为电脑和英语培训)提供资助。波特曼·丽嘉酒店的座右铭是"我们以绅士淑女的态度为绅士淑女提供忠诚的服务。我们把员工作为最重要的资源进行培训,希望立足于和谐的沟通,创造良好的环境,以开放、诚实和信任的态度提供我们的服务。我们也希望我们的员工能以自己的工作自豪。"正是由于他们采取了有效的激励措施,使得该酒店的员工流失率在同行业中始终处于一个较低的水平。

3.建立沟通平台,通过多种渠道与员工交流

很多饭店都有自己的内部刊物、报纸等,对实现内部交流起着重要的作用。在这里,员工可以吐露心声,畅所欲言,提建议、出主意,还可以互相交流服务感受,也是展现员工风采的园地。比如,如家快捷连锁酒店有自己的《如家通讯》,里面既有饭店发展的最新动态、客人对饭店服务的评价,又有员工天地专栏,内容十分丰富,图文并茂,很受客人和员工的喜爱。另外,员工还可以通过互联网平台进行实时互动交流。

二、饭店与旅行社关系的协调

(一)旅行社对饭店的重要作用

旅行社是饭店的重要销售渠道。饭店要想获得生存和发展,需要有稳定的客源作保证。散客的随意性较强,预定变更的频率较高。而旅行社能够为饭店输送大量稳定的客源,是饭店的重要销售渠道,因此,饭店必须要重视旅行社的作用。尤其是对于那些位于旅游景区的饭店来说,没有旅行社带来的旅游团,将很难生存和发展。

(二)如何协调好与旅行社的关系

1.调查旅行社对饭店的态度、并负责与其沟通

饭店的公共关系人员,要经常与旅行社保持联系,把饭店的最新报价、优惠政策等告知给旅行社,便于对方进行参考。同时,把饭店最新的政策、发展情况告知旅行社,以便不断寻求合作机会。比如,饭店装修、布局、客房数量、餐饮产品方面发生的变化等信息,都要及时通报给旅行社,起到宣传促销的作用。同时,还要征询旅行社对于饭店服务、管理等方面的意见,以便不断改进饭店的经营管理工作。

2.举办各种活动,邀请旅行社人员参加

饭店的公关人员要通过组织各种活动,邀请旅行社来参加,比如,举办展览

会、洽谈会、年会等与旅行社的相关负责人联络感情,感谢他们的支持和合作。借此机会,让旅行社了解饭店在社会上的良好声誉,以提高旅行社对饭店的信心。同时,通过参观,让旅行社了解饭店的良好设施和优质服务,使旅行社了解饭店的客源对象以及销售人员的工作方式和个人情况。

3.饭店要与旅行社建立公平合理的结算机制,避免恶意拖欠

目前,在一些地区旅游市场的恶性竞争状况比较严重。造成这种状况的根本原因是由于在整个社会范围内诚信经济还没有建立起来,旅游行业的产业链条出现了问题,突出的表现就是"三角债",而"三角债"产生的根源就是长期以来旅游业内"先接待后付款"的所谓"国际惯例"。这种做法最后演变成了恶意拖欠,组团社不付钱给地接社,地接社也没钱给宾馆、给导游,结果导致服务质量的下降,最终伤害的是消费者的利益。而为了争夺客源,一些饭店甚至为了迎合旅行社而压低自己的价格,这样就造成了恶性循环。因此,饭店要与旅行社建立公平合理的结算机制,避免恶意拖欠情况的发生。

三、饭店与新闻媒体关系的协调

（一）新闻媒体对于饭店的重要作用

1.新闻媒体是饭店实现公关目标的重要媒介

媒体的最大特点就是能在同一时间内把某一个信息传播给许多人,并且,新闻界在一般人心目中是公众舆论的代表,立场比较客观,特别是一些主流媒体,深受公众的信赖,可以说,通过媒体,公共关系的传播甚至会比组织或企业本身的公关人员向公众直接传播更为有效。旅游饭店企业要重视新闻媒体的力量,通过与他们建立良好的关系来达到赢得广大社会公众好感的目的。

2.新闻媒体是饭店公关活动必须努力争取的重要公众

新闻媒体是饭店对外宣传的重要途径和手段,特别是在饭店举行重要的公关活动时,如果能够借助媒体的力量将消息传播出去,比做广告的效果要强,更容易引起公众的注意和好感。通过"事件营销",从第三方的角度来为企业进行宣传,其可信程度要远远高于广告。

[读一读]

如家的媒体公关

2004年7月底和8月初,如家酒店连锁利用其成立2周年之际,分别在上海、北京召开了主题为理想、成长、超越的两周年庆典的公关活动。北京、上海有八十多家主流媒体到会,如家的合作伙伴、物业业主也纷纷参加了庆典。通过这一公关活动,一方面加强了如家和北京、上海新闻媒体的联系,同时也树立了如

家连锁在业主和合作伙伴中良好的品牌形象。

如家酒店还邀请记者到如家试住,体验如家,帮助记者寻找可以宣传的话题,而不是让记者自己找新闻宣传的话题。另外,他们积极接待各大媒体的采访,与他们积极沟通经济型酒店的市场状况,使媒体朋友在报道饭店市场,特别是经济型酒店市场时,都会第一个想到如家。

（资料来源:《饭店现代化》,第36～37页　作者:叶秉喜）

（二）如何协调好与新闻媒体的关系

要恰当地认识媒体、更要尊重媒体的新闻记者和编辑人员,尊重他们的职业特点和工作原则,平时多与其沟通感情、进行交流。同时也不能够单纯地视媒体为传播的工具,加以利用,这就有失公平互惠的原则。有的旅游饭店对媒体的态度是:"不用时就不理睬媒体,用的时候就花钱来收买媒体。"这一方面违反了行业规范,同时也为社会道德所不允许,从长远的角度来讲,将非常不利于组织与新闻媒体良好关系的建立。

第三节　旅游饭店形象的塑造

一、CIS 的含义

CIS(Corporate Identity System),即企业形象识别系统,是一个社会组织为了塑造良好的组织形象,通过统一的视觉设计,运用整体传播沟通手段,将组织的经营理念、企业文化等传递出去,以突出企业的个性和精神,从而使社会公众产生认同感的一种战略性的活动和职能。

作为塑造形象和传递信息的两种相对独立的手段,CIS 战略是比较新的领域,是公共关系的具体化与公关实务的延伸。CIS 推动旅游公共关系向更高层次发展和完善。旅游饭店开展公关工作的目的之一就是帮助饭店塑造良好的形象,而 CIS 是关于形象设计的一种具体的实施方案。

二、CIS 的产生与发展

20 世纪 20 年代,德国 AEG 电器公司设计顾问培特·奥伦斯将统一标志使用在该公司的系列产品、便条信纸上,这是最早出现的 CIS。我国内陆导入 CIS 是在 20 世纪 80 年代末期。1988 年广东的太阳神集团公司率先导入了 CIS。当时作为广东太阳神集团前身的广东东莞黄冈保健饮料厂所生产的"万事达"牌生物保健口服液在市场上的销路一直不佳。1988 年该厂导入了 CIS,企业改名为"太阳神",并确立了企业的精神口号为"当太阳升起的时候,我们的爱天长地久;同时确立了标准色为红、黑两色,标准字为经过改良后富有传统特色的小篆;其标志是太阳和"人",正迎合了中国人特有的本土情怀。该集团还借助新闻传媒,配合大型活动,取得了出人意料的成功,一时间销售额猛增,企业的知名度也迅速提高,取得了社会效益和经济效益的双丰收。后来,许多企业也纷纷导入 CIS,旅游企业也在其中。

对于旅游饭店来讲,饭店公关部的最主要的工作就是在公众中塑造良好的饭店形象。所谓饭店的形象,就是饭店的表现和特征在公众心目中留下的印象。饭店公关人员要在公关调查的基础上做好设计形象、传播形象和矫正形象的工作。

三、CIS 的作用

(一)CIS 是饭店企业赢得市场的重要法宝

在市场竞争日益激烈的今天,对于客人来说,选择的余地越来越大,一个饭店组织能否在公众心目中拥有良好的印象是十分关键的。这种印象的获得,在很大程度上依赖于组织形象的设计与传播。以往"酒香不怕巷子深"的时代已经一去不复返了,在强调"注意力经济"的今天,饭店企业只有重视形象的树立,才能够赢得顾客的好感。而 CIS 就是一种很实用的工具,它内容充实、体系完备、可操作性强。是饭店企业赢得市场的重要法宝。

(二)CIS 是饭店企业提高经济效益的有力武器

实施 CIS 战略,树立饭店企业的良好形象,有利于提高企业的市场占有率,进而提高经济效益。通过视觉识别,顾客能够很容易地认识饭店。世界上著名的饭店连锁集团在实践 CIS 方面也是业内的佼佼者。他们有各自的经营理念、服务宗旨和价值观,并且能够在实际工作中把理念识别的内容真正贯彻实施,以一流的服务、完备的设施赢得了顾客的青睐。在履行社会责任方面更是不遗余力。各种社会公益活动、赞助、捐助等活动中都有他们的身影。在视觉识别方面,他们力求把饭店的形象设计与本土化结合起来,让客人有宾至如归的感觉。正是由于以上几个方面的努力,才赢得了客人的心,进而促进了饭店经济效益的提高。

四、CIS 的构成

CIS 由理念识别系统 MIS(Mind Identity System)、行为识别系统 BIS(Behavior Identity System)和视觉识别系统 VIS(Visual Identity System)构成。这

三个子系统相对独立,又相互作用,共同为塑造饭店的良好形象服务。

实施 CIS 战略的目的就是使 MI、BI、VI 能保持高度的一致。通过这一完整的系统,创造性地使企业的经营理念通过各种传播媒介引起公众的注意,以良好的企业形象使顾客产生对企业及其产品和服务的信赖与偏爱的心理效应。这也是 CIS 战略的根本任务。

（一）理念识别系统

理念识别系统是整个 CIS 的核心和基础,行为识别系统和视觉识别系统都是围绕着它而展开的。理念识别系统是企业的灵魂,对企业的行为起到了指导和约束的作用。对于旅游饭店来说,理念识别系统是饭店处事原则和精神风貌的集中体现。它主要包括企业的价值观、企业精神、企业哲学、企业的经营理念等。

1.价值观

价值观是旅游企业对其经营行为的看法和评价准则,是企业的基本信念和行为准则。它反映了一个企业的精神风貌和企业文化,是企业在长期的经营过程中总结出来的。以下是几个著名饭店集团的价值观。

四季饭店:目标明确、信念坚定、原则不变。

凯悦:回报当地社会,不管何时何地。

希尔顿集团的价值观:我们重视员工和品牌,追求全球高标准的管理方式。我们的价值集中表现在两个方面:一是对我们来说什么是重要的;二是怎样来影响我们周围的世界。

马里奥特的核心价值观:以人为本是马里奥特成功的基础。马里奥特长期以来一直坚信员工是最大的资产,马里奥特的文化就是员工以实际行动为顾客所创造的服务体验,其宗旨在于服务于人。这个核心价值观是由马里奥特家族建立起来的,在公司一直得以良好地贯彻,并将继续指导公司今后的发展,其核心价值观最重要的一点就是坚持相信员工是最大的资产。

2.服务宗旨

凯悦:时刻关心您。

希尔顿:众多的选择,始终如一的服务。

马里奥特:员工以实际行动为顾客所创造的服务体验,其宗旨在于人。

3.企业使命

企业使命和经营宗旨是旅游企业经营的最高目标。它回答了旅游企业为什么而存在的问题,也就是旅游企业的社会责任是什么。营利并不是企业的唯一目标,在现代社会中,一个企业要想赢得公众的认可和赞扬就必须要主动承担起社会的责任,将企业的利益、顾客的利益以及社会的利益有机地结合起来,实现三者的统一。

如家酒店连锁的企业使命：企业以创建经济型酒店连锁网络和中国最著名的住宿业品牌为发展目标，以让普通人住上干净、方便、温馨、安全的酒店，增强酒店投资者的获利能力为经营理念，从高端切入中国经济型酒店市场，通过品牌经营的方式投资酒店，并出售特许经营权，委托管理，并为加盟酒店提供品牌、销售、管理、培训、技术等全方位的支持，以增强其竞争力和盈利能力，从而在国内酒店业创造一个消费者信赖和忠诚的酒店连锁品牌。

（二）行为识别系统

旅游企业的行为识别系统的基本内容分为对内识别和对外识别两大体系。其中，对内的行为识别主要包括员工培训、福利待遇、工作环境、生产组织等；对外行为识别主要包括市场调研、广告策划、公关活动、公益文化活动、促销手段等。行为识别是企业理念的外在体现，企业是否言行一致、表里如一、认真贯彻执行经营理念，可以通过它的行为表现来考察。

1. 对内行为识别

对于旅游饭店来讲，对内行为识别就是饭店对全体员工的组织管理、教育培训以及创造良好的工作环境，以保证为客人提供优质的产品和服务。饭店企业要关心员工的生活和工作环境，合理安排员工的工作时间和休息时间，建立合理的激励措施和手段，倾听员工的意见和心声，与员工进行有效地沟通。具体来讲，主要包括以下方面：

（1）员工培训

通过员工培训可以提高员工的服务技能和水平，使服务工作更加符合饭店的操作要求。可以通过岗前培训、在岗培训等多种形式来组织进行。培训的内容不仅要包括服务技能方面还要涉及企业的经营理念、企业文化等方面的内容。

（2）工作组织

现在很多饭店树立了"员工第一"的思想，"没有满意的员工就没有满意的顾客"的理念不能只停留在口头上，饭店企业只有给员工创造良好的工作环境，合理安排其工作时间和劳动强度，才能够有效地激发员工的工作积极性。

（3）员工福利

旅游饭店的员工尤其是一线的员工的劳动强度大，工作单调，如果饭店不能够实行良好的福利政策，使他们感受到组织的关心，那么就会降低员工的工作积极性。现在很多饭店也认识到了这一点，通过改善员工食堂的条件、建立员工的休假制度等手段来提高员工的忠诚度。

2. 对外行为识别

对外行为识别是指组织为了塑造良好形象而面向社会展开的一切活动。包括对外宣传和促销时所举行的种种活动，通过对外活动识别，使外部公众了解组

织的理念是否真正得到了执行。对于旅游饭店来说,外部行为识别主要体现在以下几个方面:

(1)市场调研

旅游饭店通过开展市场调研工作,了解外部公众的意见和建议,了解他们对于组织的看法和评价,并依据调查的结果来设计组织的形象或矫正已有的组织形象。

(2)广告策划

通过广告宣传向社会公众展示旅游饭店的形象,提高自己的知名度,策划精良的广告能够引起受众的关注,在公众中产生广泛的影响。

(3)公关活动

通过公关活动密切与公众之间的关系,旅游饭店的生存和发展离不开公众的支持,公共关系的最主要的目标就是"内求团结,外求发展",帮助组织塑造良好的形象,这与CIS的思想是相一致的。

(三)视觉识别系统

视觉识别系统是根据理念识别来设计的,是对理念识别的视觉解释,旅游饭店的知名度靠信息的传达与反复来实现认知。由于人类所接受的信息大部分是通过视觉接受的,因此,视觉识别在整个系统中的地位十分重要。心理学研究表明,人所感觉和接收到的各种外界信息中,83%来自眼睛,因而视觉是人类获取外部信息的主渠道。VI的内容生动具体、清晰可见,具有极强的感染力和传播力。尤其是再通过大众传播的扩散,就可在公众中造成一种持久、深刻的视觉印象效果,从而达到识别的目的。

1.基本要素设计

基本要素设计主要包括企业名称、标志、标准字、标准色、吉祥物、歌曲等的设计。

(1)企业名称

旅游饭店的名称应该符合理念识别的内容,力求"好听、好记、好读",达到"音、意、形"的完美统一。设计名称时要力求新颖独特、体现饭店的性质和特点,体现饭店的风格和市场定位。同时,还要注意符合相关法规、风俗习惯、语言习惯的要求。

[读一读]

香格里拉集团名称的来历

香格里拉是世界上最著名、最优秀的酒店集团之一。它的美名来自英国作家詹姆斯·希尔顿的传奇小说《消失的地平线》。书中向读者讲述了香格里拉——

一个安躺于西藏群山峻岭间的仙境,这里没有灾难、没有纷争,能够让栖身其中的人,感受到前所未有的宁静。时至今日,香格里拉已经成为"世外桃源"的代名词。而香格里拉饭店的优质服务以及良好的环境,正与这个弥漫着神秘色彩的名字如出一辙。

(2)企业标志

标志是用特定的图案、造型、文字色彩展示企业从事的生产、经营和服务活动的符号。它是视觉设计的核心,是创造企业印象最重要的手段。一个成功的企业标志,应该具备以下几个特点:设计独特、容易识别、美观大方、引发联想、便于传播。标志的设计应注意集中反映企业经营理念和突出企业形象,考虑民族性和地域性的差异,符合时代特征和人们的审美习惯。

(3)标准色

标准色即企业在宣传中统一确定的一种规范的颜色。确立标准色应考虑发挥色彩的以下作用:色彩在视觉上最易发挥影响作用,使形象增强感染力。有引起回忆、增强识别记忆的作用。有明显的刺激感和影响情绪的作用。借助新颖的色彩可以使消费者得到全新的感受与满足。色彩可以传达意念。

确定标准色应该注意两方面的问题:第一,标准色的选择不要太多,一两个、两三个足矣;第二,标准色选择要有自己的特色,要体现企业独特的形象和身份。

(4)标准字

标准字设计是指将企业名称借助造型外观和文字配置特殊的图形文字,通过创意,设计出风格独特、个性鲜明的整体组合。企业标准字可以选用中文或中文加英文,中文字体可以选用各种各样的字体:楷书、隶书、行书、草书、篆书等等;英文也可以选择各种字体。企业的标准字要能够体现企业的文化、经营理念,彰显企业的个性,同时还要设计简洁、形象生动、便于认识和记忆,便于推广与传播。

2.应用要素设计

(1)办公用品:包括信封、名片、文件夹、笔、证章、单据、便笺等。

(2)客房用品:包括牙膏、牙刷、香皂、洗发液以及面巾、浴衣、毛巾、床上用品等。

(3)交通工具:车辆及各种装备设施。

(4)建筑外观:饭店建筑物的外观。

(5)员工服饰:包括制服、胸章、徽章等。

(6)传制品:内部刊物、宣传册、画册、公关礼品等。

[补充阅读]

麦当劳的 QSC＋V

　　麦当劳的黄金准则为"顾客至上，顾客永远第一"。为此制定了提供服务的最高标准，"QSC＋V"十分形象。

　　Q 是"质量"(Quality)，麦当劳对食品有极其严格的标准，确保顾客在任何时间或任何连锁分店品尝到的麦当劳食品都是同一品质，没有差异。为保证食品的独特风味和新鲜感，麦当劳制定了一系列近乎苛刻的指标。所有原材料在进店之前都要接受多项质量检查，其中牛肉饼需要接受的检查指标达到四十多个；奶浆的接货温度不超过 4℃；奶酪的库房保质期为 40 天，上架时间为 2 小时，水发洋葱为 4 小时，超过这些指标就要废弃；产品和时间牌一起放到保温柜中，炸薯条超过 7 分钟、汉堡超过 10 分钟就要扔掉。

　　S 表示"服务"(Service)，指按照细心、关心和爱心的原则，提供热情、周到、快捷的服务，客人进店后有一种"宾至如归"的温馨之感。麦当劳提倡快捷、友善和周到的服务。麦当劳餐厅的侍应生谦恭有礼，餐厅的设备先进便捷，顾客等候的时间很短，外卖还备有各类消毒的食品包装，干净方便。餐厅布置典雅，适当摆放一些名画奇花，播放轻松的乐曲，顾客在用餐之余还能得到优美的视听享受。有些餐厅为方便儿童，专门配备了小孩桌椅，设立了"麦当劳叔叔儿童天地"，甚至考虑到了为小孩换尿布问题。麦当劳餐厅备有职员名片，后面印有 Q、S、C 三项评分表，每项分为好、一般和差三类，顾客可以给其打分，餐厅定期对职员的表现给予评判。

　　C 说的是"清洁"(Clean)，麦当劳提出了员工必须坚决执行的清洁工作标准，以确保食品安全可靠，店面干净整洁，让就餐的顾客放心。走进麦当劳餐厅，你会感觉到那里的环境清新幽雅、干净整洁。麦当劳制定了严格的卫生标准，如员工上岗前必须用特制的杀菌洗手液搓洗 20 秒，然后冲净、烘干。麦当劳不仅重视餐厅和厨房的卫生，还注意餐厅周围和附属设施的整洁，连厕所都规定了卫生标准。麦当劳老板认为，如果一个顾客在用餐之后，走进的是一个肮脏不堪的洗手间，很难想象他下次还会再光顾这家餐厅。

　　V 代表"价值"(Value)，这是继"QSC"之后添加上的准则，最能体现麦当劳的经营思想，目的在于进一步传达麦当劳向顾客提供更有价值的高品质的理念。价值，就是说要价格合理、物有所值。麦当劳的食品讲求味道、颜色、营养，价格与所提供的服务一致，让顾客吃了之后感到真正是物有所值。同时，麦当劳还尽力为顾客提供一个宜人的环境，让顾客进餐之余得到精神文化的享受，这是无形的价值。

第九章　旅行社公共关系

本章提要

　　旅行社是旅游产品生产者和消费者之间的媒介，是旅游产品的组织者，它需要向各个旅游企业采购相关的产品并把它们组合起来出售给旅游者，因此，旅行社要和方方面面的旅游业组织打交道，如果中间哪个环节出现了问题，都会影响到整个旅游活动的过程。本章从旅行社业务的角度出发，用宽阔的视角诠释了旅行社开展公关活动的意义，全面深入地分析了旅行社如何与相关公众处理好关系。

第一节　旅行社公共关系概述

　　旅行社是旅游产品生产者和消费者之间的媒介，是旅游产品的组织者。自世界上第一家旅行社——托马斯·库克旅行社创建以来，旅行社已有一百五十多年的历史。旅行社业在旅游业发展中起到了巨大的推动作用，至今仍走在旅游业的最前沿。

一、旅行社行业概况

(一)行业规模

根据国家旅游局的权威统计,截至 2006 年年末,全国共有旅行社 17957 家。其中,国际旅行社 1654 家,国内旅行社 16303 家。全国旅行社共实现营业收入 1411.03 亿元,向国家上缴税金 9.90 亿元,旅行社实现利润 5.79 亿元;旅行社的全员劳动生产率为 49.35 万元/人;全年人均实现利税 0.55 万元/人。全国国际旅行社共招徕入境游客 1107.27 万人次、4767.11 万人天,经旅行社接待的入境游客为 1854.75 万人次、5274.23 万人天,全国旅行社共组织国内过夜旅游者 7583.78 万人次、22927.34 万人天,经旅行社接待的国内过夜旅游者为 9622.58 万人次、21348.96 万人天。

(二)市场状况

我国的旅行社行业经过二十多年的发展,虽然在数量上增长较快,但是在经营管理水平方面还存在着很多的问题。主要体现在以下三个方面:

1.散兵游勇,各自为政

近些年来,随着旅游业的快速发展,我国旅行社的数量增加了很多,但大都是规模比较小的旅行社,真正有实力的旅行社屈指可数,尚未形成真正意义上的集团,缺乏与外方集团化企业抗衡的实力。我国加入世贸组织以后,旅游市场加速开放,国内外参与旅游业务的经营主体迅猛增长,对客源市场的争夺将趋于白热化。国外跨国旅游集团携资金、管理、相关资源的优势大举进军中国旅游市场,对国内大小旅行社的冲击都非常大。单体旅行社的生存空间将会越来越小,

2.恶性竞争,以邻为壑

旅游产品不同于其他物质产品,它本身具有无形性、生产与消费同步性的特点,游客无法预先试用产品,所以很多人选择报价低的旅行社参团,这给一些不法旅行社提供了可乘之机。目前,在旅行社行业当中,以价格战为代表的恶性竞争状况十分严重,甚至有的旅行社以"零团费"、"负团费"为诱饵,吸引游客参团,然后再以强迫购物的手段变相欺诈钱财,游客对此非常不满,在每年各地旅游质监部门收到的游客投诉当中,有关购物一项的投诉所占的比重最大。一些旅行社不仅不能够相互合作,反而竞相压低价格,致使那些正规旅行社的生存状况岌岌可危,甚至被淘汰出局。

3.产品雷同,效益低下

旅游线路具有很强的可复制性,在当前的市场状况下,各个旅行社疲于应付价格战,很少有人肯在产品开发上下功夫,因此,各个旅行社产品路线大体相同,没有明显的差异性,市场吸引力自然下降。进入 20 世纪 90 年代以来,我国的旅

行社业已告别了计划经济时期和市场竞争初期的高利润时代,进入了微利时代。据统计,2001 年全行业 10532 家旅行社实现利润总额为 12.28 亿元,营业收入为 589.8 亿元,仅是美国运通公司营业收入的 1/3。

（三）人员素质状况

从人员构成的情况来看,整体素质有所提高,但是高学历、高素质的人才还是非常缺乏,已经成为制约整个行业发展的一个重要因素。

表 9-1、表 9-2 是 2002 年我国旅行社从业人员素质状况表。

1.导游队伍状况

表 9-1　导游人员学历结构表

学历层次	在总体所占的比重
高中、中专	41.7%
大专	39.4%
本科及以上	18.9%

2.经理人员学历结构状况

表 9-2　经理人员学历结构表

学历	总体	国际社总经理	部门经理	国内社总经理	部门经理
高中	18.3%	8%	12%	12	29.7%
大专	54.8%	53.7%	53.4%	57.2%	53.2%
本科及以上	26.9%	38.3%	34.6%	30.8%	17.1%

二、旅行社公共关系工作的特点

（一）先导性

旅行社在开展业务时,首先需要进行市场调查,这是其他工作开展的基础。公关调查能够帮助旅行社企业了解目标市场的变化特点,为其产品的设计推出提供相关的信息。同时,通过公关工作的开展,能够为企业、发展扫清障碍,理顺关系,与饭店、景区、交通等部门建立起良好的合作关系,这一切都有利于旅行社业务的开展。

（二）广泛性

旅行社由于其自身业务的特点,需要与相关的企业打交道,购买他们生产的食、住、行、游、购、娱等产品,满足旅游者多方面的需要。因此,旅行社公关工作的对象是十分广泛的,包括旅游饭店、旅游交通、旅游景区以及政府等相关部门。每年需要拜访大量的客户,了解他们的发展变化情况,对旅行社公关部门有哪些意见,通过与其建立良好的关系,为旅行社创造一个良好的经营环境。

（三）挑战性

由于旅行社公共关系工作接触的人员多、关系复杂，从市场调研到参加促销活动，从接待客人到处理投诉，几乎是面面俱到，具有较强的挑战性，对公关人员的要求也较高。除了要有扎实的理论功底，还要有公关实战经验，更主要的是具有敬业精神和创新精神。在担负责任的同时还要保持乐观的心态，善于在压力下工作。同时，公关工作的实施需要众多人的参与与配合，因此，良好的团队合作精神也是必需的。

三、旅行社开展公关活动的必要性

（一）旅行社行业自身的特点决定了必须要开展公关活动，以协调好与相关部门的关系

旅行社是非物质生产性企业，它需要向餐饮、饭店、交通、景区、商店等部门采购相应的食、住、行、游、购等产品，并把他们重新组合起来提供给消费者，如果哪个环节出现了问题，都将会直接影响到整体产品的质量。一方面，旅行社要收集潜在旅游者的旅游需求信息，将信息传递给饭店、旅游交通运输部门和其他旅游相关企业，使这些部门迅速作出反应，为潜在旅游者提供满意的产品，并使自身企业盈利。另一方面，旅行社又要将以上企业的产品信息，直接或通过旅游批发商间接提供给潜在旅游者，激发他们的购买欲望，从而产生旅游消费行为。正是由于这方面的特点，才决定了旅行社必须要和相关部门处理好关系，与相关各方建立长期的、稳定的合作关系，为组织营造良好的生存环境。

（二）激烈的市场竞争环境决定了必须要开展公关活动，以获取有利的竞争地位

旅行社行业的竞争日趋激烈，行业的利润率也在降低，能否抓住客源，抢占先机，是关系到企业生死存亡的大事。在这种情况下，就必须开展有效的公关活动，来加大宣传和促销的力度，使企业在公众心目中有一个独特的、鲜明的市场形象。通过市场调研了解旅游者的心理需求变化特点，不断更新产品，为企业的经营决策提供依据。作为旅行社的公关人员在帮助旅行社组织塑造良好形象的同时，还要主动与潜在的客户联系，为他们提供相关信息，不断扩大自己的客源市场，巩固自己的市场地位。

（三）服务对象的广泛性、复杂性决定了必须要开展公关活动，以妥善处理客人的投诉

旅行社接待的客人来源十分广泛，而且始终处于变化之中。同时，影响服务质量的不确定因素较多，这都增加了服务管理的难度，有时难免会引起客人的投诉。如果处理不当，将会直接损害企业的形象和声誉。因此，必须要通过积极的

公关活动来化解客人的不满,并与有关部门进行沟通来减少类似事件的发生。

第二节　旅行社与内部公众关系的协调

　　旅行社既不是资本密集型行业,也不是高科技产业,旅行社要想实现大发展,人力资源是最重要的基础保障之一。处理好与内部公众之间的关系,建立起合理的用人机制并通过合适的激励手段来激发员工的工作积极性、创造性,为旅行社实现可持续性发展奠定良好的人力资源基础。

一、人员流失的现状

　　在旅行社业,员工流失的最直接体现就是导游人员的不稳定性,兼职导游和专职导游频繁跳槽,一些旅行社持证上岗人员的流失率达到45%,远远高出了正常的标准。除了导游员外,中层管理人员跳槽的情况也十分严重,旅行社的员工为何大量流失?这首先要从分析他们的心理需求开始。

二、员工心理需求分析

　　按照马斯洛的需求层次理论,人的需求是有层次性的。马斯洛理论把人的需求从低到高分成生理需求、安全需求、社交需求、尊重需求和自我实现需求五个层次。

　　生理需求:对食物、水、空气和住房等的需求都是生理需求,这类需求的级别最低,也是人们最基本的生理需求。对于导游员和领队来说,每天要辛苦地带团,日常的生活规律常常会被打破,基本的生理需求有时都难以满足。因此,对于旅行社的管理者来说,要从生活上关心导游员和领队,多为他们提供必要的物质激励。

　　安全需求:安全需求包括对人身安全、生活稳定以及免遭痛苦、威胁或疾病等的需求。和生理需求一样,在安全需求没有得到满足之前,人们唯一关心的就是这种需求。对于旅行社的员工而言,安全需求表现为工作有保障、有医疗保险、失业保险以及人身意外伤害保险等。所以,对于旅行社的管理人员来说,要根据员工的这种需要,强调规章制度、职业保障、福利待遇等,给员工一种安全感。有些旅行社在淡季时就辞掉导游员,旺季时再临时招聘,这样不利于员工队伍的稳定。

　　社交需求：社交需求包括对友谊、爱情以及归属感的需求。当生理需求和安全需求得到满足后，社交需求就会突出出来，进而产生激励作用。在马斯洛需求层次中，这一层次是与前两层次截然不同的另一层次。这些需要如果得不到满足，就会影响员工的精神，导致高缺勤率、低生产率、对工作不满及情绪低落。对于旅行社的管理者来说，要在工作中力争给员工创造一个良好的工作氛围，通过举办各种丰富多彩的文娱活动，给大家提供相互交流的机会，如开展有组织的体育比赛和集体聚会等。

　　尊重需求：尊重需求既包括对成就或自我价值的个人感觉，也包括他人对自己的认可与尊重。有尊重需求的人希望别人按照他们的实际形象来接受他们，并认为他们有能力，能胜任工作。他们关心的是成就、名声、地位和晋升机会。对于旅行社的管理者来说，在激励员工时应特别注意有尊重需求的员工。可以通过对优秀员工给予奖励、在公司的刊物上发表表扬文章或者给予较高职务等手段都可以提高人们对自己工作的自豪感。

　　自我实现需求：自我实现需求的目标是实现自我价值，或是发挥潜能。这是人最高层次的需求。自我实现需求并非管理人员独有，而是每个人都期望拥有的。为了使工作有意义，强调自我实现的管理者，会在设计工作时考虑运用适应复杂情况的策略，会给有特殊才能的人委派特别任务以施展其才华，或者在设计工作程序和制定执行计划时为员工群体留有余地。

　　因此，了解员工的心理需求是十分必要的。在此基础上，只有运用合适的激励手段，才能充分调动其工作的积极性，使他们以饱满的工作热情投入到导游服务工作来。

[读一读]

罗森旅游大家庭

　　"员工第一，客户第二"，美国罗森旅游公司就是在这一经营理念的指引下形成了一种独特的企业文化，即公司为员工营造一个"快乐的工作环境"与员工为公司创造"令人震惊的工作成果"有机地融于一体。在罗森公司，员工被称为"朋友"、"伙伴"，而绝没有"雇员"之谓，无论是普通的接线员，一般的勤杂工，还是高层的管理者，大家都是平等相处。公司近年来还推出"迎新人方案"，即新员工在进入公司的第一天，就被公司的管理者热情地介绍给该公司的同事们，并且老总还要亲自向新员工祝贺，新员工还可以自由提问，决不会受到责怪或冷遇。该公司还特别设立了"热线电话"、"热线电子信箱"，因为管理层始终认为"沟通是最重要的"。罗森公司还别出心裁地提出"影子方案"，即员工和管理者每月共同工作一天，以便双方更好地了解彼此的工作。每年 8 月份，则是公司的"感谢员工月",并择定某一天,公司上下大家身着盛装,欢聚一堂,举办开奖、化装舞会等活动,其乐融融!

三、与内部公众关系的协调

旅行社的内部公众主要包括导游员、计调员、会计等。其中,导游员是与游客直接接触最多的人员。导游员是组织形象的大使,他们直接与国内、外的客人接触,不仅是旅行社形象的代表,也是一个城市甚至一个国家的代表。他们通过自己的语言为游客讲述一个地区、一个民族、一个国家的历史与现在,充当着公关员的角色。他们的服务态度如何,服务质量的高低将会直接影响旅游者对旅行社的感知,进而会影响到整个旅行社在公众心目中的印象和评价。这里主要谈一下旅行社与导游员关系的协调。

(一)与员工进行座谈,倾听他们的心声

公关部的人员应该经常定期地与员工进行交谈,通过座谈会等形式了解员工在工作、生活中遇到的问题,并把情况反映给管理者。目前导游员面临的压力主要来自三个方面:由于生活不规律和过度劳累所致的身体压力、无条件迁就客人不合理的要求而造成的心理压力以及由于旅行社拖欠报销、所垫团款造成的经济上的压力。旅行社要从实际情况出发,切实减轻员工的压力,而不是一味地指责和抱怨留不住人才。

(二)办好内部刊物和内部网站,给员工搭建一个畅所欲言的平台

旅行社要广开言路,努力创造条件为员工搭建沟通的平台。随着互联网技术的不断发展,旅行社可以通过建立自己的网站,设立相应的专栏使员工之间、员工与管理者之间实现相互沟通,快速传递信息。同时,也可以通过创办内部刊物的形式,把旅行社内最新的动态、发展的目标、优秀的员工等信息刊登在刊物上,让大家了解自己的旅行社,增强员工的责任感和工作的自豪感。

(三)组织各种活动,活跃员工的业余文化生活

旅行社的从业人员年龄都普遍较低,是一个年轻的集体,也是充满活力和激情的集体,为了提高整个团队的士气,旅行社应该定期举办一些有意义的活动,请员工来参与,比如,举办各种体育、演讲、唱歌比赛,业务技能大赛等等,丰富大家的业余文化生活,使大家能有更多的时间相互交流。

第三节　旅行社与相关组织关系的协调

　　在现代市场竞争环境下,旅行社与相关组织之间的联系日益紧密,旅行社的经营效果不仅取决于其自身的努力,更要取决于能否拥有良好的"关系群"。旅行社公关人员必须树立起"关系营销"的理念,与终端客户、业内相关部门如饭店、交通、景区等建立起良好的、稳定的关系,以实现可持续性发展。

　　所谓"关系营销理念",是一种与顾客共同创造价值的全新的营销理念。它是与"交易营销"相对称的,关系营销理念是建立在顾客与企业互动的关系基础之上的。旅行社开展关系营销的目的就是与客户、利益相关人建立起共赢的关系,而且让处于关系链条上的各方共同创造价值,它超越了传统的专门职能和准则的界限。对于公关人员来讲,也应该与时俱进,运用各种有效的方法和手段与目标公众建立起互惠互利的和谐关系,加强合作,减少摩擦,为旅行社的发展营造良好的氛围。

一、组团社与地接社之间的关系

　　旅行社与旅行社之间是一种竞合的关系。也就是说,它们之间既有竞争又有合作。从业务的角度来讲,组团社与地接社之间有着密切的联系。组团社为地接社输送客源,而地接社要具体承担旅游者的接待服务工作。双方共同为旅游者提供服务,有着共同的利益。如果双方缺少沟通,就容易产生摩擦和纠纷。因此,对于公关人员来讲,一方面要熟悉旅行社的业务流程,同时还要有良好的沟通能力。

　　地接社收到组团社的接待计划后,应仔细核对每项要求,尽可能按照计划要求落实执行。根据旅游团的等级、住宿、饮食要求,严格履行合同上的内容,不能擅自降低接待的标准。同时,对于旅游团的人数、性别构成、职业、特殊要求等要了解清楚,以便于使住宿、饮食以及线路的安排趋于合理。不同类型的旅游者对旅游活动的要求是不一样的,如同样是游览北京的故宫,观光型的游客可能满足于拍照留念;而对于建筑专业的人来说,可能对故宫的建筑结构更感兴趣。因此,要想使游客满意,首先要了解他们的心理需求。在此基础上,灵活地做出相应的调整。

　　当组团社在遇到困难向地接社寻求帮助时,地接社应积极配合,协力解决。

有时,由于旅游者的人数、要求发生了变化,需要地接社迅速做出反应,加以应对。

[读一读]

地陪制度的发展变化

所谓的"地接"、"地陪"是指一地组团到另一地旅游,该团必须交由旅游目的地旅行社接待或陪同,这种传统方式不仅费时、费力、费钱,还限制了旅游线路的拓展。取消强制性"地陪"后,将允许出发地旅行社对旅游团队实行组团、接待一条龙服务。由于意识到地陪制的弊端,国内很多旅游景区域内都已率先取消地接,开始建立无障碍旅游机制。上海、南京、无锡、常州、苏州、南通、扬州、镇江、杭州、宁波、温州、绍兴、嘉兴、湖州、舟山 15 个旅游城市同黄山市曾于 2003 年 7 月 5 日在杭州召开长三角旅游城市"15＋1"高峰论坛。16 地签署了 3000 字的《合作宣言》,详细规定了 16 地之间逐步取消长三角区域国内旅游地陪制,取消交通限制,互设分支机构等问题。据有关媒体报道,继长三角、泛珠三角先后取消"地陪"之后,辽宁 9 座城市:沈阳、鞍山、抚顺、本溪、营口、辽阳、铁岭、阜新、丹东之间取消区域内旅游强制地陪制度,允许外市旅行社组团、景点导游、接待一条龙服务。

组团社和地接社是一种特殊的合作关系,双方基于在业务上的关联,彼此密不可分。在开展公关工作时,要善于宣传自己的优势,同时还要注意以实际的行动来赢得对方的好感和信任,争取建立长期、稳定、友好的合作关系。这对于地接社来说是至关重要的。

对于取消地接社的地区来讲,就意味着向导游员提出了更高的要求,不仅要能做好各地景点的讲解,还要协调好与外地饭店、住宿、景点等企业的关系,没有良好的应变能力、组织能力是无法胜任的。

二、旅行社与游客关系的协调

旅行社与游客之间关系的协调主要体现在导游员与游客关系协调方面,因为导游员是与游客接触时间最长、最直接打交道的人员。导游在旅游中占有很重要的地位,国际旅游界认为"没有导游的旅游是不完美的旅游,甚至是没有灵魂的旅游"。导游一方面通过自己的讲解,使旅游者深入熟悉旅游目的地,提高旅游的知识性、趣味性;另一方面,导游为旅游者提供了安全感。在出现意外事故和突发事件时,导游员能够根据自己的能力和经验帮助旅游者及时处理问题,这对于身处异地的游客来说是极为重要的。

就目前的情况而言,导游员在公众心目中的形象正遭遇着严重的挑战,在一些人的眼中,导游员成了"导购员"、"拿回扣"的代名词,个别导游员不仅没有充当好公关员的角色,而且严重损坏了整个旅行社组织的形象。

表 9-3 是国家旅游局旅游质量监督管理所提供的 2006 年和 2007 年对旅行社投诉情况的汇总表。

表 9-3　2006、2007 年游客对旅行社投诉较集中问题汇总表

年　度 项　目	2007 年	占投诉总件数 的比重(%)	2006 年	占投诉总件数 的比重(%)
降低服务标准	2352	23.59	2907	27.78
导游未尽职责	1025	10.28	1111	10.61
擅自增减项目	1013	10.16	1087	10.39
延误变更行程	770	7.72	814	7.78

从以上的表格中,我们不难看出,目前在旅行社与游客之间主要存在以下几个方面的问题:

(一)存在的问题

1.降低服务标准

在 2007 年的全部投诉中,投诉旅游行程中降低住宿、交通工具和餐饮等服务标准 2352 件,占受理投诉总数的 23.59%,位于游客投诉旅行社之首。游客投诉旅行社降低合同标准的问题又主要集中在住宿、餐饮、交通的标准低于合同标准的问题上。

2.导游未尽职责

投诉导游服务质量问题 1025 件,占受理投诉总数的 10.28%,此类投诉主要集中在以下方面:导游讲解不认真、以导购为主,游览为辅;不按时接、送团,出现意外事故导游协调能力较弱以及导游、领队无证上岗等。

3.擅自增减合同项目

2007 年投诉旅行社地接服务中未经游客同意擅自增减旅游项目 1013 件,占受理投诉总数的 10.16%,主要集中在旅行社或导游擅自缩短和减少合同约定的游程和景点,或者增加合同中没有的自费项目和购物点的问题上。

4.延误变更合同行程

投诉因航班等交通工具导致行程延误或变更 770 件,占受理投诉总数的 7.72%,此类投诉主要集中在实际出游中,旅行社变更合同的日程,调整行程的前后次序,借此缩短游览时间,增加购物时间,损害了旅游者的利益。

[读一读]

南湖国旅将旅游购物放到阳光下

近日,南湖国旅率先在广州市场向游客承诺:如果导游在带团过程中,擅自增加购物点,一经发现,不论游客投诉与否,旅行社都向游客赔偿200元。这样就将以前合同中一些模糊条款或是没有明确规定的条款,以量化的标准给游客实实在在的保障。

据了解,在常规旅行团中适当的购物安排本无可厚非,这也是不少游客在旅途中购物愿望的体现。但因为旅游行业激烈的竞争,一些旅行社以"零团费"、"负团费"的形式,以低于成本的超低价骗游客参团,而途中却以大量进购物点的方式,收取购物点的回扣,以补贴团费。如游客不购物或购物数额不足,旅行社便会采取不安排住宿、半路停车、关闭冷气,甚至甩团等方式逼游客就范。这样的行为严重损害了游客的利益,而相关的旅行社责任细则中又对这一问题没有明确的处罚标准。

所以南湖国旅此次公开承诺,如果导游在带团过程中,不经全体游客书面同意而擅自增加合同之外的购物点,一经被旅行社发现,不论游客投诉与否,每一个擅自增加的购物点,旅行社都向游客赔偿200元。并且这个承诺对任何一条境内外旅游线路都适用,就是价格低廉的广州一日游也不例外。

(资料来源:《中国旅游报》作者:王芳　周颖)

5."甩团"、"扣团"现象的发生

目前,在一些地方,"甩团"、"扣团"现象时有发生。2004年,抚顺缘梦旅行社组团,北京教师旅行社接待了一批学生夏令营的旅游团。游客到达北京后,发现地接社安排的住宿是某大学生的学生宿舍,而且是上、下铺。组团社认为与合同的约定不符,所以提出调房,但是地接社称无法安排。全陪提出自行安排其他酒店,由地接社退回房费,双方达成了口头协议。

不料,第二天的行程结束后,地接社忽然通知组团社全陪说,以后的行程终止了。对于这种做法,全陪和游客们表示极大的不满,并与地接社工作人员发生争执。于是向质检所提出投诉。经双方协商,将终止一日行程所需费用退还给组团社,并制定了以后的行程。但是在观看升国旗和参观毛主席纪念堂后,车辆行驶至崇门外大街时,导游向组团社提出司机车费和去长城的费用由组团社现付,否则车就不走了。后经北京市质监所协调结果:要求接待社继续行程,现场支付司机车费。由于组团社尚有余款问题,可以要求组团社承担长城等景点的门票费,双方同意,行程得以继续。

从本案中可以看出,组团社和接待社之间的经营行为如此随意,行程中既有多次变更合同,又有单方终止合同。组团一方唯恐支付了余款后,接待中出现质量问题游客投诉赔偿后再向接待社追偿无着落,所以用停滞行程的方法来讨要余款。上述情况在目前的旅游投诉中并不属于个案,已成为旅游市场的不和谐音符,究其原因是诚信危机和市场无序化所致。

(二)旅行社与游客关系的协调

1.签订明确的合同,并严格履行合同的每一项内容

旅行社在与客人充分交流的基础上,双方本着自愿的原则签订合同,按照相关法律、法规的要求对旅游过程中的住宿、交通、餐饮的标准作出明确的约定,对违约责任也要明确地界定,以减少日后的纠纷。

2.妥善处理客人的投诉

在旅游过程中,如果出现了问题,引起客人的投诉,旅行社公关人员应该及时与客户进行沟通,妥善处理投诉,而不是回避,与客户建立良好、稳定的关系是至关重要的。

3.建立游客反馈机制

当旅游结束后,旅行社的公关人员应该主动了解及时了解游客的"游后"感受,总结经验教训,不断完善自己的服务。这样做是一举两得,一方面从客户那里得到了宝贵的意见,对今后改进工作大有帮助;另一方面,这会让客户觉得旅行社非常重视自己,产生一种被尊重的感觉,进而对旅行社产生好感,提高了顾客的忠诚度。旅行社可以通过建立自己的网站,与旅游者实现双向沟通。旅游者可以利用电子邮件的方式填写电子反馈卡,不仅速度快,而且也减少了通过电话和会面等直接接触可能导致的信息不准(人们利用电子邮件通常能够直白表达自己的意见)。这样有利于旅行社及时收集信息,改进工作,缩短了旅游产品的生产周期,促进企业良性循环。

4.建立客史档案,为提供个性化服务做准备

目前,很多旅行社不重视客户信息的收集和整理工作,做的是"一锤子"买卖。这也是一种短视行为。在市场竞争日益激烈的今天,谁拥有稳定的客源谁就拥有了市场。"临渊羡鱼"、"临渴掘井"都不是明智之举。旅行社应该在平时就做好对客户信息的收集工作,主动与其取得联系,才能够发现市场机会,开拓市场。同时还要进行"感情营销",如在节假日给客户送去一份问候,在客户过生日时送去一份小礼品,这些细节会感动他们,使其成为旅行社的忠诚客户。

三、旅行社与饭店之间关系

目前,旅行社与供应商之间的关系面临着重大变革。随着互联网技术及通讯技术的普及与发展,供应商可以通过各种手段建立起与顾客的直接联系,可以不再需要旅行社的中介服务。旅行社要想获得生存和发展,就必须与各相关供应商

及相关组织建立起战略同盟,以自己的专业化优势以及人性化的服务吸引供应商。

饭店是旅行社重要的合作伙伴,它能够满足游客食、住的需要,与饭店企业建立良好的关系有助于旅行社的正常经营。饭店给旅行社在房价方面给予一定的优惠,同时提供相应的服务。

旅行社在选择饭店时要考虑以下几个方面的因素:产品的价格、服务的态度、服务质量、地理位置、周围环境、饭店在遵守订房合同方面的声誉。具体来讲,双方在以下几个方面要互相配合,共同做好对客服务工作:

(一)考察饭店,制定接待计划

旅行社根据外联部门预报的客源量、层次、住宿要求与外地和本地的饭店洽谈业务,并实地考察饭店的环境、设施及服务等,根据用房的计划和优惠条件与其签订合作协议书。在考察的过程中,要注意饭店的地理位置与线路安排能否相适应以及饭店的服务能否符合客人的要求。

(二)密切配合,满足特殊客人的要求

由于客人的来源广泛,构成复杂,对于一些有特殊需求的游客要尽可能地满足其要求。如对于少数民族的客人在饮食、住宿方面的特殊要求,旅行社就要提前了解并及时通报给饭店,使其做好接待的准备工作。

(三)对意外情况进行妥善处理

在住店的过程中,有时会出现客人物品的遗失、客人突发疾病或是饭店客房内的设备被损坏等情况,这时就要兼顾饭店、游客和旅行社的利益,协商解决,而不能够为了自身的利益,做出伤害游客感情的事情。曾经有一位游客参加了旅游团,住宿地点在山上,当时由于雷雨特别大,这位客人房间内的电视机由于遭受了雷击,发生了损坏,饭店要求客人进行赔偿,客人认为不是自己的责任,于是双方发生了争执,当客人找到导游寻求帮助时,导游却置之不理,甚至还与饭店一起指责客人。后来,该客人对导游和饭店进行了投诉。

(四)调查了解客人对于饭店产品和服务的意见与态度

旅行社要经常了解客人对于饭店住宿、饮食方面的意见,如有不满要及时与饭店相关部门协商,帮助其改进工作,共同做好对客服务工作。对于那些曾经发生过客人食物中毒或财物被盗等事件的饭店要提高警惕,慎重选择,以免影响到旅行社的声誉。2005 年 7 月 28 日,来自江苏宿迁一旅行团在北京发生集体食物中毒,25 人入院检查,引起中毒的食物是饭店餐厅制作的一道鱼。事情发生后,饭店受到了相应的惩罚,地接社也对这家饭店的服务质量表示遗憾。

四、旅行社与交通部门的关系

交通部门是旅行社的重要合作伙伴,它能够满足游客"行"的需要。为旅行社开发新的旅游线路、推出新的旅游产品提供保证。交通部门修建道路,直达景区、方便游客到旅游景区旅游;旅行社与铁路和民航都有着密切的关系,为交通部门代售票务,是其重要的销售渠道。在美国,三角航空公司(Delta Alliance)于 1995年率先规定了旅行社票务代理的佣金上限,大幅削减了旅行社的票务代理收入,各大航空公司纷纷仿效。在陆路和水路方面也有可能出现同样的倾向。在与世界接轨的过程中,我国的交通行业也会出现相类似的趋势。因此旅行社与交通部门应该在更深的层次上进行合作,旅行社除了进行票务代理外,还可以凭借自身的专业优势,为交通部门推出新的产品提供建议和支持。旅行社在与交通部门特别是民航公司合作的过程中有时会出现因航班延误、取消而影响旅游行程的情况,这给旅行社带来了很大的麻烦,有时,客人还会将责任推到旅行社的身上,使旅行社不仅要承担经济上的损失,还要蒙受名誉上的损害,这样的事件时有发生。

[读一读]

无奈的旅行社

在 2004 年春节农历正月初一这天,由春秋国旅组团的客人在天津机场候机大厅等候飞机,准备到泰国的普吉岛旅游。然而,令人意想不到的是,本来应该在凌晨 3:30 从天津起飞的泰国东方航空公司的包机却始终不见踪影。在苦苦等待了数个小时之后,在没有得到任何信息的情况下,游客的不满情绪终于爆发了。为了尽快地安抚游客、避免事态进一步扩大,中国康辉旅行社不得不接受了客人提出的每人赔偿 3500 元人民币的要求。在距航班正点约 15 个小时之后,包机于 18:10 起飞,情绪逐渐平息下来的 181 位游客踏上了前往泰国普吉岛的行程。

在这次事件中,康辉旅行社不仅付出了 70 万元赔偿的高额代价,同时还蒙受了某些媒体不明原因的曝光和炒作带来的名誉上的伤害。而这次事件真正的违约方——泰国某航空公司却对康辉旅行社提出的索赔要求没有任何回应。这也暴露了一些航空公司缺乏诚信的现实。

因此,旅行社在与交通组织打交道时,要密切关注对方的资信情况,尽量选择那些信誉好、质量佳的航空公司进行合作。公关人员要详细了解各大航空公司的信誉状况,做好危机预防工作。一旦发生类似的危机事件,要协助旅行社的相关人员妥善处理,最大限度地减少危机给组织带来的损失。在危机处理的过程中,还要与媒体进行沟通,为其提供相关信息,尽量避免出现不利于组织的报道。

五、旅行社与旅游景区的合作

旅游区是旅行社重要的合作伙伴,它能够满足旅游者"游"的需要。旅行社作为旅游区的重要销售渠道,可凭借自己的优势为旅游区做产品销售的代理,双方在资源整合方面有着很好的合作条件。旅行社的产品是旅游线路,旅游的最终目的是游览,如果把整条旅游线路比作一条珍珠项链的话,那么,旅游区无疑是其中最亮的一颗珍珠。旅行社要想使自己的产品更有吸引力,就需要不断地进行创新,而再好的创意,最终还是要落实到"游"的环节,如果没有旅游区的配合,那么再好的旅游产品也只能是"束之高阁"。作为旅行社的公关人员,平时要与旅游区多进行接触,到景区实地考察,解决双方共同关心的问题,共同做好对游客的服务工作。特别是对于旅游区门票的问题,已经成为双方合作关系中的重要影响因素。

目前旅行社行业已经进入了"微利"时代。而旅游区门票的价格直接影响着旅行社的经营成本。旅行社希望旅游区不要盲目跟风涨价,同时能给旅行社提供更多的优惠。因此,旅行社就需要展开有效的公关工作,通过各种形式与旅游区的管理者进行交流与沟通,为自己争取更多的利益。

近年来,旅行社业竞争日趋激烈,传统、单一的组团方式让一些旅行社在市场竞争中滑到了亏损的边缘。正因为如此,安徽不少旅行社开始通过介入上游的景点资源经营,以提高旅行社的盈利能力。

[读一读]
旅行社入主景区

旅行社位于旅游业各条产业链中的最后一环,只是一个住、行、购、娱的销售渠道和平台,没有"实体"资源。传统的低价入市的经营模式已经成为一把"双刃剑",旅行社要想走出低价怪圈,就必须要转换经营模式,寻找新的发展方向。安徽不少旅行社开始尝试介入景区经营。比如安徽宣城市郎溪县政府与安徽海联旅行社签下了协议:从2008年开始的五年内,该旅行社将投资3000万元开发其辖区内的石佛山和天子湖景区。旅行社涉足景区经营,将会唤醒许多沉睡中的景点,游客也有了更多的选择,同时还可享受到优惠。对于旅行社来说,可以降低门票的采购成本,还可以利用自己的车辆、导游等资源,服务质量更有保障。

(资料来源:《中国旅游报》2007年12月17日　作者:胡霞利)

六、旅行社与其他组织的合作

团队客人一直是旅行社的重点对象,特别是工商业等单位团体客人更受旅行社的青睐。作为公关人员,要主动出击,拜访潜在客户,与他们签订意向性合同,争取客源。长期以来,国家机关、事业单位由于存在报销等方面的问题,客观上限制了旅行社与其进行合作,但是上海市首开了允许旅行社代办公务出差的先河,随后,北京、辽宁、吉林、广西、江苏等地也纷纷就此提出议案或列入地方旅游管理条例。这对于旅行社来说无疑是个好消息。这意味着客源增加,市场范围进一步扩大。对于这些大客户,旅行社的公关人员平时要多走访,主动寻找机会,创造市场需求,如可与大机关、学校建立广泛联系,为其送去最新的旅游线路介绍,并根据客户的需求制定线路,或为其提供机票、酒店预订以及导游服务等等。

[读一读]

上海允许旅行社安排公务出差

2004 年 3 月 1 日起生效的《上海旅游条例》第二十一条明确规定:"国家机关、企业、事业单位和社会团体经审批获准的公务活动,可以委托旅行社安排交通、住宿、餐饮、会务等事项。"通过旅行社安排政务、商务旅行,是国际上的通行惯例,不仅价格更经济、出行更便捷,还便于事后审查。

据介绍,在国外,不论是大型企业还是政府部门,都会将出差旅行列为集团采购的范畴。他们把自己的旅行需求同时提交给几家专门提供公务旅行管理的旅行社,由旅行社提供全方位的解决方案。例如:德国政府每年都通过招标,选择两家旅行社负责政府部门的政务旅行安排;澳大利亚政府也是每年一次招标,中标的旅行社负责政府全年的旅行活动。

旅行社由于常年经营旅游,不但可以提供专业化的服务,而且还可以从航空公司、酒店,以及其他许多供应商那里得到更多优惠,可以降低公务旅行的行政和商务成本。据有关人士称,由旅行社打理通常可为公司或者政府部门节省约15%至30%的开支。

(资料来源:《东方早报》2004 年 3 月 1 日)

第十章　旅游景区公共关系

本章提要

旅游景区作为旅游业的重要组成部分,能够满足旅游者游览的需要。旅游景区作为一个开放性的服务组织,每天要和众多的游客打交道,同时,旅游景区的发展也离不开相关部门的支持。本章从旅游景区的特点出发,重点分析了旅游景区与游客之间以及与相关部门之间关系的协调。

第一节　旅游景区公共关系概述

一、旅游景区的含义

根据国家质量技术监督局 2004 年 10 月 28 日批准并于 2005 年 1 月 1 日开始实施的《中华人民共和国国家标准 GB/T 17775－2003 旅游景区质量等级的划分与评定》中对旅游景区的定义:旅游景区是以旅游及其相关活动为主要功能或主要功能之一的空间或地域。本标准中旅游景区是指具有参观游览、休闲度假、康乐健身等功能,具备相应旅游服务设施并提供相应旅游服务的独立管理区。该管理区应有统一的经营管理机构和明确的地域范围。包括风景区、文博院馆、寺庙观堂、旅游度假区、自然保护区、主题公园、森林公园、地质公园、游乐园、动物园、植物园及工业、农业、经贸、科教、军事、体育、文化艺术等各类旅游景区。可以说,旅游景区的范围十分广泛。近些年来我国的旅游景区发展速度非常快,旅游服务质量也有所提高。

　　旅游景区质量等级的划分与评定有着重要的意义。质量等级是形象,是信誉,是旅游景区扩大客源的基础,是增强市场竞争力的手段。同时,也是对旅游景区的督促,促使他们力争上游,在经营管理上更上一个台阶。旅游景区在树立良好形象的同时还要运用一定的手段把形象传递出去,这也正是旅游景区开展公共关系的意义所在。

二、旅游景区公共关系的特点

(一)广泛性

　　旅游景区作为一个重要的旅游业组织,它的主要功能就是满足游客参观游览的需要。而游客的需求又是多方面的,为了顺利地完成旅游活动还需要有相关部门的配合和支持。因此,对于旅游景区来说,其所面对的公众范围非常广泛,既包括游客,同时还包括旅行社、旅游交通、旅游饭店等公众,他们都与旅游景区有着密切的联系。

(二)复杂性

　　旅游景区公众的广泛性决定了其开展公关活动的复杂性,旅游景区既要处理好与游客之间的关系,同时也不能忽视旅行社及旅游交通部门的意见。游客来自四面八方,旅游需求千变万化,旅游景区必须要有充分的准备,尽最大努力接待好每一位客人。而对于旅行社等业内相关部门,要制定相应的措施来激励他们输送更多的客源。

(三)动态性

　　动态性是指旅游景区的公共关系工作要紧跟时代的步伐,与旅游景区的发展实际相结合,并且要密切关注行业内的最新动态,用新思想、新方法来处理问题,而不能头脑僵化,要用发展的眼光来看待问题。了解游客需求变化的特点和他们对旅游景区重大决策的意见,及时发现旅游景区发展中潜在的危机。

(四)针对性

　　旅游景区的公众范围广泛,对于公众的不同需求特点,旅游景区要有针对性地开展工作。这一方面要求公关人员能够准确地捕捉信息,同时又要善于总结公关活动的规律,能够有效地实现与每一类公众的沟通,使公关工作能够有的放矢地得到开展。

三、旅游景区开展公共关系的意义

（一）有助于旅游景区扩大宣传，提高知名度和美誉度

我国的旅游景区种类数量非常多，各个旅游景区之间的竞争也日趋激烈，如何提高景区的知名度和美誉度是每一个管理者必须要考虑的问题，随着景区改革的步伐不断加快，市场化的程度越来越高，能否在游客中形成良好的口碑效应是十分关键的，这就需要景区的公关人员认真做好市场信息的搜集和整理工作，密切注意旅游市场的变化，并有效地利用各种媒体，把景区举办的各种活动、特色资源等信息传递出去，以吸引更多的旅游者。

（二）有助于处理好客人的投诉，提高服务质量

旅游景区每天要接待大量的客人，特别是在旅游旺季时，游客的数量激增，这给景区的管理增加了难度，意外危机事件也时有发生，当侵害到游客的自身利益时，就难免会引来游客的投诉，妥善处理游客的投诉，消除误解，是旅游景区公关工作的一个重点。同时，还要将游客反馈的意见，及时地通报给景区的管理部门，与他们一起探讨如何来提高景区的服务质量。

（三）有助于创造一个良好的经营环境，与各方实现共赢

旅游景区的发展离不开各相关部门的支持，特别是像交通部门、旅行社等，都是旅游景区的重要目标公众。顺畅的旅游交通是旅游景区健康发展的保证，否则游客就进不来，也出不去。而旅行社能够为旅游景区带来大批的游客，没有他们的帮助和合作，将会影响到旅游景区的发展。

（四）有助于旅游景区发现新的市场

旅游景区是一个相对固定的场所，但是在市场竞争日益激烈的今天，旅游景区不能停留在等客上门的阶段，要走出去，主动发现市场需求，发现新的市场。公关人员在这方面有义不容辞的责任，通过开展公关调查和走访客户，了解旅游者的旅游动机和需求特点，在市场细分的基础上，选择目标市场。

[读一读]

云台山景区的真情服务

2007 年 7 月 29 日河南云台山景区遭遇了大雨袭击，景区内水流湍急，险情随时有可能发生，为了确保游客的安全，景区管理人员果断地决定停止接待游客。按照规定，云台山景区门票属于"两日游"，游客可以在两天内凭票游览景区内的所有景点。考虑到部分游客买过票后仅看了一天，有些旅行社已经预交了门票费而游客却未看过一个景点，景区当即决定对交过门票没有看任何景点的游客实行全额退票。29 日当天云台山景区先后向游客退还了 109.7 万元的门票费。一些旅客

被大雨阻挡在景区,食宿问题一时无法解决,当景区的管理局领导得知这一情况后,马上派出相关人员护送这些游客到县城的宾馆,免费安排他们食宿,并帮助他们买好了返程的车票,云台山景区的真情服务让游客们深受感动。

第二节　旅游景区公共关系的协调

公众是旅游景区公共关系工作的对象,旅游景区的特点决定了其面对的公众范围是十分广泛的,为了有针对性地做好公关工作,首先要了解旅游景区公众的层次。

一、旅游景区公众的层次

由于旅游者在旅游活动过程中的需求涉及到食、宿、行、游、购、娱等方面,这就决定了对旅游者的接待服务工作必须是全方位的、多角度的,因此,旅游景区就要通过和相关的公众密切配合,与他们一起做好对旅游者的接待工作。

按照与旅游景区公关工作的关联程度,可以把旅游景区的公众分为以下几个层次:

第一层次:游客。他们是旅游景区最终面对的服务对象,也是旅游景区面对的最主要的外部公众。

第二层次:旅行社、旅游交通部门、旅游饭店等。他们是旅游景区重要的合作伙伴,与旅游景区的关系相当密切。

第三层次:新闻媒体、环保、通讯、公安等部门。他们为旅游景区的正常运行提供必要的支持,在社会范围内为旅游者创造了一个良好的旅游环境。

第四层次:供水、供电、供气等部门。他们也为旅游景区提供了重要的保障,旅游景区的发展离不开他们的支持。

在这里,我们重点介绍旅游景区与游客、旅行社、旅游交通部门以及与新闻媒体关系的协调。

二、与游客关系的协调

(一)设计游客意见调查表,进行游客意见的调查

为了更好地为游客提供服务,改进旅游景区的工作,旅游景区的公关人员要定期对游客进行调查,了解他们的意见和对旅游景区的看法。以下是一份关于游

客意见的调查表格,它是旅游景区质量等级评定中的重要内容。以下是旅游景区游客意见调查表及相关内容。

尊敬的游客：

　　非常感谢您在旅游过程中填好这份意见调查表。您的宝贵意见将作为评定本旅游景区质量等级的重要参考依据。请在您认为合适的选项表格里面打上"√"。

　　谢谢您的配合支持,祝您旅游愉快。

Dear guest:

We would be very grateful if you would take a few minutes to complete this questionnaire. Your comments will be taken as reference for the tourism attraction's quality rating.

Thank you for your efforts, we hope you enjoy the tourist attraction.

游客意见调查表

调查项目	很满意	满意	一般	不满意
总体印象				
可进入性				
游路设置				
观景设施				
路标指示				
景物介绍牌				
宣传资料				
讲解服务				
安全保障				
环境卫生				
旅游厕所				
邮电服务				
商品购物				
旅游餐饮				
旅游秩序				
景物保护				

　　(二)与游客关系中存在的主要问题

　　根据国家旅游局发布的旅游投诉情况统计,2007年公众投诉景点1653件,占投诉总数的16.58%,同比增长24.01%;2006年公众投诉景点的数量为1333件,占投诉总数的12.74%,同比增长46.64%。

　　1.景区门票价格上涨过快

　　近些年来,一些著名景区纷纷调整了门票的价格,而且增幅较大,引起了公众的不满。当然,有些景区是从控制客流量、保护旅游资源的角度来考虑的。在这种情况下,就迫切需要运用公共关系的手段来加强与外部公众的沟通,让他们了解涨价的原因以及相关的门票政策。比如,有些景区实行的市民"一卡通"、学生票优惠、老人免票等政策,要及时告知给相关公众。

2. 欺诈行为屡禁不止,严重损害游客的利益

目前,有部分旅游景区向游客出售假冒伪劣商品,严重损害了游客的利益,同时也给景区的形象带来了负面影响。曾经有位日本游客在某著名景区购买了10本印制精美、非常有地方特色的挂历,由于时间匆忙,没顾得上仔细挑选,回到日本后发现新买来的挂历居然是去年的,这位游客特别生气,就向有关部门进行了投诉,最后得以"新桃换旧符",但是这件事情的发生已经严重影响了景区的形象和声誉。同时也暴露了景区的个别经营户的短视行为。

3. 部分旅游景区周边环境不好,秩序混乱

长期以来,很多景区包括一些著名景区的周边环境混乱、"黑车"、"黑导游"泛滥,严重影响了景区的形象。从心理学的角度来讲,人们的知觉具有整体性的特点,也就是说,人们往往会将景点和其周边地区看作一个整体,如果景点周边环境非常混乱,那么会使游客对景区整体形象的知觉受到负面影响。

4. 部分经营户见利忘义,非法敛财,严重损坏景区的形象

2005年5月4日至5日,位于陕西西安华阴县境内的著名景区华山发生了一件令游客十分痛心的事。部分单位和个人借下雨哄抬物价,刁难游客。当时正值"五一"黄金周期间,华山景区游客量激增,日均接待游客2万人次,达到饱和量。5月4日傍晚和夜间,华山景区突降暴雨,山上气温很低,个别经营单位和经营者哄抬物价,大衣租金一涨再涨,雨大时租金最高涨到了每件200元,是平时的10倍,一些旅店还对前来避雨的游客每人收取20~30元的避雨费,引起游客强烈不满。

(三)如何解决上述问题

1. 妥善处理客人的投诉

搜集游客的反馈信息,倾听游客的意见,了解他们对旅游景区服务、管理方面的意见和不满,并及时反馈给相关部门。旅游景区应该设立游客投诉中心,并由专人来负责解决有关游客的投诉问题。对于反映比较集中的问题,要及时找出原因,尽快整改,以提高整体的服务质量。上述"华山旅游事情"发生后,陕西省假日旅游指挥中心要求渭南、华阴两市假日旅游指挥中心认真严肃处理这起严重破坏华山旅游景区秩序、损害广大旅游者利益、影响陕西旅游良好形象的事件,加大对违法、违规经营行为的查处力度,对查证属实的个别经营单位和直接责任者进行严肃查处,以维护旅游景区的形象。

2.进行市场调研,了解游客需求的变化

当今社会,旅游已经成为了社会的时尚,旅游产品要不断更新才能够跟上时代的变化。公关部的人员要充分发挥自己的优势,及时发现新的市场机会,不断推出新产品,完善自己的服务。世界著名的娱乐品牌"环球嘉年华"就非常注重市场调研,在每到一个城市之前,他们都要对所在地区的消费者消费习惯和心理进行周密的调研,在此基础上设计游乐项目,因此所到之处,无不掀起一阵阵"嘉年华热"。

3.加强景区内部和周边环境的治理

加强景区内部和周边环境的治理,为游客提供优质的景区服务。在旅游景区发展过程中,会受到各种因素的干扰和影响。目前,在很多景区的周围都有商铺、店面林立,商业气息过于浓厚的情况,这严重影响了景区的整体形象。因此,必须要加大整治的力度,还景区以本来的面目。

[读一读]

少林景区新印象:林立的商铺、武校已不见踪影

2004年的十一黄金周,少林景区拆迁重建后第一次揭开面纱,与以往不同的是,景区内一片明朗,入眼之处不再是林立的商铺、民宅、武校,昔日浓厚的商业气息已不见踪影。进入少林寺院,袅袅香烟,钟磬声声,庄严肃穆,绿树成荫,各种古树名木将寺院、古塔映衬得更加古朴、典雅,竹林、草坪遍布,小溪碧水淙淙,沿岸垂柳随风摇曳。失去的"深山藏古寺、碧溪锁少林"意境,今日终于回归。

为迎接十一黄金周,少林景区不仅在硬件建设方面投入巨大,在软件建设方面也有质的提升,确定了"以人为本,人性化服务"的整体服务理念。在少林景区,从拆迁开始至今,最难以解决的就是景区公厕不够用的问题,这也是游客投诉的热点。为解决这一问题,少林旅游发展有限责任公司节前紧急订购了10组可移动的环保公厕,放置在景区沿途,并在停车场连夜建成3座临时公厕,专供男性游客使用,使这个问题得到缓解。为方便游客,少林旅游发展有限责任公司精心设计、赶制的各种道路标志牌、景区路线图、公共设施指示牌随处可见,游客可以很方便地找到各个景点。

(资料来源:《河南工人日报》2004年11月10日)

4.加强车辆的管理,创造一个文明有序的旅游环境

多少年来,客运车辆在景区内随意开、随意停的情况一直是旅游景区治理的一个难点。一些景区针对这种情况已经积极行动起来,采取有效措施加强旅游景区的车辆管理,为游客创造一个文明有序的旅游环境。

2004年年初,九华山管委会下定决心,对在景区内非法经营、违规经营以及

车况不达标的车辆予以坚决取缔,同时由九华山旅游集团投资一千多万元,完成了对具备营运资格的客运车辆的收购、重组;组建了九华山旅游客运公司,对线路、站牌、发车时间等均实行统一管理,并在景区内实行交通一票制,即游客只须购买一张票,便可不受次数、不受线路限制地搭乘该公司的景区交通班车,并且从 2004 年 1 月 15 日起,九华山对门票房至景区一线全面实行绿色环保专线旅游客运,该线所有营运车辆均配置了空调、彩电,并有专业导游随车沿途讲解。该线拒绝当地个体营运车辆通行,但对旅游团队车辆、游客自备车辆、外地出租车辆一律放行,充满人性关怀。

三、旅游景区与旅行社关系的协调

旅行社与景区有着密切的联系,旅行社为景区带来的客源数量大,而且相对稳定。大量的团队客人又可以把景区宣传出去,形成一种良性循环。如果景区完全依赖散客,势必会增加经营的风险。旅游活动的最末端资源是景区,最前端资源是游客,旅行社是"通道",旅游景区要与旅行社建立战略同盟关系,努力使游客满意,达到三者共赢。因此,旅游景区要十分重视与旅行社的沟通和协调,在这方面,旅游景区要重点做好以下几个方面的工作:

(一)建立奖励制度,激励旅行社为景区输送大量的客源

旅行社是旅游景区的重要销售渠道。为了激励旅行社为旅游景区输送客源,一些景区建立了奖励制度,九华山景区就是其中之一。为鼓励省内外各旅行社组团来九华山旅游,提高团队在来山游客总数中的比重,九华山风景区管委会对组团超 1 万人次以上的旅行社,根据实际业绩给予不同幅度的奖励,借用市场杠杆调动旅行社积极性。

[读一读]

九华山重奖旅行社

为鼓励旅行社积极组团来九华山旅游,2004 年九华山制定了《九华山风景区团体游客进山门票折扣优惠及销售奖励考核暂行办法》。该《办法》规定,对组团社除给予正常的门票优惠外,年终还有门票总额返还优惠。具体标准为:市内旅行社年组团人数达到 1000 人次以上者,年终可享受门票总额 5% 至 10% 的返还优惠。市外旅行社年组团人数达 6000 人次以上者,年终可享受门票总额 10% 的返还优惠;年组团人数达 6000 人次以上部分,按 12% 返还。奖励还远不止这些,另外还有追加奖励考核办法,即旅行社年组团人数达到 10000～50000 人次且年增长 10% 以上者,还将给予一次性 20000～35000 元的重奖,这无疑有着很大的吸引力。2004 年九华山风景区共接待中外游客 91 万人次,其中团队接待量

占游客总量的 25% 以上,超历史最好水平,取得喜人成果。

　　(资料来源:《甘肃日报》2005 年 3 月 9 日)

　　(二)旅游景区与旅行社合作,共同推出新的旅游产品

　　旅行社与景区的关系就像鱼和水一样,密不可分,互相依存。旅游景区在旅游资源上有自己的优势,但是如果不通过合适的销售渠道把优美的旅游产品销售出去,那么美丽的景色也只能是"养在深闺人未识",而旅行社在这方面有着独特的优势,他们了解游客的需要和旅游市场的行情,双方有合作的基础。旅游景区可以与旅行社联手,共同打造新的旅游产品。

[读一读]

海南景区和旅行社联手打造"精品游"

　　为了促进海南旅游产品的升级换代,拓展更大的市场空间,2006 年 12 月海南 13 家景区与 23 家旅行社在海口结成联盟,共同推出"海南岛景区精品游线路",线路设计好后,将向全国旅行社进行推介,吸引岛外的游客前来旅游。景区与旅行社联手打造旅游产品,能够有效地实现优势互补和资源整合,开发出来的旅游产品具有更高的市场价值和发展空间。

　　在此之前,海南"十佳旅游景区"曾经在三亚成立了营销联盟,期望用市场手段实现海南旅游一体化,但是由于当时的营销联盟抛开了旅行社,结果导致旅游业内部要素不协调,最终遭致"滑铁卢"。

　　(三)旅游景区在调整价格时,也要顾及旅行社的利益

　　游客参加旅游团的目的就是到景区游览,旅游景区能够满足游客"游"的需要。双方之间是一种唇齿相依的关系。但是如果景区的门票价格不断提高,就会给旅行社带来很大的麻烦。当旅游景区的门票大幅度提高时,这就增加了旅行社的经营成本,如果旅行社无法消化价格升高带来的冲击,就需要重新核算成本,有时就要重新制定自己线路的报价。同时,当旅行社调高报价时,旅游者也会做出反应,当他们觉得价格还在自己能接受的范围内,就会继续参团旅游,否则,就有可能放弃出游的想法,进而直接影响了客源的数量。有时,为了不影响客源的数量,旅行社还要自己消化由于景点门票价格上升所带来的成本增加,这样就使自己的利润降低。旅行社难免会埋怨旅游景区,甚至会发生摩擦,直接影响了双方关系的和谐。

[读一读]

旅行社封杀"大理游"

云南大理一直是久负盛名的旅游胜地,也是众多旅行社主推的旅游线路。然而从 2006 年 5 月份开始,大理推出了"3＋1 经典线路游项目":洱海(游船)、蝴蝶泉和崇圣寺三塔组合成"一日游",外加自选苍山索道游山项目。此后,洱海、蝴蝶泉和三塔寺三个景点就被"打包"为一体,即使只游其中一个景点,也需要付三个景点的钱。这一举措一经推出,立刻遭致了众多旅行社的不满,因为它直接增加了旅行社的组团成本。所以自 2006 年 5 月份开始,京沪粤三地的旅行社联合"抵制"、"封杀"大理游。于是大理成了旅游线路中的"鸡肋",甚至在一些明确通游香格里拉和大理的产品中,也只安排在大理"中途小憩"。部分旅行社直接取消了大理线路,更多的则是以各种理由"婉拒"游客。

经过一年多的不懈沟通和努力,双方渐渐达成共识,2007 年初,北京、上海等地的多家旅行社纷纷解除了对大理旅游的"封杀令"。

(资料来源:《中国旅游报》2007 年 12 月 17 日 9 版　作者:程佳凌 林月明)

(四)旅游景区的公关人员要经常拜访旅行社客户

为了及时了解旅行社对景区服务、管理方面的意见,旅游景区的公关人员要主动出击,定期拜访有密切业务往来的旅行社,或者通过定期举办座谈会或联谊会的形式与旅行社的管理者联络感情,倾听他们对于景区在门票价格、车辆管理以及相关服务方面的意见和建议,以便今后不断改进工作。同时,为了扩大市场范围,还要运用公关的手段争取新的客户,这对于新步入市场的景区十分重要。可以邀请旅行社的相关负责人到景区来参观、考察,把景区列入相关的旅游线路,提高景区的知名度。比如,著名的央视无锡影视基地就十分重视对旅行社的公关工作。他们主动出击,到南京等地与知名旅行社负责人联系,请他们把该景区列入华东旅游线路,以扩大景区的客源。通过一系列的公关工作,他们的耐心和诚心终于打动了旅行社,该景区如愿以偿地被列入华东旅游线路,一下子扩展了客源市场。而景区与旅行社也通过合作与沟通建立了良好的伙伴关系。

(五)向旅行社及时传递有关景区政策、活动方面的信息

旅游景区在适应市场需求的过程中,要不断总结经验,及时开发新的游览项目,有关这方面的信息要及时地通报给旅行社,让他们向旅游者进行宣传。因为旅游景区的产品是通过旅行社销售给终端的旅游者,从这个意义上说,旅行社是旅游景区产品的分销商。所以,对于旅游景区来说,要给旅行社以价格上的优惠,才能对旅行社起到激励的作用,同时,还要配合旅行社做好产品的促销工作。

［读一读］

明月山风景区召开合作旅行社茶话会

众所周知,旅游景区的发展离不开旅行社的支持与合作。特别是对于那些本身知名度较低的景区来说,就更需要与旅行社搞好关系,凭借他们的优势为景区吸引客源。江西明月山风景区就利用新春座谈会的形式加强与旅行社的沟通,取得了很好的效果。

2008年1月9日,江西明月山温泉风景名胜区管理局召开了一次合作旅行社新春茶话会,会上,各旅行社负责人就明月山景区取得的成绩、现阶段存在的问题和今后对景区的建议与政府及管理局进行了交谈,管理局局长表示认真接受旅行社的建议,同时希望各旅行社要加大宣传力度,担当重任,把旅行社的利益与明月山的发展结合起来,强化大局意识,强化长远意识,强化游客意识。通过这个茶话会,旅行社与景区实现了良好互动与沟通,对进一步加强景区与地接旅行社的联系起到了很好作用。

四、旅游景区与交通部门关系的协调

旅游景区的发展,离不开交通部门的支持。如果通往景区的道路交通系统不完善,景区的可进入性差,那么将会直接影响到景区对游客的吸引力。因此旅游景区必须要与交通部门主动进行沟通,增加交通车辆,修建优质的道路,改善景区周围的交通环境,为游客直达景区提供便利。

［读一读］

公路交通推动黄山旅游发展

长期以来,黄山市旅游发展最主要的制约因素之一就是交通。在黄山市旅游部门和政府相关部门的共同努力之下,黄山的陆路、航空运输交通状况大为改观。特别是随着徽杭高速公路的全线贯通,为游客进入黄山市提供了交通的便捷。据黄山市假日办统计,在2007年“五一”节期间,仅通过徽杭高速公路来黄山市的自驾旅游车就有30000辆,同比增长了60%,并且大多数车辆都来自长三角地区。自驾车和自助游的大量涌入,使市场这双无形的手得以对游客进行调控和分流,把游客引向黄山周边众多的乡村旅游景点,一方面缓解了黄山风景区的压力,另一方面推动了乡村游的发展。

（资料来源:《中国旅游报》2007年5月14日　　作者:李远峰）

五、旅游景区与媒体之间的关系协调

（一）与媒体经常保持联系,增进相互了解

　　旅游景区要与新闻媒体密切联系,及时撰写新闻稿,将景区内发生的新闻通报给媒体,凭借他们在对外宣传方面的喉舌作用,让更多的公众认识旅游景区、了解旅游景区,提高其知名度。在市场竞争日趋激烈的今天,旅游者的选择余地越来越大,要想让旅游者更深入地了解景区及其变化,就要借助媒体的力量,为自己做广泛的宣传和报道,把最新的消息及时传递给公众。

[读一读]

五台山、峨眉山风景区重视与媒体合作

　　1999 年五台山景区就组建了新闻中心,并陆续配备了车辆、照相机、摄影机、电话等设施,并由专人负责景区新闻撰写、摄影及新闻对外发布等诸多任务,同时还负责每周一期的《佛教圣地五台山报》新闻稿件的组织工作。五台山景区还邀请各电台、电视台进行新闻和专题性报道,这些措施收到了良好的效果,在广大公众中反响强烈,旅游人数和旅游收入都有了大幅度的增长。

　　峨眉山景区与新闻媒体合作,积极探索景区＋媒体＋旅行社的联合模式,中央电视台的《大风车》栏目从 5 月份开始,连续播出峨眉山专题节目 7 期,跨度近 2 个月,共发表两百余篇稿件。峨眉山景区还与新浪、搜狐等网站举办活动,加大市场的推广力度。

　　(二)举办特色活动,邀请媒体参加

　　旅游景区在开展市场营销活动的过程中,要通过事件营销来吸引媒体的注意,也就是善于借势、造势。在 2003 年"十一黄金周"期间,陕西华山风景区通过与相关部门策划了一次非常有特色的活动,邀请著名作家金庸先生来华山"论剑",吸引了众多"金庸迷"的眼球。"华山论剑"代表着最高境界的交流、探讨和较量。在主办方的策划下,金庸连闯"美人关"、"美酒关"和"围棋关",论坛的内容围绕着金庸作品与华山有关的情节展开,穿越文学、影视与实景的真幻时空,穿越作品、作者、读者的主、客体时空,阐述华山文化的丰富内涵。这次活动吸引了海内外众多媒体的关注,对于传播华山景区的形象起到了巨大的推动作用。

　　(三)通过与媒体互动,提升品牌形象

　　旅游景区在创出品牌后,还要善于与媒体互动合作,不断提升自己的品牌形象。品牌的建立绝非一朝一夕的事,为了让广大的旅游者对旅游景区品牌有更高的忠诚度,就需要通过策划高品质的活动项目,同时邀请媒体参与进来,形成优势互补,共同提升品牌的形象。旅游景区拥有资源上的优势,而媒体拥有传播方面的优势,双方存在优势互补的基础。在整合资源的基础上,媒体可以根据景区的特点,来制作相关的节目,尤其是一些娱乐类的节目如果在景区实地来拍摄,能够营造身临其境的氛围,增强节目的现场感和真实性,从而吸引观众的眼球。

深圳的欢乐谷景区就非常善于走旅游景区与电视媒体互动之路,收到了很好的效果。

［读一读］

"欢乐谷"的媒体互动

深圳的欢乐谷景区将 2003 年确定为"品牌建设年",而 2004 年是他们的"品牌推广年",目标就是要快速创建欢乐谷在全国的知名度和影响力。同时启动了"东西南北中卫星电视栏目"拓展行动。2004 年春节前,中央电视台三大强档节目"欢乐英雄"、"曲苑杂谈"、"少儿频道"等栏目,先后进驻深圳欢乐谷制作有关节目,并在央视黄金时段播出。欢乐谷在深入研究自身品牌特性及挖掘景区资源优势的同时,充分了解各省市电视台旅游、综艺、娱乐节目的特点,主动出击,积极与各省市电视台联手,走旅游景区与电视媒体互动之路。一方面丰富电视媒体的节目资源,另一方面让欢乐谷独特的欢乐体验通过节目带给全国更多的观众朋友,同时使欢乐谷品牌得到快速提升。

(四)通过媒体对景区的新形象进行宣传

一些景区长期以来在公众心目中留下了刻板印象。要想转变公众的心理定势,就需要借助媒体的力量,对景区的新形象进行宣传。为了改变在游客心目中北戴河只适合夏天旅游的固定印象,北戴河的公关人员进行了大规模的公关宣传,他们邀请了俄罗斯、北京、天津、哈尔滨、保定等旅行社和《人民日报》、新华社等媒体记者专家 50 人共同探讨北戴河旅游发展的大计。经过专家的热烈讨论,提出"北戴河旅游四季皆宜"的概念,全力打造"中西合璧的生态家园"的新形象。专家们还对旅游产品的创新和整合提出了意见。如举办以"海誓山盟"为主题的婚庆活动,建设婚庆主题公园;实现北戴河与北京、天津的联合促销,使其成为北京、天津两地旅游目的地的延伸。

(五)当旅游景区遇到危机时,通过媒体进行危机公关

媒体由于其功能上的特殊性,能够起到沟通旅游景区与外部公众之间关系的桥梁作用,当旅游景区遭遇危机时,如果能够与媒体保持密切的联系,及时向媒体传递真实的信息,有助于澄清事实的真相;如果回避媒体的关注,只能是欲盖弥彰,不利于危机的平息和问题的最终解决。

［读一读］

墨西哥旅游危机

墨西哥拥有丰富的旅游资源,是世界上著名的旅游国家,旅游业非常发达,是本国的重要经济支柱。

1985年9月,墨西哥发生了一次罕见的强烈地震,虽然面积不大,但由于一些媒体炒作和渲染,人们对灾情的恐怖和误解加深了。仅一夜间游客数量减少50%。以旅游业为主要收入的墨西哥,不仅蒙受了巨大的经济损失,而且出现了严重的形象危机。此时,国际著名的公司伟达公司为墨西哥旅游局制定了一个公关方案:向全球传播关于灾区的信息。举行新闻发布会,向游客发布消息。组织一个由新闻界和旅游界人士参加的调查团,深入灾区现场了解实情,为旅游局组织了一系列灾情介绍会等。这些公关行为让人们获知了这次地震的真实信息。打消了游客的顾虑,既救活了墨西哥的旅游业,也挽救了墨西哥的形象。

六、旅游景区与社区的关系及协调

旅游景区的发展离不开所在社区的支持,旅游景区在发展的过程中有可能对当地带来一些负面的影响,如自然资源和环境遭到破坏、物价上涨、传统文化受到冲击、交通出现拥挤、犯罪率上升等等。如果处理不好保护与开发之间的关系,势必会使旅游景区的可持续性发展受到影响。因此,对于旅游景区来讲要大力推广公关和宣传工作,使当地居民意识到发展旅游业的重要性,有助于树立旅游景区在游客心目中的形象。当然旅游景区的发展也会起到促进地区经济的发展、为当地居民提供就业机会以及促进地区间文化交流的作用。如水乡周庄的发展就是一个很好的例证。被称为中国第一水乡的周庄位于苏州城东南38公里的昆山市境内,已经有九百多年的历史。2003年,周庄获得联合国教科文组织亚太部授予的"文化遗产保护奖",同年荣获中国首批"历史文化名镇"称号。从一个默默无闻的小镇到今天的第一水乡,周庄通过发展旅游业取得了令世人瞩目的成绩,主要体现在以下几个方面:第一,促进了古镇的保护。旅游业的发展带来了丰厚的收入,镇政府又把其中一部分资金投入到古镇的保护中来,从而很好地保护了当地的自然、文化资源;第二,促进了产业结构的调整,使地方经济飞速发展;第三,改善了当地的人居环境。人们的用水、用电更加方便,生活条件明显改善。总之,旅游区与所在的社区是鱼水关系,旅游区的发展离不开所在社区公众的支持。通过公关宣传工作,让社区公众意识到发展旅游业的意义,使他们自觉地爱护资源、保护资源是十分必要的。

第三节　旅游景区的公关宣传

一、旅游景区公关宣传的原则

(一)真实性原则

这是旅游景区在对外宣传时要遵循的最基本的原则。旅游景区在对外宣传中,切忌夸大其词,进行不真实的宣传,误导游客,让游客对景区产生不好的印象,这样不仅旅游者本人以后不愿意再次来玩,而且他们还会将自己不愉快的经历告诉给周围的人,因而会严重影响景区的形象和声誉。

(二)经济性原则

旅游宣传需要花费大量的资金,这对于组织来讲是一笔不小的开支,因此,旅游景区要根据自己的经济实力和公关目标来决定选择何种媒体进行宣传。一般来讲,可以把每年营业额的一定比例资金作为宣传的基金来使用,以保证宣传的持续性和有效性。

(三)特色鲜明的原则

旅游景区的公关宣传活动就是为了帮助其在旅游市场上树立一个独特的形象,这样就要求旅游景区能进行准确的形象定位,并通过一定的传播手段将信息传递给广大的公众,在宣传中切忌"人云亦云",盲目跟风,要有自己的风格和特色。

(四)针对性原则

旅游景区在宣传过程中要依据目标对象的不同,有的放矢地进行宣传。根据游客所在地区的民族特点和语言习惯,在表达方式上要有一定的针对性,在内容上要突出重点。

二、宣传的方式

公关宣传的方式会直接影响到宣传的效果,为了使公关宣传取得预期的效果,就要讲究一定的艺术性和科学性,在宣传方式上力求新颖、符合实际。

(一)图文技术

主要通过文字或图片来进行。图文手段包括游览图、旅游交通图、旅游照片、明信片、说明书、宣传画、导游手册等。这些旅游宣传品一般经过精心设计,形式美观、色彩鲜艳、内容简明扼要等。比如,在华山索道下站,就有一组"陕西十大怪"卡通牌特别引人注目,这是索道公司特意制作的,以缓解在旅游高峰时游客因长时间等待而产生的焦躁情绪。他们把陕西的风俗用文字、卡通画形式生动地展示到了游客可能排队的地方,这种做法非常受游客的欢迎,每天都吸引着很多的游客前来拍照,抄写。据说,这种人人喜爱的展示形式在陕西仅此一家。

（二）旅游广告

广告以大众化、重复性及表现力成为一种富有大规模激励作用的信息传播技术。旅游广告的宣传面广、影响力大,形式生动活泼,是旅游宣传中较为普遍采用的一种宣传手段。广告宣传的媒介有报纸、杂志、广播、电视以及户外广告等。旅游广告要在相关目标市场策略、市场定位及其他营销组合因素决策的基础上加以确定。

（三）网络技术

旅游景区可以通过建立自己的网站和主页与旅游者进行沟通。网站和主页的设计应图文并茂、生动、有吸引力,旅游景区可以在网站中设置一些服务栏目,如设置各地旅游景区介绍、旅游饭店、交通信息、旅游常识等栏目,使访问者能够从中获益并记住网址。同时,网络内容应注意时常变化,适应市场需求。

（四）展销技术

通过参加旅游商品展览会来进行宣传是一种很好的方式。参加的人员多,影响广泛、形象生动,能够给人留下深刻的印象。展览会能够综合运用印刷品、工艺品、照片和声像技术,使人有身临其境的感觉。除了起到宣传的作用外,还能通过面对面的洽谈,直接签订合同或协议,一举两得。

（五）奖励旅游宣传手段

奖励旅游,是旅游业的经营部门为了奖励与旅游业密切相关的传播机构的编辑、记者,并激励他们为旅游景区进行有针对性的宣传报道,而免费为之提供来本旅游景区进行旅游考察、旅游体验的机会。为了保证这类奖励项目的成功,主办单位应全力为编辑、记者提供便利的通讯、食宿、交通等条件,并要事先安排好线路。对于公关人员来说,首先要了解编辑和记者的意图和兴趣。公关人员还应该通晓各类有关旅游报道的刊物和节目及其受众的要求。

（六）宣传栏或宣传标志

旅游景区要设立醒目的标志、路牌对游客加强引导,如在险要的地段设立标牌,提醒游客注意安全。对于一些公共设施如厕所、游客服务中心、电话亭等的位置要详细注明,方便游客使用。另外,还要注意标识、标牌的语言使用要力求规范,符合相关的规定,摆放位置要合理。对于不符合规范的要进行整治。为了进一步提升九华山风景区的旅游品位,优化景区旅游环境,2005年九华山风景区开展了标识、标牌专项整治工作,对全山大小标识、标牌及户外广告牌进行清理整治,并对标牌、广告牌的申报程序、式样、内容、大小、材质等作出具体规定; 2008年年初,"长三角景区道路交通指引标志设置规范"开始进入实施阶段,这项标准的出台将极大方便游客,对于构筑长三角地区无障碍旅游区、提升区域整体旅游形象、完善旅游服务功能将会起到巨大的推动作用。

第四节　旅游景区与公众的沟通

一、旅游景区公众沟通的必要性

旅游景区与公众之间的沟通是十分重要的。近些年来,随着我国旅游业的发展,旅游景区的发展也是日新月异,很多景区被联合国教科文组织评为世界自然、文化遗产,有的景区还成为了世界自然、文化双遗产,其知名度在公众心目中大增。我国的旅游资源十分丰富,许多景区也是久负盛名。随着外出旅游的游客数量不断上升,与各旅游景区打交道的人越来越多,景区的发展也受到了更多公众的瞩目。因此,旅游景区必须重视与公众之间的沟通,如果景区的服务能够使游客满意,就会形成良好的口碑效应,否则,如果景区忽视公众的意见和感受,在重大发展决策上不与公众进行良好的沟通,那么,就会招致公众的不满,严重的甚至还会使景区陷入危机。

二、沟通的方式

(一)沟通及其功能

沟通是人与人之间传递思想、情感、意见等信息的过程。沟通具有以下几个方面的功能:

1.倾听公众的声音

旅游景区要想求得生存和发展,就必须要保持与外部公众进行沟通,了解市场消费趋向以及最终顾客——旅游者的意见,倾听他们的声音,及时发现经营管理上的不足,以便于今后的改进,这些信息对旅游景区来讲是非常重要的。

2.满足公众的心理需要

沟通是人的一种重要的心理需求,它能够帮助人们缓解紧张的情绪和心理压力,是一种表达情感与愿望、寻求同情与支持的重要手段。当旅游景区与公众的沟通渠道不畅通时,公众的意见无处表达和发泄,长此以往,会对旅游景区失去信任和信心,形成负面的口碑效应,严重的会造成客源的流失。

3.影响和改变公众行为

信息是态度形成的基础,意见是用语言表明的态度。二者是人们心理活动的外界重要刺激因素。人们在不同的信息和意见影响下,会形成不同的态度,引发不同的行为。如果旅游景区与公众之间能够进行积极的沟通,以坦诚的态度来对待公众,那么就会赢得公众的好感,使他们在心理上对旅游景区更加信任,在行为上也表现出愿意与旅游景区合作。

(二)沟通的方式

1.电话沟通

旅游景区为了方便与游客的沟通,应设立相关的投诉处理部门如客户服务中心以及专门的投诉电话,并在思想上高度重视,由专门的人员负责接听电话并认真做好记录,以不断完善旅游景区的信息反馈机制。

2.书面沟通

设立游客意见簿。这是一种传统的沟通方式,游客在游览了景区后有哪些意见或建议可以直接写下来,便于旅游景区改进自己的工作。使用这种方式要注意防止流于形式,工作人员敷衍了事。对于游客反映的问题,要及时查明原因并妥善处理。

3.广播沟通

通过广播可以向旅游景区内的游客告知天气并进行游览项目和活动的介绍,这一方面能够起到宣传的作用,同时也是一种很好的促销手段。通过广播还可以告诉游客在旅游景区游览的一些注意事项,如有危险地段要及时告知。这是一种较为人性化的沟通方式,会让人产生亲切感,从而拉近与游客的心理距离。

4.联谊会

旅游景区的管理者可以定期或不定期地召开联谊会,与旅行社、上级主管部门以及游客进行面对面的沟通,一方面联系感情,达到相互理解、相互支持的目的。另一方面可以倾听这些相关公众对旅游景区发展的意见和建议,这对于旅游景区改进今后的工作是非常有帮助的。

5.网络沟通

网络沟通是一种快速传递信息的手段,旅游景区可以设立自己专门的网站,通过 Web 页面来展示旅游景区的风采,同时可以利用互发电子邮件或设立网上的投诉举报栏目请公众来发表意见。网络具有方便、快捷、数据容易统计以及互动性强的特点,旅游景区可以好好利用它来与公众进行沟通。

6.听证会

听证会是政府部门在制定相关政策时,为了使决策更加透明化,倾听公众的心声和意见而召开的一种特殊形式的会议。通过召开听证会，能够及时了解公众对将要出台的政策、法规的反应，有利于密切与他们的关系，防患于未然，使制定出来的政策更加符合公众的利益，也有助于其今后的实施。

对于旅游景区来说，一些重大政策的出台如景区门票涨价等要通过听证会的形式来广泛听取社会公众的意见。2005 年"五一"节前夕，许多景区宣布了涨价方案，在广大社会公众中引起了强烈的反响，公众意见较大，严重影响了旅游景区的健康发展和在公众心目中的形象。

三、沟通的原则

（一）及时性原则

在与公众进行沟通的过程中，一定要注意信息传递的及时性，否则的话，事后再进行沟通就只能是"事倍而功半"。特别是关于景区的重大决策，要按照相关程序的规定，及时与有关各方进行沟通，而不能草率行事，要做到决策公开、公正、合理。圆明园的防渗漏工程就是一个很好的说明。众所周知，圆明园是我们国家的遗址公园，是世界文化遗产的保护项目，在众多的旅游景区中具有特殊的历史价值和意义。因此，它的发展和建设也倍受公众的瞩目。2005 年 3 月 22 日，兰州大学生命科学学院生态学专家张正春在圆明园游玩时，发现湖底正在铺设塑料膜，凭借职业敏感，他立刻意识到这是一次彻底的、毁灭性的生态灾难和文物破坏，决定阻止这一行为。3 月 28 日，人民日报对此事进行了披露。此后，许多媒体也相继进行了报道，事情逐渐升级为"圆明园环保事件"。然而，在一片谴责声中，圆明园景区却保持低调，并一再声称防渗漏工程是为了节水，不会对生态造成破坏。

在圆明园发生了"铺设防渗膜事件"后，景区为了了解公众的意见，向游客发放调查问卷。这种事后沟通，只能算是一种亡羊补牢的做法。试想，如果圆明园景区能够在事先就与游客及相关管理部门进行沟通的话，就不会处于这种尴尬的境地了。

另外，对于谣言要及时地澄清，避免给景区带来不必要的经济和信誉上的损失。

[读一读]

谣言使华山景区遭遇危机

2001 年 3 月 14 日，西安有消息说：以学生为主的游人因误信可以"免票登华山"的传闻，结伴来到华山脚下，总人数达到了六千余人。

事情的起因是这样的：圆明园三件国宝回归后，作为一种历史见证在全国巡回展出。2000 年年底三件国宝开始在西安秦始皇兵马俑馆展出，供参观兵马俑的游客免费参观。三件国宝展出的最后期限是 2001 年 3 月 10 日,而在距展出时间还有最后 4 天,即 3 月 7 日,西安有媒体发出消息,为进行爱国主义教育,国宝展的最后 3 天兵马俑馆将向大、中学生免票开放。此消息一经传出,西安各大专院校的学生奔走相告,三天时间十多万学生涌向秦始皇兵马俑馆参观国宝展,而就在学生们参观国宝展的间隙,兵马俑馆门前的个别个体中巴司机为达到赚取黑心钱的目的,制造"现在华山也正在开始实施对学生免票三天"的谣言,称每个学生只需花 10 元钱就可乘车到华山。学生们信以为真,以致越来越多的同学奔赴华山。

出现这种事,可以说学生和华山旅游景区都是受害者。11 日、12 日已经有不少学生去了,如果华山旅游景区能够在媒体上声明此事或通过学校转告学生,及时地澄清事实,就不会出现这种混乱的局面了。倘若学生提早知道这事是个传言,也不会结伴去登华山了。

(资料来源:《北京青年报》2001 年 3 月 21 日 作者:洛涛)

(二)双向沟通的原则

旅游景区与公众之间要实现双向沟通,从而提高沟通的效果。随着互联网技术的普及,为旅游景区与公众之间的沟通提供了便利,使即时互动沟通成为可能。旅游景区可以通过创建网上论坛、语音聊天室等方式与公众进行更广泛、深入地交流。

(三)以情动人的原则

旅游者既有理智同时又有感情。对于旅游景区来说,在与公众进行沟通时要把握"以情动人,以诚感人"的原则,旅游景区的公关人员要熟练地掌握沟通的艺术和技巧,在与顾客交往的过程中注意了解顾客的情感需求,争取与顾客产生情感共鸣。

(四)尊重公众的原则

获得别人的尊重是人类的基本需要。在与公众沟通的过程中,要始终注意关注对方的感受和要求,在言语和态度上处处表现出礼貌和尊重,倾听对方的意见和建议,并认真记录,感谢对方的参与,根据情况给予对方适当的奖励等等。这样才能赢得对方的好感,也能换来对方的尊重。

[补充阅读]

三亚危机公关,"愤怒老驴"变"友好使者"

海南三亚是闻名中外的海滨旅游城市,天涯海角景区更是令很多游客向往。然而,2007 年 2 月发生的"愤怒的老驴"事件却把三亚这个有着"度假天堂"美誉的城市推到了风口浪尖。

愤怒老驴

2007年2月25日,四川游客徐某一家5口在海南三亚天涯海角景区游玩时,被流动商贩、派出所纠缠、殴打、滞留长达7个多小时。乘兴而去,败兴而归,家人的痛苦经历让徐某以"愤怒的老驴"为名在互联网上发表了《如此让人恶心的三亚》一文,立刻在全国网民中引起了巨大反响,其家人在三亚所受的屈辱遭遇引起了国内一些群众的强烈愤慨,许多人纷纷跟帖回应,"好事不出门,坏事传千里",海南三亚这座旅游名城的形象受到了严重的挑战。

危机公关

事件发生后,立刻引起了海南省委、三亚市以及天涯海角风景区的高度重视。三亚市委、市政府在第一时间作出反应,在调查该事件的同时,还专门成立了工作组对天涯海角景区进行了大力整治:景区外聘了三十名优秀退伍军人充实保安部,组成了有五十多人参与的专项治理小组,加强管理,有效地遏制了强买强卖这一长期存在且严重影响景区正常秩序的现象。其次,考虑到流动商贩、违章摊点经营户中大多是周边群众,强化管理后,景区坚持以人为本的原则,多方筹措资金,在景区门外建起了一个一千四百多平米的大型"生态休闲特产购物广场",为周边群众提供了二百多个扶贫摊位,不仅较好地解决这些贫困村民的生计问题,还从根本上消除了景区内流动商贩遍地的现象。同时,海南省还将筹建"旅游快速反应中心",公布24小时无障碍电话,游客只要一个电话,就可以责成相关部门迅速解决问题。

真情之旅

在天涯海角景区得到彻底整治后,三亚市委常委、宣传部长张萍专门带领有关部门的人员到四川遂宁市看望了徐某一家人,开展了一次真情之旅。张萍还给徐某一家人播放了三亚专门制作的电视短片,该片以一件件实录资料再现了天涯海角景区整顿旅游秩序、救助危难游客以及景区新面貌的场景。当屏幕上出现"三亚人民诚挚邀请徐先生一家重游三亚"的字样时,徐某十分激动。徐某由此改变了态度,并最终在海南岛欢乐节期间重游三亚,愉快地接受了"三亚友好使者"的称号。

城市联姻

2007年11月18日,三亚迎来一个特别的喜庆日子,三亚市委副书记、市长陆志远与四川省遂宁市长胡昌升在三亚山海天大酒店签订了两市友好协议,三亚市和遂宁市正式结为友好城市,而徐某成为了连接两座城市的"友好使者"。

通过这件事情,我们看到,当发生危机事件后,三亚市没有狡辩和抱怨,而是从错误中汲取教训,主动出击,认真进行整治,从而在短时间内使三亚市的旅游形象得到了矫正,重新得到了广大公众的认可。

(资料来源:《中国旅游报》2007年12月3日　作者:王赵洵)

第十一章　旅游交通公共关系

本章提要

　　旅游业是伴随着旅游交通的发展而发展起来的。没有便利的旅游交通就没有真正的旅游业。长期以来,旅游交通一直是制约我国旅游业发展的"瓶颈"。随着旅游业的发展,人们对旅游交通的要求越来越高,公关工作任务相当繁重。本章从旅游交通的特点出发,重点讨论了铁路、民航、公路部门公关工作的内容,并阐述了旅游交通部门应该如何与相关公众协调好关系。

第一节　旅游交通的构成与特点

一、旅游交通的构成

　　旅游产业是以交通为纽带的,没有方便的旅游交通就没有真正的旅游业。旅游交通,就是指旅游者为了到达旅游目的地所要实现的空间位置的转移。从狭义的角度讲,旅游交通部门只包括专门为旅游者提供服务的交通企业,如旅游汽车公司、旅游游船公司等,从广义上讲,旅游交通则包括为旅游者提供服务的航空公司、铁路部门、公路和水运部门等。可见,旅游交通部门的构成比较复杂,涉及的范围也比较广泛,这就需要运用公共关系的手段来加强彼此之间的联系,密切配合,相互合作,共同创造一个竞争有序、和谐友好的交通运输环境,为旅游者提供高效、快捷、优质的旅游交通服务,以促进行业的健康发展。

二、旅游交通在发展旅游业中的重要性

(一)旅游交通的进步是旅游业发展的重要前提和保障

从世界范围来看,旅游业的发展在很大程度上要依赖旅游交通的发展。今天,人们能够跨出国门到世界各地进行旅游,这在交通不发达的年代,是难以想象的。随着公路、铁路、民航及水运的不断进步,人们外出旅行变得越来越方便,旅游的品质也有了很大的提高。

以湖南张家界景区为例,张家界秀丽奇美的自然景观令许多游客神往。然而,在 20 世纪 70 年代末 80 年代初,该景区交通非常落后闭塞,可进入性较差,许多人都因山高路陡发出了"不来想死人,来了累死人"的感慨。二十多年来,张家界外围旅游交通在公路、铁路、航空等方面得到了长足的发展,游客到达景区的时间大大缩短。同时,景区内部的交通面貌也发生了翻天覆地的变化:不仅修建了高标准游道 11 条一百多公里,高标准旅游公路 73 公里,同时还开通了索道、观光电梯、观光电车、环保客运车等,极大地方便了游客,交通状况大为改观。昔日游客抱怨:"路难走,车难坐"的现象已经成为了历史。可以说,旅游交通的进步促进了该地旅游业的发展。

(二)旅游交通的顺畅能够促进地区旅游业的发展

长期以来,在我国一些地区存在着由于交通条件差,致使一些有价值的景区处于"藏在深闺人未识"的现象,因此,在旅游开发与规划的过程中,要注意通过改善交通状况来增强景区的可进入性,让游客能够进得来,出得去。以世界驰名的自然文化遗产九寨沟景区为例,该景区在 1984 年的时候还只是一个伐木林场,因为没有路,长时间以来鲜有人光顾。而当通往九寨沟的公路打通之后,短短几年间,九寨沟已经发展成为闻名中外的旅游胜地,并且是全国第一个限制日游客人数的旅游景区。阿坝这个总人口不足 81 万的藏族羌族自治州,在九寨沟等旅游名胜产业的支撑下,年财政收入达到 12 亿元。

(三)旅游交通服务质量是整体旅游服务质量的重要内容

旅游交通是旅游活动中的重要一环,如果在旅途中,车辆或道路交通出现了问题,那么整个旅游的行程将会受到很大的影响,会破坏游客的心情,给游客留下不好的印象,进而影响到整体的服务质量。旅游交通的顺畅、通达,服务人员的态度热情、服务水平高,能够增强游客的满意程度,从而促进整体旅游服务质量的提升。

三、各主要交通运输服务部门的特点

长期以来,旅游交通一直是制约我国旅游业发展的瓶颈。近年来,随着国民经济与旅游业的繁荣,中国的民航、铁路、内河及海洋客运、公路交通事业得以迅速发展,已形成海、陆、空纵横交叉的交通网络,加之众多国际航空公司提供多条飞往中国的航线,为海外旅游者来华以及在中国旅游提供了交通保证与方便。与此同时,各部门不断完善服务体系,积极提高服务水平,尽可能地帮助旅游者消除旅途中的枯燥与疲惫,使旅游者的旅游行程变得更加舒适、快捷。旅游交通的发展极大地推动了整个旅游产业的发展。

(一)铁路部门

铁路部门是我国重要的交通运输部门,它的发展历史较长,长期以来,火车一直是旅游者外出旅游时首选的交通运输工具。火车具有安全、舒适、价格低、方便快捷的特点。

从 1997 年开始,我国铁路部门已经相继进行了六次大规模的提速。铁路大提速有效地缓解了以往旅游旺季"一票难求"的状况,让乘火车成为不少人首选的出行方式。特别是 2007 年 4 月 18 日火车第六次大提速后,主要城市间旅行时间总体压缩了 20%至 30%。在环渤海、"长三角"、"珠三角"城市群和中原、西北、西南、东北地区重点城市间,时速 200 公里以上的城际间短途列车运行时间大多能够控制在两个小时以内,旅客出行变得更加便捷。以杭州为例,铁路的每一次提速,都会使前来杭州的游客明显增加。尤其是邻近的上海和苏南一些城市的游客,搭乘火车的便利使得他们出游的兴趣大增,许多人因而放弃了搭乘其他交通工具,改乘舒适快捷的火车来杭州旅游。交通业与旅游业息息相关,提速使游客在火车上停留时间普遍缩短,大大地节省了其外出旅行花在交通工具上的时间,也使得铁路在与其他交通工具的竞争中,保持了一定的竞争优势。

(二)民航部门

随着人们生活水平的提高,乘坐飞机旅游逐渐成为一种时尚,飞机因其速度快、时间短、舒适安全等特点受到很多旅游者的欢迎。近些年来,我国出境旅游市场、入境旅游市场发展非常迅速,根据国家旅游局的统计,2006 年我国入境旅游人数达 12494.21 万人次,比上年增长 3.9%。我国公民出境人数达到 3452.36 万人次,比上年增长 11.3%。其中经旅行社组织出境旅游的总人数为 843.02 万人次,比上年增加 163.33 万人次,增长 24.0%。截至 2006 年底,除中国香港、中国澳门两个特别行政区外,已有 78 个国家成为我国公民出境旅游目的地。随着越来越多长途旅游路线的开发,"出国旅游热"在国内很多经济发达城市兴起,人们的远距离旅游梦想逐渐变成了现实。而飞机无疑是帮助人们实现这个梦想的

首选交通工具。远距离旅游市场的迅速升温为航空公司提供了大量的客源,促使民航企业与旅游业的关联度进一步提高。随着旅游市场在航空业务中所占的比重日益上升,许多航空公司已经与旅游经营商达成了协议,在旅游线路开发、广告促销、销售渠道方面进行合作。

　　从 2005 年 8 月 15 日开始,《国内投资民用航空业规定(试行)》正式实施。《规定》中明确指出,各种所有制主体都可以投资民用航空业,包括非公有制投资主体。除空中交通管制系统外的所有民用航空领域各种投资主体都可以进行投资。根据这个《规定》,民营资本被允许进入我国航空业,民航业的垄断格局将逐渐被打破。

[读一读]

首个旅行社组建的航空公司——春秋航空

　　春秋航空公司是上海首家民营航空公司,于 2004 年 5 月获准筹建,2005 年 6 月获得经营许可证,并于 2005 年 7 月开始首飞。春秋航空是我国历史上第一个低成本航空公司,它的出现打破了航空业长期垄断经营的格局。它的票价低廉,很多超低价格的特价票甚至比火车票还便宜,非常适合普通百姓消费。配合航空机票超低价格,春秋国旅也将旅游产品价格拉低,从而可以降低游客的出游成本。春秋航空所有航线已将同类旅游线路分为"春航班"和"民航班","春航班"的旅游产品价格比"民航班"低 100～600 元不等。春秋航空的空乘服务也比较有特色,它将在空中服务中首创"蹲式"服务,给乘客带来更多的亲近感。

　　(三)公路交通部门

　　近些年来,我国公路交通发展十分迅速,作为陆路交通的重要组成部分,公路交通部门在缓解交通压力,方便人们出行方面发挥了巨大的作用。公路运输具有速度快、方便、快捷、可深入景点内部等特点,深受旅客欢迎。特别是随着私家车数量的大幅增长,选择自驾车旅游的人越来越多。公路交通部门面对的公众日益广泛,需求层次也在提高,因此,有很多沟通工作需要加强和完善。

　　根据国家旅游局《2000 年旅游企业经营统计报告》,到 2000 年末,我国纳入统计范围内的旅游车船公司有 240 家,从业人员达到了 18.38 万人。在陆路旅游交通中,承担了近1/3 的游客运输任务。除此之外,目前参与旅游客运的旅游车,不仅有专业旅游客运单位,还有其他单位:一是城建系统所属的城市出租汽车和旅游车;二是城市公交系统所属的巴士专线旅游车;三是长途客运系统的高速客运、远途客运和省际旅游;四是社会单位或私营、民营旅游客运公司。

　　长期以来,旅游汽车运营企业是旅游陆路交通的正规军和主力军,在各项业务活动中树立了良好的企业信誉和行业声誉,建立了较稳定的客源和良好的客户关系,占有旅游客运市场的较大份额。然而,近几年来,社会上一些不法"黑车",以低车费、零车费等不正当竞争手段抢占旅行社团队市场,搅乱了正常的旅游客运市场经营秩序。这种"零车费"的蔓延,严重损害了游客利益,造成服务质量下降和行车安全隐患,败坏了旅游客运的名誉,而且对正规旅游客运企业的运营业务造成了极大的冲击。当前,政府相关职能部门正针对这种状况,出台了一些列治理"黑车"的举措。以北京市为例,已经开展专项整治活动,有效地打击了"一日游"黑旅游车欺客、宰客的行为,保护了旅游者的利益。

[读一读]
风景道,新的旅游吸引物

公路不仅仅是出发地到目的地之间最直接快捷的路径,还可以通过道路两侧景观的设计为驾驶者带来感官上的最佳享受。位于美国东部的蓝岭风景道已经位列全世界最为独特、最受欢迎的旅游吸引物之一,它将 Shenandoah 国家公园和南部的大雾山国家公园相连接,提供了 500 英里不间断的风景道,每年有超过 2000 万名游客来此游览。包括蓝岭风景道在内的美国国家风景道和泛美风景道,已经成为美国汽车旅游的重要线路。美国作为风景道的发源地、主要实践地和研发基地,于 1995 年推出了并非强制性的保护和促进风景道发展的官方推广计划——国家风景道计划。目前,在我国关于风景道的规划和研究都处于起步阶段,具有很大的发展潜力。

(资料来源:《中国旅游报》2007 年 11 月 28 日   作者:赵垒)

第二节　旅游交通公关的含义与职能

一、旅游交通公共关系的含义

旅游交通公共关系,就是指运用公共关系的手段,帮助旅游交通部门树立良好的组织形象,同时协调好与行业内部公众及外部公众之间的关系,为组织营造一个良好的生存和发展环境。交通是旅游业的三大支柱之一,旅游交通公共关系是旅游公共关系的重要组成部分。

二、旅游交通公共关系的特点

旅游交通的特点决定了旅游交通公共关系的特点。旅游交通是交通运输的组成部分,具体来讲,就是指客运交通中以接待和输送旅游者为主体的那一部分交通。两者之间联系紧密,而且很难划出一个明显的界限。一般来讲,旅游者要先借助公共交通到达旅游目的地,然后再乘坐旅游汽车、轮船公司提供的交通工具抵达旅游景区。因此,各地区之间,同一地区不同交通企业之间就有了互相合作的基础。

（一）协作性

旅游交通组织是一个整体,它包括了民航、铁路、公路、水运等不同的部门,旅游交通公共关系活动的开展就是要立足于沟通各有关交通运输部门之间的关系,使他们达到密切配合,互相协作的目的。同时,旅游交通作为旅游活动的六大要素之一,必然要与其他五大要素在数量比例上和规格档次上保持一致。只有这样,才能够保证旅游服务质量,公共关系在这方面能够发挥自身的职能优势,起到沟通和协调的作用。

（二）互利性

由于旅游活动具有明显的季节性和地区差异性,这就使得旅游交通需求和供给之间难免会失去平衡。尤其是在旅游黄金周期间,热点旅游地区的交通运力更是趋于紧张,除了行业主管部门进行调配外,各个旅游企业之间也需要加强合作,互通信息。当一个地区出现了交通运力紧张时,需要由其他企业及时来增援,同时也给他们创造了市场机会。公共关系活动的开展有助于全面协调交通部门与旅游部门之间、各地区以及各种交通运输方式之间的关系,使各部门的利益达到最大化。

（三）发展性

旅游交通各组织根据交通工具自身的特点和适用范围存在着一定的分工。如航空适用于中、长途的远距离旅行,火车、轮船适用于区域性旅游,而汽车适用于短途近距离旅行。但是对于一次完整的旅游活动来说,根据行程的需要,各种交通工具可能都要使用,而且还要与旅游景区（点）和饭店等部门打交道,因此,为了整合旅游供给资源,目前在我国的一些城市率先成立了旅游集散中心。旅游集散中心的功能是在整合各旅游要素的基础上,搭建旅游销售平台,每天定点发送旅游班车,方便客出行。游客可以在集散中心任意选择、组合旅游线路,自主安排旅游行程,从而真正享受到自助旅游的乐趣。旅游集散中心的成立是依托旅游交通的区域合作发展起来的。它的顺利运行需要与其他组织建立广泛的联系作为保障,这就为旅游交通公共关系的发展提供了机会。旅游交通公关部门不仅要协调好与业内各相关组织之间的关系,同时还要通过市场调研和游客跟踪反馈等手段来了解市场需求,及时发现问题,参与决策管理,逐步树立起"大旅游交通公关"的思想,以更加广阔的视角来看待自己的职责和任务,不断探索新的工作方式。

三、旅游交通公共关系的职能

（一）树立良好的旅游交通组织形象

旅游交通部门是一个窗口,通过它能够使旅游者了解到一个企业、一个城市甚至一个国家的风貌,其服务质量的好坏是影响旅游者旅游活动感受的重要因素。旅游交通组织的形象是一面镜子,它能够折射出内部员工的整体素质和企业的管理水平。如何塑造良好的组织形象,这是公关部门每天要思考的问题。

[读一读]

"渤海第一站"的形象塑造

被誉为"渤海第一站"的大连火车站,近些年来转变作风,更新观念,把人性化理念引入车站的各项工作中,变"管理"为"服务",受到来往旅客的好评。大连火车站的人性化服务首先从旅客的视觉感受做起。以往,身着铁路制服的车站工作人员"抗肩牌"、"戴大盖帽",在旅客眼中是"管理者"的形象。有些人甚至一看"大盖帽"就不舒服,无形中就在车站员工和旅客之间竖起一堵看不见的墙。大连火车站的领导大胆地决定:服务第一线的员工摘下大盖帽、脱掉肩牌服,换上了色彩明快、富有亲情的养眼靓装。检票员、售票员、客运员等不同的岗位,服装的款式与颜色又各不相同,仿佛是服装模特队,员工们的每一个肢体语言也都进行了重新规范,"阻止"和"管理"的手势,都变成了"请"的示意。

（资料来源:人民网　2005年7月12日　作者:祖笠荃）

（二）处理好与旅客之间的关系

近些年来,外出旅行的旅客数量增加了很多,尤其是在旅游旺季,如每年的"十一"和"春节"黄金周,往往也是客流的高峰期。在这些时期,发往热门地区的车次、班次会出现"一票难求"的情况,旅客买票、候车、上车都会遇到拥挤的情况,再加上旅客的构成非常复杂,来源广泛,如何赢得他们的满意,为其创造一个良好的旅行环境,解决他们遇到的实际困难,对于交通部门来讲是至关重要的。

[读一读]

大连铁路:以精品服务铸造诚信品牌

在铁路跨越式发展进程中,大连铁路坚持以人为本,不断开拓创新,全面提升服务水平。他们推出的精品系列服务为铁路跨越式发展增添了强大动力。"越是在铁路运输高峰越要体现大连铁路的精品服务意识,进一步树立大连铁路的新形象",这是员工们发自肺腑的声音。2004年1月16日,大连火车站已经连续3天出现客流高峰,日客流量达到3万人,二楼候车大厅里到处是流动的旅客。在"吕玉霜服务台",被旅客赞誉为大连城市名片的全国"五一"劳动奖章获得者——吕玉霜,熟练地回答着旅客提出的各种疑难问题,赢得旅客一片赞誉声。在大连到北京的T83/84次车队中,2004年1月8日,T83次列车到达了终点大连站,9号车厢乘务员于雯在整理卧具时,发现一个黑色皮包,她来不及多想,立即拿着皮包跑下车,但是站台已经没有旅客踪迹,于是于雯把皮包交给了车长田勇,田勇打开皮包一看,里面装着一部笔记本电脑还有1万多元现金,各种信用卡17张,总价值约十多万元。为了及时找到失主,田勇通过包内的名片与失主取得了联系,匆忙赶来的失主激动的握着田勇的手说:"谢谢!太谢谢了!乘坐你们的列车真是我的幸运,你们的热心服务让我领略到了大连铁路精品服务的魅力。"可见,不论在大连铁路管辖的车站还是在奔驰的列车上,精品服务已经覆盖到大连铁路的每个角落,遍地盛开优质服务之花。

（资料来源:人民网　2005年7月12日　作者:祖笠荃）

（三）协调好与业内各相关部门之间的关系

旅游交通部门并不是孤立存在的,其发展要依赖其他相关部门的支持与合作。就拿旅行社来说,长期以来一直是民航、铁路部门票务的重要销售渠道,同时旅行社也给交通部门输送了大量的客源,如每年的旅游旺季,都会有相当多的客人为了外出旅游来搭乘各种交通工具,从而增加了旅游交通部门的经济效益。处理好和这些合作伙伴之间的关系,减少摩擦,互惠互利,是十分重要的。公关部门要发挥出自己的职能优势,协调好与各相关部门之间的关系。

（四）应对突发事件,进行危机公关

安全是旅客对旅游交通最基本的心理需求,但是由于各种因素的影响,交通事故还是无法完全避免。当出现交通事故时,公关人员要协助相关部门及时做好善后工作,同时还要做好伤者及其家属的安抚工作,维护交通部门的组织形象,力求将损失降到最低限度。

第三节　与公众关系的协调

一、公众关系的构成

　　旅游交通部门所面对的公众种类较多,但归纳起来,主要包括内部公众与外部公众两大类。内部公众关系是指旅游交通内部如民航、铁路、公路等各个部门之间的关系。外部公众关系主要是指旅游交通部门与旅客、媒体和旅游业其他部门之间的关系。内部公众关系相对比较容易处理,外部公众关系是旅游交通部门必须要重视的问题。

二、与旅行社关系的协调

　　旅行社是交通部门的重要合作伙伴。旅行社每年向交通部门输送大量的客源,是交通部门的重要客户,特别是对于一些发往旅游地区的车次,更加依赖旅行社为其输送的团队客人。相对而言,旅行社在对旅行者的行为、偏好等信息的了解、反馈方面有较强的优势,尤其是在旅游地选择和行程安排上,旅行社能够对旅游者形成一定的影响,这些能力和知识正是交通部门所缺乏的。

　　对于公关人员来讲,要经常与旅行社保持沟通,通过他们了解游客的出游意向和动机、哪些目的地更受欢迎、对交通服务有哪些要求等等,这些信息对于旅游交通部门调整车次、增加线路、改进服务是非常有帮助的。同时,交通部门应该为旅行社建立绿色通道,方便团队客人上车,为游客提供更有针对性的服务。

[读一读]

与旅行社合作谋发展

　　旅行社与交通部门关系密切。往返于京沪间的 Z1/Z2 次列车开通后,在为旅客带来便捷的同时,每天 3000 个软卧席位的销售也给铁路方面带来了一定的压力,于是北京铁路局铁路客运处的公关人员特别邀请旅行社方面的人士进行了考察,旅行社根据市场需求提出了"推出上海购物自由行产品,来带动列车客源"的思路,立刻得到了铁路方面的重视。随着城市间交通、食宿等条件的日益完善,旅游资讯的日益发达,散客旅游将是大势所趋,"机(车)票+酒店"将成为旅行社的主要利润来源,事实证明,通过与 Z1/Z2 次列车及上海酒店方面的合作,旅行社预订车票、酒店获得的利润远比团队利润大,铁路方面的客源问题也得到了有效的解决,这一合作机制的出台,真正实现了铁路、旅行社、游客三者共赢。

(资料来源:《中国旅游报》2005 年 3 月 22 日 作者:张玫)

三、与新闻媒体关系的协调

旅游交通部门作为重要的服务性行业,其发展必然要受到舆论的关注,公关部门应该主动与媒体搞好关系,使其成为宣传自身形象的途径。

(一)撰写新闻稿件,介绍本部门最新的发展动态

随着我国经济的飞速发展,国家对交通业的投资力度不断加大,旅游交通也在实现跳跃式的前进。在这个过程中,会出现许多新鲜事、新问题,需要旅游交通部门不断总结并通报给广大公众,让他们及时了解交通部门的最新发展成就和新的动态、政策。如公布关于火车提速、民航重组、票价调整等与社会公众生活息息相关的信息。

(二)通过新闻媒体了解公众对交通部门的意见

旅游交通部门出台的政策是面向广大公众的,能否为他们所理解和支持,直接关系到这些政策的执行效果,因此,倾听公众的意见,了解他们的态度是十分重要的。新闻媒体会起到桥梁的作用,通过它们能够及时了解公众的反应,为今后制定相关的政策提供依据。

[读一读]

首都机场:主动请消费者"投诉"

北京首都机场有"国门"之称,为了提高自己的服务水平和质量,无愧于"国门"二字,北京首都机场从 2001 年起,就参加了国际上最有权威的国际机场服务质量评价体系——"旅客满意度"的测评,自己给自己上了一个"紧箍咒"。这一评价体系评定出的"旅客满意度"分为 5 个层次:"极好(满分)为 5 分、"很好"为 4 分、"良好"为 3 分、"一般"为 2 分、"不好"为 1 分。根据国际航空运输协会 2003 年 5 月公布的 2002 年旅客满意度结果,新加坡樟宜机场得分为 4.22 分,中国香港国际机场得分为 4.12 分;北京首都国际机场得分为 3.20 分,属于"良好"层次。

为了进一步提高服务质量,首都国际机场给自己定的目标是到 2008 年"旅客满意度"要赶上新加坡和中国香港的水平。经过公司领导层的多次探索,最后达成了共识,那就是直接向乘客征求意见,倾听消费者的心声,了解他们的需求,在此基础上尽快地提高服务水平和质量。此次活动共有 4 个主要环节。第一个环节,也就是在 2004 年 3 月 15 日当天把消息发出去,让广大消费者知道这件事;第二个环节,他们在新闻媒体和首都机场自己的网站上刊登调查问卷和参与

办法,让消费者从中明白如何参与;第三个环节,回收、整理、分析问卷,同时评出"十大问题"和"十大建议",此次活动设置了总额为 15 万元的奖项,来回报给"说问题、提建议"的活动参与者;第四个环节,他们将在对消费者所提问题和建议汇总、分析的基础上,召开专家研讨会和颁奖会,并最终采纳合理、可行的建议,解决需要解决的问题。

(资料来源:《中国旅游报》2004 年 3 月 17 日　作者:耿闻)

(三)在进行危机公关时,要与媒体保持密切的联系,澄清事实,迅速化解危机

美国著名公关学家伦纳德·萨菲尔在《强势公关》中建议:公司在处理危机公关时要快速反应,以坦然、真诚和高度的责任心打动公众。然而,有的组织缺乏应对危机的技巧,比如在发生交通事故后,不能够在第一时间与媒体进行沟通,面对媒体要么三缄其口,要么闪烁其词,致使小道消息盛传,反而不利于危机事件的最后解决。在事故发生后,应该迅速对媒体做出反应,以诚恳的态度与其保持联系,澄清事实,这样才能够有利于危机的最终化解。

四、与旅客关系的协调

旅客是旅游交通部门最直接、最重要的外部公众。旅游交通作为服务性组织,其服务质量的好坏最终是由旅客来评价的,在竞争日益激烈的今天,旅客的满意度如何,能否产生良好的口碑效应,将最终决定着旅游交通部门的生死存亡。

(一)民航部门与旅客关系的协调

近些年来,随着人们生活水平的不断提高,选择飞机作为交通工具的旅游者越来越多,大家选择飞机的一个重要的原因就是它的速度快,花在"行"上的时间短。但是,由于各方面的原因造成的飞机延误事件却接二连三地发生。有些航空公司在服务补救及相关赔偿方面的做法不当,引起了公众的强烈不满,由此所引发的旅客占机、罢机事件也时有发生,严重扰乱了民航的正常飞行秩序,也给其形象带来了负面的影响。作为航空公司要端正思想,重视旅客的意见和态度,采取有效措施对因航空公司方面原因导致飞机延误的情况给于乘客合适的赔偿。同时,要设立专门的部门、安排专人来处理乘客的投诉。上海浦东机场在这方面做了有益的尝试。

[读一读]

上海浦东机场设专门办公室解决航班延误投诉

近些年来,随着人们生活水平的不断提高,选择乘坐飞机的旅客越来越多,

关于航班延误方面的投诉率逐年上升。上海浦东机场每天要迎接来自四面八方的游客,为了树立良好的组织形象,切实解决旅客投诉难的问题,上海浦东机场成立了"机场消费者组织空港办公室",专为消费者解决航空方面的消费争议。空港办公室在浦东机场和虹桥机场都将设有专人现场值班,消费者在机场如果遇到消费争议,只要拨打"12315"投诉热线,就可迅速得到工作人员的现场调解。

（资料来源：《东方早报》2004 年 09 月 22 日　作者：肖蓓）

（二）铁路部门与旅客关系的协调

铁路部门以前一直以"铁老大"而自居,其服务质量也难以让乘客满意。列车晚点给旅客带来的不便始终没能得到有效地解决,也是旅客投诉的一个焦点问题。

1.重视乘客的意见和建议

作为公关部门要通过适当的形式和途径对乘客的意见进行调查,了解他们对铁路部门服务的评价。具体来讲,可以采取在车厢里设立意见簿的办法,请旅客留下宝贵的意见,也可以通过座谈会的形式,倾听乘客的声音。对于搜集来的信息,不能够束之高阁,而要认真进行分析,及时改进工作中存在的问题。不要流于形式,使意见簿形同虚设,旅客也失去了参与的积极性。

2.以人为本,妥善处理纠纷

长期以来,由于各种各样的原因,铁路列车发生晚点时,旅客得不到赔偿,对此,旅客意见颇大。随着交通业的竞争日趋激烈,铁路部门的垄断局面也将逐渐被打破,乘客的维权意识越来越高。在这种情况下,当列车发生晚点时,就要向旅客道歉,对旅客进行耐心的解释和说明,必要时给予适当的、合理的赔偿。

2005 年 2 月 17 日,由上海开往南京的 T722 次城际列车晚点将近三个小时,其中 14 名乘客因为没有得到满意的答复,在该次列车上滞留四个多小时。经过多方长时间磋商,最后南京列车段工作人员向 14 名乘客每人支付了 200 元的误餐费和交通费,并派专车把所有的乘客送回家中,才化解了这一纠纷。像这样由于列车晚点而导致的与旅客之间的纠纷每年都要发生很多起,如果铁路部门不重视乘客的意见,置乘客的利益于不顾,那么类似的索赔事件就有可能再度发生。特别是在旅行社组团时,旅游行程都是事先安排好的,一旦遇到火车晚点这样的事情发生,将会直接影响到整个活动的安排。因此,旅游交通公共关系部门要了解乘客的心理特点,发生矛盾时,要注意及时与乘客进行沟通,尽量避免发生危机,使自身的形象受损。

3.从旅客的实际需要出发,不断完善服务

服务是一门学问更是一门艺术,"服务不到位"或者"过度服务"都会遭致顾客不满。近年来,我国铁路部门的服务观念大为改观,从硬件设施和软件设施两个方面入手来提高旅客的满意程度。硬件设施更加完善:比如,在"点对点"的快速直达列车上面,每个软卧铺下都设有个人鞋箱,并备有一次性拖鞋。床头有阅读灯,每个铺位还配有高、低两个枕头,以满足不同乘客的需要。洗漱间内也首次安装了供应热水的节水阀,乘客可以自己调控温度,此外餐车内还设有小型酒吧供乘客使用。

有的列车上还推行了"无干扰"服务:乘务员只在乘客刚上车不久上门为乘客沏茶、倒水、供餐……其他时间不到软卧房间内服务,以免影响乘客休息。但每个卧铺包房内都有一个紧急呼叫按钮,乘客如果需要服务,只需轻按按钮,就可以得到乘务员的上门服务。

(三)公路部门与旅客关系的协调

近些年来,随着我国公路网建设的加快,公路交通日渐便利,许多人外出旅游时喜欢选择汽车作为交通工具。然而,由于监管、法规以及地方保护主义等方面的原因,在一些地区在旅客运输过程中时常发生"欺客"、"宰客"的现象。乘客投诉比较集中的问题包括:超载行使、用偷梁换柱的手法以低档次的车来代替高档次的车、汽车无故晚点并不能及时通知旅客、服务设施低劣、服务人员素质差等。在旅游旺季的时候,甚至与旅行社一起欺骗旅客,在业内造成了极坏的影响。旅客运输是流动的服务链环,理应体现以人为本的精神,对每一位乘客怀关爱之心、施友爱之手,而不应为了蝇头小利,挖空心思,损害群众的正当权益。如果任由这种现象蔓延,将会直接影响到整个公路运输部门的健康发展,不利于"和谐社会"的建设。旅客运输也是一个窗口,它不仅关系到客运企业自身的形象,而且通过它还能够反映出一个行业、一个地区的整体面貌。可以说,在客运服务过程中,人人都是流动的风景,人人都是公关员和形象大使。

[补充阅读]

非同寻常的机场服务

一连数天,长春的天气异常,雷雨交加。由广州至长春的两架班机迫降沈阳。另外两架至长春、延吉的班机也延误了。为了给旅客解除心头的懊恼和烦闷,机场工作人员开放了游艺室,为旅客提供乒乓球、桥牌以及各种棋类和游戏活动。热情的服务使旅客的怨气逐渐平息,但是北方的寒气却无法抵御。从广州来的250位中外旅客,衣着很单薄,有的还穿着夏天的裙子。秋风吹来,一个个冻得直打哆嗦。怎么办呢?"跳舞!"一位服务员灵机一动,提出了这个建议,立即得到了大家的一致认同,霎时间,服务人员忙碌起来,没有舞厅,就把候机厅里的沙发搬开,以候机厅为舞厅;没有乐队,就放乐曲伴奏,舞伴不够,服务员就亲自上场。一场特别的舞会就这样开始了。有些服务人员放弃了轮休日,为了能给旅客们带来温暖,自己怎么苦都行,但是一定要让误机的旅客满意。一部分旅客改坐火车,服务员就一次次钻进飞机货舱里去为旅客找行李,一次次去火车站为旅客购车票。"秋风阵阵凉,树叶渐渐黄;人心格外热,友谊传四方。"当舞会进入高潮时,一位回国观光的华侨,用浓重的闽南口音吟出这四句发自内心的赞叹。更多的人卷入了跳舞的狂潮。

　　天气放晴了,几百位中外旅客,笑容满面地登上了飞机。临别时,他们与服务员一一握手告别,有的流下了泪水,有的留下了热情洋溢的感谢信。

第十二章　公共关系专题活动

本章提要

公共关系专题活动是围绕特定的主题、采用特定的方式向公众进行传播、与公众进行沟通的活动。通过本章的学习可以了解旅游公关常用的各种专题活动的特点,理解各种专题活动的价值并掌握组织举办各种专题活动的程序及其应注意的事项。

第一节　公共关系专题活动概述

一、公共关系专题活动的含义

美国策划学家罗恩在对公关专题活动解释时说:"专题活动是一种能给人以直观刺激的媒介,这种直接性是报纸、杂志、广播、电视等媒介所不可比拟的。因此专题活动是指为达到一定的目的,在一个特定的时期、特定的场合下,使成为对象的每一个人都能亲身体会到直接针对性的某种刺激媒介。"

旅游公共关系专题活动是旅游业组织为实现某一具体目标而进行的专门的公关活动。组织的公共关系活动一般来说可以分为两种类型。第一类属于日常性的公共关系工作,第二类就是为了向广大公众迅速传递信息、吸引新闻媒介关注、提高社会组织的知名度和美誉度而进行的各种公共关系专题活动。公关专题活动主要包括以下几种类型:为促进产品销售而举办的展览会;为新闻界提供特定新闻素材的新闻发布会;以提高组织知名度为目标的庆典活动;以创造社会效益,塑造良好社会形象为目的的赞助活动;以提高组织透明度、联络感情为目的的开放参观活动等。

二、公共关系专题活动的策划

对于旅游业组织来说,公共关系专题活动的具体内容和形式是多种多样的,它是根据组织的实际情况和一定的目标专门组织的,但是总的来说,公共关系专题活动的组织也有共同的特点和规律。其中,良好的策划是任何专题活动组织的起点,也是确保实现公关目标的必要前提。

(一)公关专题活动策划的基本要求

1.明确的主题

主题,就像歌曲的主旋律一样,是公关专题活动策划的核心,也是公关目标的具体体现。任何专题活动都要有一个明确的主题,其他活动的具体安排都是围绕主题的需要而展开的。一般来讲,主题应与公关活动的目标相一致,同时还要与活动项目的形式和特点相适应。对于旅游业组织来说,主题的确定往往与节日、假日、纪念日结合在一起。比如:"元旦、春节、端午节"等传统节日以及各地的旅游节,都可以作为活动策划的背景。

2.恰当的时机

公关专题活动的举办要注意选择合适的时机。所谓"时机"就是"机会、火候"的意思。要想提高活动的效果,就要善于"借势",利用"大事、巧事、空当"来为组织进行宣传。比如,联想集团借助"神州五号"火箭发射成功的契机,在全国同步开展了以"只要你想"为主题的系列推广活动,诉求"人类用想法改变世界"的创新理念,收到了良好的宣传效果。对于旅游业组织来说,除了可以利用节假日来举办活动外,还可以选择"世界旅游日"、"世界环境日"等与旅游业相关的纪念日大做文章。

3.鲜明的特色

当今时代是"注意力经济"的时代,在信息相对过剩的情况下,没有特色的专题活动就没有生命力,也不会吸引人们的眼球。特色就要求与众不同,要想在同类活动中能够脱颖而出,就需要公关策划人员具有敏锐的观察能力和创新精神,善于把握时机,同时结合本组织的实际情况,策划出具有创意的活动来。无论是形式的创新还是内容的创新,只要能够突出本组织的特点就会赢得公众关注的目光,特别是新闻媒体的关注,增加被宣传报道的机会,从而扩大社会影响,提高组织的知名度和美誉度。

4.务实的精神

公关专题活动的举办需要大量人力、物力和财力的投入,在一定程度上增加了组织的经济成本,所以要本着"量入为出"的原则,不能盲目攀比、贪大求全,要根据公关目标的要求并结合本组织的现有条件来进行策划。这就要求公关策划人员要有求真务实的精神,注意节约、避免浪费。同时,对于公关活动的效果要进行测定,不能在活动结束后就完事大吉,跟踪反馈环节的工作非常必要,这有助于组织及时发现活动中存在的问题和疏漏,以便于下次改进和完善,从而不断提高公关活动的效果。

(二)公关专题活动策划的原则

1.可行性的原则

公关专题活动的策划首先要考虑方案的可行性。比如时间、地点的选择是否恰当。如果两项重大的公关活动都在同一天举行,效果就会受到影响;户外活动要考虑天气变化的情况,有些户外活动如露天展览会在雨雪天气里就难以举行。可行性原则还体现在活动的内容、项目安排是否符合自然规律。

2.真诚求实的原则

公关策划虽然讲究创意,离不开传播艺术和宣传技巧,但是也不能够脱离实际,片面追求轰动效应。有的组织为了能够吸引公众的注意力,进行夸大事实的宣传,哗众取宠,人为地制造新闻,虽然能够一时取悦于公众,但是却经不起实践的检验,一旦人们发现事实并非如此,就会对组织产生反感,公关活动不仅无法取得预想的效果,反而会遭致公众的不满,与最初的公关目标南辕北辙。

3.兼顾社会效益与经济效益的原则

公关专题活动的举办,不仅要考虑企业的经济效益,同时还要考虑社会效益,要将二者紧密地结合起来。以赞助活动为例,旅游业组织通过赞助体育、文化、教育事业,把爱心献给了社会,公众对组织也会产生好感,组织的声誉由此提高,这种活动取得的社会效益比单纯的广告宣传效果要好。

[补充阅读]

别具一格的旅游推介会

举办旅游产品推介会是中外旅游企业常用的营销方式。近年来,越来越多的境外推介会在我国举行,他们在举办模式、主题创意、活动策划等方面有许多可借鉴之处。

虽然国内、外城市或企业都倾向于在酒店举办新闻发布会,但是在场地布置方面却大有讲究。以美国运通公司 2005 年在上海举办的"首届中国商务论坛"为例,该论坛实际上是该公司宣传品牌形象和联络新老客户的阵地,在场地布置上,运通商务旅行部和专业的公关公司合作,把一个原本要花钱请人来参加的推介会变成向客户收钱的博览会。整个场地分成四大部分:最前端是与会人员签到处,第二块区域是客户自由交流场地,会议结束后调整为自助餐区,第三块区域是运通公司商务旅行部相关客户的形象和产品展示区。在这个区域,前来参展的航空公司、汽车租赁公司、旅游服务提供商等等都有各自的展示台,并支付不菲的费用。最后才是会议区。这样的场地布置最大的好处是留住客户,延长其逗留时间,争取自己的销售人员有机会深入了解客户的需求。

在会议主题设计方面,美国运通公司也是别具匠心。生动实用的会议主题最能够打动客户。而按照国内举办推介会的惯例,会议议程第一项是最高级别的领导发言,接着是旅游主管部门的负责人讲话,宣传地和客源地旅游部门或旅行社举行签约仪式,最后进行现场提问。国外的同行在选择会议主题方面往往是实行"曲线救国"。不单刀直入地夸夸其谈产品,甚至整个活动举办结束也不谈产品。运通公司以发布中国企业商务旅行情况调查报告为会议主题,报告在会议当天现场发布,吸引同行、客户以及想了解这一调查报告内容的企业来参会。这一做法既巧妙地掩盖了推介活动的商业色彩,把这场推介会的格调提升到更高的档次,又获得了潜在客户的信息数据。

(资料来源:《中国旅游报》2005 年 7 月 25 日　作者:张静、丁宁)

第二节　展览会

展览(或展销)会就是通过商品、实物、文字和图表来展示组织成果、介绍组织业绩、传播商品信息的大型公共关系专题活动。近些年来,我国的展览业发展迅猛,有统计数据显示,展览业在以每年 20% 的速度递增,目前,各种展览会项目数量已达八千多个。展览会的举办不仅仅使展览业内收益,同时还带动了相关产业如交通、通讯、咨询、广告、餐饮、住宿、购物、游览等行业的繁荣和发展。其中,与旅游相关的行业收益最为明显。正像一位世界展览业巨头所说的:"如果在一个城市开一次国际会议,就好比有一架飞机在城市上空撒钱",展览会的巨大经济效应由此可见一斑。事实上,展览(或展销)会本身不仅能产生可观的直接经济效益,创造就业机会,而且有较高的产业带动作用,还能传播信息、知识、促进人们观念的更新。

一、展览会的类型

严格地讲,展览会是一个覆盖面甚广的基本概念。细而言之,它其实又分作许许多多不尽相同的类型。具体分类如下:

(一)从展览的性质区分,有贸易展览会和宣传展览会

贸易展览会主要展品是实物产品,如酒店用品展、旅游工艺品展等、主要目的是促进商品销售;宣传展览会主要展品是照片、图片、宣传资料,如旅游资源展览会等,主要目的是为了宣传旅游线路和相关产品,或者是让人们了解某一旅游目的地的概况。

(二)从展览的规模区分,有大型展览会和小型展览会

大型展览会通常由专门的单位主办,由于规模很大,参展企业需要通过报名加入。国内比较有影响的旅游展览会包括一年一度的"上海世界旅游资源博览会"、"中国国际旅游交易会"等。小型展览会一般由企业自己承办,规模较小。

(三)从展览的内容区分,有综合展览会和专题展览会

综合性展览会是指多种性质的活动内容为一体的展览,如"中国国际旅游交易会",专业性展览会是指为了强调和突出某项专业内容而进行的展览,如"酒店用品展览会"、"旅游工艺品展览会"等。

(四)从展览举办场地区分,有室内展览会和露天展览会。

大多数展览会都在室内举办,室内展览会较为隆重,但所需费用较多。露天展览会场地较大,但受天气的影响,所需费用相对不多。近些年来,许多城市通过旅游大篷车的形式宣传自己的旅游产品,这可以算作是一种露天展览会。

二、展览会的特点

(一)直观性

通过举办展览会,参观者可以直接看到展品或相关的宣传品和资料,通过工作人员的实际演示和操作,能够对参观者产生较强的吸引力,具有较强的直观性,能够给人留下较深的印象。比如,在酒店用品展览会、旅游工艺品展览会上,参观者就可以直接看到实际的展品,避免了选购的盲目性。

(二)互动性

在展览会上,参观者不仅能够看到实物及其展示,而且还可以就自己关心的问题进行现场提问和咨询,请相关工作人员解答,及时得到答复;对于参展商来说,也可以利用这个机会与现场的参观者进行交流,搜集他们对相关产品和服务的意见、建议等反馈信息。展览会为双方提供了相互交流和沟通的平台。

（三）高效性

大型的品牌展览会能够吸引来自四面八方的参展商,具有较高的代表性和专业权威性,能够为旅游企业提供多方面的信息,帮助他们了解最新的行业动态,同时也为需求者和供给者双方提供了便利。因此,展览会提高了成交的几率和效率。正像一位业内人士所说得那样:"仅仅提供旅游信息,并不能完全满足公众的需求。一个专业的旅游展会要致力成为一个公众现场采购的平台。"

（四）综合性

随着展览业的不断完善和发展,展览会特别是旅游展览会的形式和内容都发生了很大的变化。展览会越来越朝着娱乐、休闲的方向发展,使公众在轻松愉快中参观,在参观中体验旅游产品,获得良好的精神享受。这种综合性是其他的专题活动所不具备的。比如,在2005上海世界旅游资源博览会上,在两天的公众日里,展厅变成了各国不同的民族文化的歌舞演艺场。韩国的高山滑雪、日本的火山温泉以及德国的格林童话等等,精彩的演出吸引了许多公众驻足围观。孩子们拿着五颜六色的气球和糖果穿行奔跑,使展厅洋溢着节日的气氛。

三、举办展览会应注意的问题

（一）展前筹备,完善服务

在展览会正式开幕之前,要注意做好各项接待服务的准备工作。充分考虑参观者的需求心理,展台的布置上要兼顾主题的突出与观众的注意力。可以在入口处设置咨询台和签到处,并贴出展览会平面图,作为参观者的指南。同时对展会的主要活动内容要有相关的介绍。对相关的公众发出邀请,为其提供完善的服务并要尽量避免引起不必要的麻烦和纠纷。

（二）明确主题,精心布局

任何展览会都会有明确的主题,对于参展的旅游业组织来说,要紧紧围绕展会的主题进行布展,从背景布置到道具、模型展示,从宣传片到传单手册的设计,都要注意突出组织的特色,充分展示自己的良好形象。由于旅游产品本身具有无形性的特点,旅游展览会也无法像其他展览会那样把实物进行展示,因此作为传播媒介的旅游宣传品的设计就显得特别重要了,旅游宣传手册要做到图文并茂、资讯丰富,并且附有参展单位的主要联络方法,如公关部门或营销部门的电话、传真的号码以及电子邮箱等,同时还要注意印刷精美,便于携带。

（三）明确参观者类型

参观者的职业、身份不同,准备的资料也要有所区别。如果参观者是专业人士,介绍资料要专业化,讲解人也需要是这方面的专家;如果是普通的参观者,可采用通俗易懂语言,作普及性的宣传。比如,2005年1月在上海新国际博览中心举办的世界旅游资源博览会就在4天的展览时间内划分出了对专业人士和普通公众各2天的开放日。后来的事实证明,这种划分的方式取得了良好的效果。根据展会新闻处的统计数字显示,这次博览会共吸引了包括亚洲、欧洲和非洲47和国家及地区的480家参展商,接待专业观众2870人次,而普通公众达4万多人次,现场交易额超过了30万元。

(四)培训工作人员

展览会工作人员的素质的高低对整个展览效果会产生重要的影响。展览会的组织者不仅要在展台设计、布局方面下功夫,同时更要重视相关人员的选择和培训,以提高接待服务质量。因此,对展览会工作人员,如讲解员、接待员、服务员等进行良好的专业训练是十分必要的。

在一般情况下,展位上的工作人员应当统一着装。最佳的选择,是身穿本单位的制服,或者是穿深色的西装、套裙。并应在左胸佩戴标明本人单位、职务、姓名的胸卡,礼仪小姐应身穿色彩鲜艳的单色旗袍,并胸披写有参展组织名称的大红色绶带。展览开始,参展组织的工作人员站立迎宾。当参观者走近自己的展位时,工作人员要面含微笑,主动地向对方说:"您好!欢迎光临!"随后,还应面向对方,稍许欠身,伸出右手,掌心向上,指尖直指展台,并告知对方:"请您参观"。当参观者在本组织的展位上进行参观时,工作人员可随行于其后,以备对方向自己进行咨询;也可以请其自便,不加干扰。当参观者离去时,工作人员应当真诚地向对方欠身施礼,并道以"谢谢光临"。

(五)联络媒体,扩大宣传

媒体记者是重要的公众,展览会中会产生很多具有新闻价值的信息,需要展览会负责公共关系事务的人员挖掘,写成新闻稿发表,扩大展览会的影响范围和效果。展览会前要准备好各种辅助宣传材料,同时邀请相关新闻媒体记者参加展览会,并做好相关的服务工作。比如,在某旅游展览会期间,从四面八方涌来了很多新闻媒体记者,主办方要求他们办理采访证以便进入采访。由于这些记者事先没有受到主办方的邀请,主办方现场又没有设置相关的办证处,所以全部被要求买票进入,遭到了记者们的拒绝,于是引起了记者与主办方人员的长时间对峙,场面一时"火爆"。给展览会带来了不必要的负面影响。这也充分暴露出了主办方展前的媒体协调工作不到位,现场管理有漏洞。

(六)展览会的经费预算

具体列出展览会的各项费用核算,有计划地分配展览会的各项资金,防止超支和浪费。展览会的费用预算应包括展览场地租借费、人员劳务费、设备租借、损耗费等,还要包括广告宣传费、聘请新闻单位予以推广的费用,以及赠送纪念品等费用。

表 12-1　中国国内三大旅游展览会

名称	时间	主办单位	活动内容	目标	定位
上海世界旅游资源博览会	从 2004 年起每年一届	上海市旅游事业管理委员会、VNU 展览集团	针对参展商和专业观众的配对活动、专项研讨会；针对公众的文化表演、旅游知识讲座等	成为中国最大的境外游展览会	针对上海的出境、国内游市场，推动旅游目的地与旅游代理商，旅游者之间的交流
中国国际旅游交易会	每年一届	国家旅游局、中国民用航空总局以及地方政府	围绕业内热门话题的研讨会和讲座，追踪国际旅游业的发展趋势和动向	成为亚洲地区最大的专业旅游展	以各国专业人士为参展主题的专业旅游展
北京国际旅游博览会	从 2004 年起每年一届	北京市旅游局、首都旅游集团等	旅游推介、文艺演出以及现场讲座等	成为旅游业内的知名品牌	向专业观众和公众开放，以参展商和专业观众间的交易为主要目的

第三节　新闻发布会

新闻发布会又称记者招待会，是政府、企业、社会团体和个人把各新闻机构的记者召集在一起，宣布某一有关消息，并让记者就此进行提问，然后由召集者回答的一种特殊会议。新闻发布会是公共关系人员用来宣传某一消息的最好工具之一。新闻发布会对于树立和维护组织形象，协调公众关系，影响舆论，提高知名度等方面都有积极的效果。

一、确定举行新闻发布会的必要性

举办好新闻发布会必须满足两个基本条件：第一，发布的新闻必须具有新闻价值。第二，发布新闻必须选择一个恰当的时机。对某一消息，要论证其是否重要、是否具有广泛的新闻传播价值。组织中具有举行新闻发布会价值的事件一般有：

（一）组织整体的宣传

主要包括对旅游企业开张或倒闭、并购与重组、企业重大庆祝日或纪念日、企业对社会所做的重大公益事件的宣传等。比如,在"2004 中国国际旅游交易会"召开前夕,适逢中国旅行社成立 55 周年,中国中旅(集团)公司于 2004 年 11 月 24 日晚在上海通贸大酒店召开了新闻发布会;2005 年 11 月 18 日,华润置地·凤凰置地广场与全球规模第二大的酒店及观光事业集团——法国雅高国际酒店集团在华润大厦举行了"凤凰置地广场新闻发布会暨酒店签约仪式"。京城近百家知名媒体的记者和代理行代表参加了新闻发布会。

(二)某项活动或某种新观念的宣传

主要包括备受社会瞩目的活动项目、旅游新产品的开发或旅游景区规划方案出台等消息的公布。比如,在第八届"苏州旅游节"开幕前夕,苏州市政府于 2005 年 3 月 24 日在上海举行新闻发布会,介绍与国家旅游局联办的"东方水城"第八届中国苏州旅游节,并于 2005 年 3 月 31 日,在北京召开 2005"东方水城"第八届中国苏州国际旅游节新闻发布会,邀请了数十家有影响力的中外媒体参加,收到了良好的宣传效果。再比如,2005 年 8 月,快餐巨头肯德基在全国十六个城市同时召开的新闻发布会上宣布:拒做"传统洋快餐",全力打造"新快餐",并向同行发起倡议,呼吁大家加入肯德基的行列,共同打造一个符合新时代人类需求、符合中国国情的"新快餐"。

(三)解释突发事件,平息舆论风波

当旅游业组织遇到危机事件时,为了向社会公众说明事情的真相,公布事件处理的最新进展和相关举措就要通过召开新闻发布会的形式将消息公布于众。比如,2005 年与圆明园景区相关的"湖底防渗工程"和"湖心岛事件",以及"万春园别墅事件",引发了社会各界的讨论和各方面专家的争议。相关职能部门也非常重视。在各种舆论的压力下,2005 年 5 月 24 日,北京市政府相关部门专门组织召开了关于圆明园事件的新闻发布会,向社会各界说明情况,澄清事实。又如,在苏丹红事件发生后,2005 年 3 月 28 日中国百胜餐饮集团就旗下品牌肯德基的苏丹红事件召开新闻发布会,公布了百胜集团对苏丹红事件的调查结果,及时公布了相关的信息。

二、新闻发布会前的准备工作

(一)准备发言和报道提纲

要成立专门的发言起草小组,全面收集有关资料、情报,写出通俗、准确、生动的发言稿供发言人参考。另外,应事先归纳出宣传内容的要点和背景资料,写出报道提纲,在会上发给记者做为采访报道的参考。同时预先准备好回答记者问题的基本答案,要特别注意统一口径,会前应将会议主题、发言稿和报道提纲的

内容在组织内部通报一下。否则,消息不一致会引起记者的反感,甚至导致报道失误。

(二)确定邀请记者的范围

邀请记者的范围要视事件发生的范围和影响面而决定,若消息的内容和规模,仅限于某一城市,就没有必要邀请更大范围的记者参加;若邀请的记者已经确定,应提早发出请柬。请柬内容应包括此次新闻发布会的主题,主要发言人的姓名,举办的时间、地点、联系电话。新闻发布会正式举行前两至三天再向被邀请的记者打电话,确认一下其是否来参加。

(三)挑选合适的发言人和会议主持人

由于记者的职业要求和习惯,他们大都提出一些尖锐深刻的问题。这对主持人和发言人提出了很高的要求。会议的主持人应机智幽默,思维敏捷,口齿伶俐,善于引导和控制会场的节奏和气氛,一般由公共关系负责人担任。会议的主要发言人,应当熟悉掌握本组织的全面情况,能代表最高层讲话,具有权威性,原则上应安排组织的主要负责人担任。此人应思维敏捷,语言表达清晰,幽默风趣,有亲和力。

(四)选择新闻发布会的地点

在地点的选择上应根据发布新闻的主题来定。一般可在租用的宾馆、饭店或其它会议场所举行,如果规模较大、层次较高的话也可在中心城市或首都举行。这样有利于扩大影响力,同时也方便媒体记者到场采访。

(五)准备宣传辅助材料

新闻发布会时间一般较短,在较短的时间内既要发布基本信息,同时又要回答记者的提问。因此,会前的准备就显得非常重要了。应根据会议主题准备有关的资料,如产品实物、图表、照片、模型、录象带等,用来丰富新闻发布会的内容,同时也便于记者采访宣传。

(六)布置会场

会场要安置好照明、电源录音、录像等设施设备,方便记者工作,不要设电话机,以免铃声打扰。会场的座位安排要合理,对到场人员要心中有数,避免记者来到后没有适当席位或大量席位空缺,造成不良影响。会场的选择要安静、优雅,并配备舒适的座椅和必要的饮料。此外,还要有横幅标语,突出新闻发布会的主题。

(七)制作新闻发布会费用预算

新闻发布会的费用项目一般有:场地租借费、会场布置费、打印复印费、茶点费、文具礼品费、音响器材租借费、邮费、电话费、交通费等。

三、新闻发布会的程序

（一）签到

在新闻发布会的入口处，设立签到席，请参加新闻发布会的人员在签到席上签到。

（二）发资料

组织接待人员负责分发资料或事先将资料放在每个座位上。

（三）会议开始

由新闻发布会主持人宣布会议开始，致简短欢迎词，说明组织新闻发布会的目的、主题，推出新闻发言人。

（四）发布新闻

由新闻发言人发布详细新闻，发言人可以宣读新闻发言稿，也可以按照发言提纲作专题发言。

（五）答记者问

由主持人指定提问记者，发言人回答记者提问。对记者提出的各种问题，发言人应态度诚恳，语言精炼。对于不愿发表和透露的东西，应婉转地向记者做解释，不要随便打断记者的提问，如发现所发布的消息错误，应及时予以更正。主持人应维持好会场的秩序，控制好发言者的发言时间，引导记者深入提问，避免重复的提问和回答。

（六）会议结束

当新闻发言人答完"最后一位记者"提问后，主持人宣布新闻发布会结束。

（七）提示会后安排

主持人提示会后记者的活动，如参观活动、赠送纪念品、小型宴请等。

四、新闻发布会后的工作

在新闻发布会结束后，应尽快整理出新闻发布会的记录材料，从中吸取经验教训，评估效果；搜集到会记者在媒体上所作的报道，检查是否达到了预期目标，如果出现了不利于本组织的报导，应作出良好的应对策略；对照签到簿检查到会记者是否都发了稿，并对稿件进行归类分析，找出舆论倾向。另外，还要注意了解何类信息、何种方式更为公众所欢迎，以便为下一次新闻发布会的举办提供借鉴。追踪效果是目前我国旅游企业最为欠缺的基本功，亟待加强。

第四节　庆典活动

庆典是隆重的庆祝典礼。庆典活动是指社会组织为了扩大知名度和美誉度，给社会公众留下深刻的印象，创造一个良好的社会关系环境，利用重大的节日或重大的事件向公众展示组织综合能力的一种庆祝活动。

一、庆典活动的类型

（一）节日庆典

节日庆典有国家法定的节日，比如：春节、五一国际劳动节、清明节、端午节、国庆节等；有地方特色的节日，比如：哈尔滨冰灯节、吉林雾凇冰雪节、云南彝族火把节等；有某一组织的节日，比如：店庆、周年庆等。这类庆典活动不仅可以扩大社会影响，同时旅游业组织可以借此机会，总结过去，展望未来，提出新的目标和新的任务，并通过新闻媒介，对自己进行广泛的宣传报道。

（二）开业竣工典礼

开业竣工典礼是旅游业组织走向社会的第一步，它给公众留下的第一印象是组织能否顺利发展的重要前提。它有助于塑造出本组织的良好形象，提高自己的知名度与美誉度；它有助于扩大本组织的社会影响，吸引社会各界的重视与关心；它有助于将本组织的建立或成就"广而告之"，借以为自己招揽顾客；它有助于让支持过自己的社会各界与自己一同分享成功的喜悦，为日后的进一步合作奠定良好的基础；它有助于增强本组织全体员工的自豪感与责任心，从而为自己创造出一个良好的开端，或是开创一个新的起点。

（三）喜庆活动

喜庆活动包括庆功会、颁奖仪式等，如：北京申奥成功、上海成功申办世博会等，这类庆典活动可以利用社会组织的特殊日期或事件，也可以利用社会生活中的各种盛大节日或有意义的纪念日来组织活动。

二、庆典活动的组织

庆典既然是庆祝活动的一种形式，那么它就应当以庆祝为中心，把每一项活动都尽可能组织得热烈、欢快而隆重。不论是举行庆典的具体环境、场合，还是全体出席者的情绪、表现，都要体现出热闹、欢愉、喜悦的气氛。为了达到这样的效

果,一般应当做好以下的组织工作:

（一）拟定庆典活动程序

庆典活动的程序一般是:

1.宣布典礼开始,全体起立,奏国歌或与场合相适应的主题歌曲。

2.主持人宣读重要嘉宾名单。

3.领导人和重要嘉宾致辞。本组织领导人致辞,其内容是,对来宾表示感谢,介绍此次庆典的缘由等等。其重点应是庆典的可"庆"之处。

4.剪彩(或挂牌、揭幕、奠基)仪式。剪彩就是领导人和重要嘉宾使用剪刀剪断被称之为"彩"的红色缎带。剪彩者应穿着端庄整齐的服饰,并保持稳重的姿态,走向彩带,步履稳健,全神贯注,不和别人打招呼。拿剪刀时以微笑向服务人员礼仪小姐表示谢意,剪彩时,向手拉绸带或托彩花的左右礼仪小姐微笑点头,然后神态庄严地一刀剪断彩带,待剪彩完毕时,转身向四周观礼者鼓掌致意,同时奏乐、鸣放鞭炮、放飞气球或鸽子。

5.宣布庆典结束。

（二）精心拟定出席典礼的嘉宾名单

一般来说,庆典的出席者通常应包括如下人士:

1.政府和有关部门的领导。他们因关心、指导本组织的发展,为了表示感激之心特邀请其参加。

2.知名人士。知名人士能够引起社会公众广泛关注,邀请他们,将有助于提高本组织的知名度。

3.新闻记者。通过他们的宣传报道,能够提高本组织的知名度、美誉度。

4.合作伙伴。在商务活动中,合作伙伴经常是彼此同呼吸、共命运的。邀请他们是为了分享成功的喜悦。

5.员工代表。员工是本组织的主人,每一项成就的取得,都离不开他们的努力工作。邀请他们,将有助于增强本组织的凝聚力。

以上人员的具体名单一经确定,就应尽早发出邀请或通知,可以通过打电话、发请柬、上门邀请等形式,力争使各方面的嘉宾都能光临。

（三）组织接待小组,负责接待事宜

接待小组成员的具体工作有以下几项:

1.来宾的迎送、引导、招待。

2.签到、剪彩、放鞭炮(在允许燃放鞭炮的地区)。

签到:宾客来到后,有专人请他们签到。如此时有一些关于本组织的背景资料,可发给到来的宾客,扩大组织的知名度。

3.摄影、录象、音响。

4.精心布置好举行庆祝仪式的现场。

（四）安排一些必要的节目

为了制造热烈、喜庆、祥和、欢乐的气氛，在典礼过程中可以安排锣鼓、礼花、歌舞等节目，节目最好由本组织员工担任。

（五）其他事项

庆典结束后，安排参观及座谈、宴请、颁发纪念品。并准备好笔墨纸砚，供来宾题诗作画。

（六）庆典活动结束后的工作

庆典活动结束后，要注意收集传播媒介及公众舆论的各方面的反应，作好新闻报道、简报、资料、摄影、摄像及各种文稿的存档工作，写好庆典活动的总结报告。

三、举办庆典活动应注意的问题

（一）明确目的

无论什么类型的庆典活动，都是集中显示组织强大实力，展示优良组织形象，提高知名度、美誉度的专项活动，目的要明确，要与组织目标联系在一起。

（二）确定主题

每一次庆典活动都应有一个明确的主题，主题明确，才能给社会公众留下深刻良好的印象。可以用一个醒目的标题或令人耳目一新的口号来概括庆典活动的主题，以便引起公众的广泛兴趣，留下美好的记忆。

（三）经费预算

庆典活动一般耗费较大，活动之前要提出具体的预算，活动预算也不能满打满算，应留有余地，以备不时之需。

（四）确定时间、地点及规模

在时间安排上，要善于选择组织性质和社会效应相关联的时机来开展庆典活动，以获得公众的广泛注意，产生强烈的轰动效应。而举办地点要考虑的因素很多，应结合庆典的规模、影响力以及本组织的实际情况来决定。一般考虑在目标公众所在地，例如，本组织的会议厅，本组织内部或门前的广场，以及外借的大厅等，不过在室外举行庆典时，切勿因地点选择不慎，从而制造噪声、妨碍交通或治安、顾此而失彼。

（五）活动前的宣传

庆典活动之前，要利用大众传播媒介，广泛宣传与庆典活动有关的消息，创造一个良好的组织氛围，有利于庆典活动的举办。同时要确定与新闻界的联系，为记者采访和宣传报道提供一切便利条件。活动程序应当事先印制好，连同赠送给客人的纪念品一起送给来宾,做到嘉宾来客人手一份,以便他们了解掌握活动安排。

[读一读]

中国香港迪斯尼乐园开幕仪式

2005年9月12日,为庆祝中国香港迪斯尼乐园正式开门营业,在开门迎客的当天举行了盛大的开幕仪式。中午11:40,在富有中国传统特色的击鼓表演之后,国家副主席曾庆红及中国香港特区行政长官曾荫权、华特·迪斯尼总公司行政总裁迈克·艾斯纳、总裁及运营总监罗伯特·艾格,由中国香港迪斯尼乐园睡美人城堡走出,为五只中国醒狮点睛。在传统的中国鼓乐声中,醒狮们在梅花高桩上腾挪跳跃,高潮时刻抖开了一幅幅红色条幅:"让奇妙飞翔"。在开幕仪式上,中国香港迪斯尼乐园名誉大使张学友及中国香港迪斯尼乐园亲善大使杜苡乐,与来自美国华特迪斯尼、日本东京迪斯尼以及法国巴黎迪斯尼乐园的亲善大使一起登台,合唱了一曲《世界真是小小小》,以祝贺中国香港加入迪斯尼大家庭。中国香港特区行政长官曾荫权也在开幕礼上致辞,他说:"今天的开幕庆典,为中国香港旅游业翻开新的一页,中国香港将成为亚洲家庭旅游的首选目的地。"开幕典礼的高潮,国家副主席曾庆红及中国香港特区行政长官曾荫权、华特·迪斯尼总行政总裁迈克·艾斯纳、总裁及运营总监罗伯特·艾格共同为中国香港迪斯尼剪彩。开幕仪式结束之后,有大约1万名游客涌入迪斯尼乐园开始感受它的魅力。

第五节　赞助

赞助是通过组织无偿提供资金或物质帮助的方式,支持某一项事业,体现组织积极承担社会责任的形象,以此获得一定的形象传播效果的社会活动。对于旅游业组织来说,通过赞助活动能够有效地提高自身的知名度和美誉度,同时也是公众对其经营理念了解的一个窗口。

一、举办赞助活动的目的

(一)增强信任度

旅游业组织通过赞助活动,自觉履行自己所承担的社会责任和义务,使公众认识到它不是一个一味追求经济利益、唯利是图的组织,从而完善旅游业组织的道德人格形象,获得社会和公众的信任,进一步加深与公众的感情。

（二）扩大组织的知名度

社会组织通过赞助活动,使组织的名称、产品和服务获得新闻媒介的广泛报道,从而扩大社会组织的知名度。

（三）提高组织的美誉度

一般情况下,赞助活动能够在公众中形成良好的口碑,给公众留下深刻的印象,从而树立社会组织关心社会公益事业的良好形象。

（四）为组织带来经济效益

社会组织在赞助中,需要投入大笔经费,充分显示社会组织的雄厚实力,由此公众会在心理上产生信服,再通过有效的沟通,组织的知名度和美誉度不断提高,这必然能为社会组织带来更大的经济效益。

二、赞助活动的类型

（一）赞助体育事业

这是组织赞助活动最常见的一种形式,由于体育运动有广泛的群众基础,体育比赛拥有众多的观众,对公众的吸引力极大。因此,赞助体育事业不仅可以大大提高社会组织的知名度,而且可以广泛而深刻地影响公众对社会组织的态度。

赞助体育事业常见的方式有:赞助体育训练经费,赞助某项体育活动、重大的体育赛事等。比如:三星电子以前是一个默默无闻的企业,自从成为奥运会的赞助商后,其品牌知名度大为提升,对整个企业的发展产生了深远的影响。像耐克、阿迪达斯、可口可乐等公司都从体育比赛赞助方面获益匪浅。

（二）赞助文化事业

文化生活是社会生活的主要内容之一,社会组织积极赞助文化生活,不仅可以增进社会组织与公众的感情交流,而且可以提高社会组织的文化品位和知名度。

赞助文化事业的常见方式有:音乐会、文艺演出、书画展览、知识竞赛等。例如:蒙牛赞助"超级女声"的活动,在全国掀起了一阵狂潮,为许多年轻的朋友提供了一次展现青春和自我的机会,同时也提高了企业的知名度和美誉度,促进了销售额的提高,极大地提升了品牌的形象。

（三）赞助科学教育事业

教育是立国之本,发展教育事业是一个国家的基本战略方针。社会组织赞助教育科技事业既有利于我国教育科技事业的蓬勃发展,又可以树立社会组织关心教育科学事业的良好印象。

赞助科学教育事业的形式很多,常见的方式有:设立某项培养和奖励专门人才的奖学金、基金,赞助希望工程等。

(四)赞助社会福利和慈善事业

社会组织出资赞助社会福利和慈善事业,为社会弱势群体和各种需要社会照顾的人群提供帮助,这种举措既能体现社会组织的高尚风格,又能赢得社会公众的赞美。

赞助社会福利和慈善事业的形式主要有:对残疾人士的社会救济、对自然灾害的救灾活动、对孤寡老人的援助、对社区公益福利事业的捐赠等等。

此外,赞助地方性的节日活动、学术理论活动、大型展览会、社会竞赛活动等都能收到良好的公共关系关系宣传效果。

三、进行赞助的步骤

(一)做好赞助活动的前期研究

要想使赞助活动达到预期的目的,就要妥善慎重地选择赞助对象、赞助主题、深入细致地调查组织自身状况、被赞助者的情况等。在此基础上,研究赞助项目的必要性、可行性、有效性。

(二)制定计划

赞助计划一般应包括:赞助的宗旨、赞助主题、赞助的对象范围、赞助的形式、赞助的财政预算、传播方式和赞助活动的具体实施方案等。防止赞助规模超过组织承受能力,节制浪费现象。

(三)赞助活动的具体实施

在实施赞助活动的过程中,社会组织应派出专门的公关人员负责各项赞助实施方案的具体落实。

(四)赞助项目的效果测定

赞助活动完成后,要对赞助效果进行评估,检查各项指标的完成情况,对活动不理想的应找出原因。并写出书面材料。赞助活动的效果应由组织自身和专家共同测评,尽可能做到符合客观实际。

四、赞助应注意的几个问题

(一)选好被赞助单位

选好被赞助单位、主要看赞助活动是否有广泛的社会影响和良好社会效益。一般要优先对慈善事业、社会福利事业、公共设施、教育事业等活动进行赞助。

(二)赞助要量力而行

组织要每年列出赞助总额预算,在该预算范围内予以捐助。要注意留存一部分机动款项,作为遇到临时、重大活动时的备用款。

（三）谨慎选择赞助项目

选择赞助项目时,应使组织经营理念、形象、产品个性与赞助项目的主题相吻合。对各种明显不能满足其需要的征募者,应坦率而诚恳地解释组织的有关政策。

第六节　开放参观

一、开放参观

开放参观是指组织敞开门户,欢迎社会公众到组织内部观察了解组织的设施、生产经营活动和各种成果的一种活动。其主要目的是让公众更好地了解组织,增进组织与公众间的联系,培养员工的自豪感,创造和谐的社区关系,提高知名度与美誉度。

（一）开放参观的作用

1.提高组织的透明度

通过开放参观,能够增强本旅游业组织的透明度,消除公众的误解和疑虑,使公众产生信赖感。比如,2005 年,麦当劳等 9 家著名连锁快餐店和食品制造商在美国遭遇诉讼,被指生产的炸薯条等产品含有"致癌物丙烯酰胺",一时间引起了消费者的恐慌。麦当劳公司于 2005 年 9 月 10 日和 11 日,在全国范围内,向公众开放厨房,顾客只要事先到指定的餐厅预约登记,就有机会在两天开放日中的某个时段,由餐厅管理人员带领,参观麦当劳厨房的多个区域,见证其产品的制作的全过程。通过这种参观活动,能够让消费者对其质量和安全有更深入的了解。

2.提高组织的凝聚力和吸引力

通过开放参观,旅游业组织与公众直接接触,公众能全面了解组织设施以及工作(或生产活动)流程和各种成果,同时公众的建议也能及时反馈给组织,增加了组织与公众之间的感情联络,从而使组织内部产生凝聚力,对外部产生吸引力。

（二）开放参观应注意的问题

1.确定主题

每一项开放参观活动,都应有一个明确的主题,即想通过这次活动达到什么目的,取得何种效果。

2.安排好开放参观的时间

开放参观时间随组织需要而定,最好安排在一些特殊的日子,以强化参观者的印象。

3.安排好参观活动的路线

为了安全起见,不要让参观者随便乱走,应由导游引领。

4.准备宣传资料

宣传资料主要包括介绍参观内容的宣传小册子、说明书、解说词、图片、模型、实物、视听资料等,以帮助参观者了解参观内容。

5.准备纪念品

最好是本组织的小型产品、模型产品或刻有本组织名称,反映产品特征的的小型纪念物。

（三）开放参观的程序

1.接待、登记。

2.参观前放映视听材料。主要是介绍参观内容的背景材料,分发宣传小册子、以便参观者边看实物边对照,更好地理解参观内容。

3.可引导观看实物。引导参观者按预定线路进行参观,观摩实物,讲解说明,回答问题。

4.时间较长的参观,中间最好设有休息室,备好茶水。

5.参观结束后,在出口处设有留言簿,最好安排负责人出场与参观者座谈,听取意见和建议。赠送纪念品。

二、参观游览

在组织客人参观游览活动中,应注意以下几点。

（一）项目的选定

据来访者的目的、性质、兴趣、意愿,结合当地实际情况,选定某些参观的项目。

（二）安排布置

事先计划好游览行程。如去哪些地方,游玩多长时间,集合地点等。不要将时间安排得太紧,尤其是游玩时,应预留一点自由活动时间。

（三）陪同

根据客人情况安排陪同人员,在陪同客人参观过程中应边看边介绍,同时回答客人提出的各种问题。

（四）摄影

陪同人员应主动介绍组织到现场中的最佳摄影点。通常可以参观的地方都允许摄影,不准摄影的场所应树立标志,并向来宾作出解释。

第十三章 公共关系礼仪

本章提要

本章主要从公共关系的角度出发,在对礼仪的起源进行概述的基础上,重点介绍了与旅游公共关系活动密切相关的一些礼仪规范,主要包括日常生活的礼仪、公共场合的礼仪、涉外礼仪等方面的内容。

第一节 公共关系礼仪概述

在公关实践中,公共关系人员需要与大量的公众打交道,在人际交往中必须要讲究礼仪、懂得礼仪规范。公关人员是组织形象的代表,是旅游业组织公共关系的实践者。他们的行为表现如何,将会直接影响公众对组织的评价。因此,旅游业组织的公共关系人员必须要掌握礼仪交往方面的基本知识,使自己的行为符合礼仪规范的要求。公共关系礼仪既反映了公共关系人员的道德修养,也是成功开展各项公共关系活动的基础。

一、礼仪的起源

中国自古就是文明古国、礼仪之邦,在礼、乐、射、御、书、数"六艺"之中,礼居其首。"温良敦厚、洁身慎行、敬业乐群、以和为贵"等立身处世的基本原则,无不贯穿着"礼"的精神,并一直是中华民族传统道德中理想人格孜孜以求的至高境界。礼仪的起源可以追溯到原始社会的远古时代。那时,社会生产力十分低下,人类处于愚昧状态,在大自然面前显得软弱无力,对自然现象和灾害感到神秘莫测,于是,人们就把生活中的得失或成败归于自然,看成是自然的恩赐或惩罚。为了避免受伤害,便虔诚地向神鬼跪拜敬礼,祈求免祸赐福,从而产生了人类以祭天、敬神为主要内容的"礼"的雏形。在长期敬神祭鬼的活动中,使得各种程序与形式逐渐完善并固定下来,这就是最初的礼仪。

二、礼仪的发展

随着私有制、阶级和国家的出现,人类社会进入到奴隶社会,这是人类社会的一大进步。人类的文明程度也随之得到提高,各种礼仪制度相继确立。古人云:"中国有礼仪之大,故称夏,有服章之美,故称华。"早在孔子以前,已有夏礼、殷礼、周礼三代之礼。西周时代是我国古代历史上的礼治时代。

春秋战国时期,以孔子、孟子、荀子为代表的学者更加系统地阐述了礼的起源、本质与功能。孔子是我国历史上第一位礼仪学专家,他把"礼"作为治国安邦的基础。他主张"为国以礼","克己复礼",倡导人们"约之以礼",做"文质彬彬"的君子。孟子也很重视礼,他把仁、义、礼、智作为基本道德规范。荀子著有《礼论》,论证了礼的起源和社会作用。

到了封建社会,礼的演进进入了礼仪时期,而且礼仪制度有了新的特点,即被打上了严格的等级制度的烙印,其主要作用是维护封建社会的等级秩序。

到了现代社会,礼仪从形式到内容都发生了很大的变化,即形式趋简,如中国古代交际礼仪中的"拜"随着时代的变迁,为适应当代人快节奏生活方式,致意的礼仪相继以握手、点头、微笑等代替;礼仪内容日渐丰富,如言语礼仪增加了大量外来语词汇,而非言语交际礼仪更显示了当今科技、生产力发展水平以及生活方式与文化思想的和谐。刊登广告、电视台点歌祝寿、贺新婚、电话拜年、发短信等已成为最新颖的礼仪形式。

总之,从礼仪发展的轨迹可以看出:礼仪作为人们的行为模式和规范,属于社会的上层建筑,由社会的经济基础决定,并随着社会实践而不断地丰富和发展。而现代礼仪无疑有了本质的飞跃性的进步,它最终由社会的物质生活条件所决定,并且它又将以自己特有的方式对社会的发展起着重大作用。学习礼仪,遵守礼仪,弘扬礼仪文化就成为社会主义精神文明建设、和谐社会创建的一个重要任务。

三、礼仪的特征及类型

（一）礼仪的特征

礼仪即礼节和仪式。它包含双层涵义：一是思想，即在人际交往、社会交往中应该尊敬他人、讲究礼节的思想。二是形式，即礼仪的基本程序和具体表现。合二为一，礼仪就是在交往中体现出来的人们之间相互尊重的意愿，并按约定俗成的方法付诸实施的不成文的规定。礼仪具有以下三个基本特征：

1. 统一性

从礼仪的第一层涵义即思想性来看，礼仪具有统一性，即礼仪是人们在长期的人际交往和社会外交活动中形成的尊敬他人、讲究礼节的约定俗成的社交惯例。

2. 独特性

礼仪是人们在人际交往和社会外交活动中逐步形成的行为规则。但是，不同的民族或地区，由于其历史发展、文化渊源、自然条件、政治制度、经济发展、技术水平等各不相同，从而使礼仪表现出风格迥异的具体形式和程序。例如，在人际交往中，见面礼就有许多形式：中国人行握手礼，日本人行鞠躬礼，欧美国家盛行拥抱礼和亲吻礼等等。

3. 发展性

礼仪受到社会政治、经济、技术、文化发展等因素的影响，其内容得以不断变化和发展。例如，随着社会的进步，信息传播技术的发展，人们观念的更新和生活节奏的加快，过去人际关系中的某些繁琐、拖沓的礼节都得以简化、改革，从而使人际交往既讲究又适应时代发展的需要，同时对形成健康、良好的社会风尚起到了积极的促进作用。

（二）礼仪的类型

中国素有"文明古国、礼仪之邦"的美称，从古至今，历来崇尚礼仪。孔子曰："不学礼，无以立。"荀子曰："人无礼则不生，事无礼则不成，国无礼则不宁。"这说明礼仪是一个人立足社会、成就事业、获得美好人生的基础。礼仪是人类文明进步的重要标志，是适应时代发展、促进个人进步和成功的重要途径。在中国古代，礼仪的类型可谓丰富多彩。《礼记·中庸》中说："礼仪三百，威仪三千。"可见，在中国，几千年前礼仪的规模之宏伟。从一般情况看，礼仪可分成三大类型：一是人生礼仪——关于生、寿、婚、丧的礼仪；二是宗教礼仪——包括信仰礼仪，宗教的祭祀活动等，从古至今在人类大范围内盛行；三是交际礼仪，即人与人之间、个人与社会组织之间的交际礼仪，或称公共关系活动的礼仪。

四、礼仪的基本作用

礼仪是人类文明的重要标志,在人们的日常生活中,几乎一切行为都同它有联系。为了实现公共关系中的"人和",保持良好的公共关系状态,就要懂得尊重他人的各种需要,讲究礼仪,充分发挥礼仪在公共关系活动中的作用。许多人认为礼仪只是一种"小节"而已。其实,礼仪虽小,但礼仪却是以小见大,从细微处见精神,从表象反映本质的"行为显微镜",在公关活动中具有重要作用。

(一)沟通的作用

在人际交往当中,有大家需要共同遵循和认可的礼仪规范,如态度亲切、称呼得当、穿着得体、姿势正确,这其实都是礼仪。如果交往双方都能自觉遵守规范,把握好交往节度,则信息交流顺畅,感情易于沟通,交往气氛融洽自然,行为易于理解,利于达成共识。反之,非礼言行则会成为一种摩擦因素,阻碍相互的理解与沟通。

礼貌的言行,是情感交往中的"润滑因素",公关人员掌握和应用交往的原则、规范、表现出好的礼仪修养,有利于塑造自身的良好形象,让公众信赖和接纳,从而促进彼此间的沟通交流,为公关活动创造一种融洽的情感氛围。有人这样赞叹礼仪:"礼仪是人类交往的台基和铺垫,它能够融化陌生的敌意,抚慰冷漠的心灵,搭起人际交往的桥梁。它教会人们如何在交际环境里举止不失礼,神色不失态,言语不出格。"

(二)协调的作用

俗话说,人非圣贤,孰能无过? 在公关工作和生活中谁也不可能不出一点点差错。当人们由于失误、误解或某种过错造成了人际矛盾时,礼仪是化解矛盾、消除隔阂的最好"武器"。从一定意义上说,礼仪是人际关系和谐发展的调节器。人们在交际场合,按礼仪规范去做,有助于加强彼此之间的互相尊重、友好合作的正常关系,求得公众的同步心理反应,扩大自己的社交关系圈,缓解或避免某些不必要的情感对立与障碍,消除隔阂和矛盾,从而为社会组织的发展拓宽和铺平道路。

五、公共关系礼仪及其基本要求

"你今天对客人笑了没有?"这是希尔顿饭店集团总公司的董事长唐纳·希尔顿在五十多年里不断视察其在世界各地的希尔顿饭店业务时,向各级人员经常问到的一句话。正是在这句话的鞭策下,希尔顿饭店集团的员工始终以微笑来面对顾客,得到了顾客的赞扬和认可,饭店的生意也越做越好。

微笑永远是受欢迎的,它来自欢乐,同时也可以创造快乐。微笑可以充分展示员工的热情和信心,能够起到化干戈为玉帛的作用。可见,礼仪活动在公共关系中起着不可估量的作用。

公共关系礼仪是公共关系工作人员在开展公共关系活动时应遵从的尊敬他人、讲究礼节的程序。

礼仪的重要性在旅游行业体现得尤为直观和明显。旅游业是窗口行业,旅游从业人员直接面向外来的社会公众,代表着组织的形象。可以说,人人都扮演着"公关员"的角色。所以,对于旅游从业人员特别是公共关系人员来讲,公关礼仪教育显得十分重要。过去在旅游行业偏重于服务技能的训练,而忽视了待客语言、举止、着装等礼仪方面的培训。现今,随着旅游业的发展逐渐走向成熟,旅游业组织愈加重视礼仪方面的培训,讲究礼仪的意识逐渐增强。公共关系礼仪是被公共关系人员掌握并融于各项公共关系业务活动之中的具体规程,掌握这些"规矩"和"程序"固然必要,但更为重要的是应把握公共关系礼仪的基本要求。具体来说,公共关系礼仪的基本要求有以下几条:

（一）充满爱心

礼仪的本质就是表达人们之间相互尊重的意愿,惟有真诚、爱心才能赢得更多公众的信赖,才不致于使礼仪变成虚伪的过场和形式。

（二）相互谅解

互相谅解、和睦相处,这是礼节的真谛。也就是说,不让他人感觉不好,不使他人难堪,这比提防自己不出错、不出笑话更为重要。

（三）品德高尚

很多礼节是大家应该自觉遵守的,是一种共同的生活准则,它可以反映出一个人的修养和道德水准。公共关系人员在代表企业与外界往来,协调和处理各种公共关系事务时,必须以道德的水准来衡量自己的言行举止。

（四）吸取经验

公共关系工作需要和各种类型的公众打交道,这些公众可能来自不同的国家、地区、民族,有着不同的性格、职业、爱好、知识水平等。因此,为了更好地开展公共关系工作,公共关系人员必须广泛学习和了解各种各样的礼仪习俗,不断吸取有用的经验。

（五）灵活运用

对礼仪规则的运用,要适应现实生活,适应企业的需要。具体问题具体分析,灵活运用,巧妙安排,定会给企业的公共关系活动增光添彩。

第二节　日常交往的礼仪

礼仪是人们在社会交往中所形成的相互表示敬意、友好的规范和准则。它具体体现为礼貌、礼节、仪表、仪式等形式。显现的常态是语言、情感、姿态、行为的综合运用。公关人员应熟悉掌握各种礼仪要求。下面介绍几种常见的日常交往的礼仪。

一、日常交往中的基本礼貌礼节

在日常交往中，有的人很有吸引力，人们乐于接近他，喜欢与他交往；有的人就缺少吸引力，人们不愿与他交往；有的人威信很高，人们尊敬他、信任他、崇拜他；有的人没有威信，人们轻视他、藐视他。在公关活动中，处理同样的事情，有的人使本来应当成功的事情陷入僵局，有的人能够使陷入僵局的问题顺利解决。之所以出现截然相反的结果，是由很多因素造成的，但这其中，一个人的礼貌修养有着相当重要的影响。

一个人的礼貌修养常常通过日常琐事表现出来：去拜访别人应考虑拜访的时间；乘车时要让地位高年龄大的人先上车，下车时应先下来为他们开门；与熟人见面，应主动打招呼；同他人谈话，要注意使用谦辞敬语。正是在这些看似微不足道的小事中，可以反映出一个人的礼貌修养、文明程度。

(一)遵守公德

公德是社会的公民为了维护整个社会生活的正常秩序而共同遵循的最简单、最起码的公共生活准则。遵守社会公德，是人与人之间相互尊重及对社会的责任感的体现，是每个文明公民应具备的品质，公关人员必须自觉遵守社会公德。

遵守社会公德包括爱护公物、遵守公共秩序、主持正义、救死扶伤、见义勇为等。文明社会，人人都要遵守公德，人人都要反对不讲公德的行为，这样才能形成相互帮助、相互理解、相互礼让的良好社会风气，也只有在良好的社会环境中，人们才能友好相处，公关活动才能顺利开展。

(二)遵时守信

遵守时间，恪守信用，是公关工作中最起码又最重要的礼貌修养。失约和失信都是失礼的行为，常常使人非常反感。凡约定和承诺的事，即使有困难，也要千方百计地按时间、按要求做好。限定时间的公关活动应按照规定的时间稍微提前或准时到达，如果确实不能到达，应提前打招呼。在世界各国，人与人交往时要慎重，办不到或力所难及的事不要轻易答应，更不能为了骗取别人的信任和好感就说大话，言而无信是失礼的行为。

（三）女士优先

尊重女士是社会文明的一种体现。在英国绅士风度的重要标准之一就是女士优先。女士优先，不仅仅是顺序上的先后，而且包括尊重女士、帮助和照顾女士。不遵守这一成规，被视为失礼。

无论何人发表演说，开场白总要先说"女士们"，然后再说"先生们"。握手时，男士要等女士先伸出手来才能同她握手。一般认为右边比左边尊贵，所以男士和女士走在一起或坐在一起时，应让女士在右边，安排宴席座位，主人应让女士坐在自己的右边。如果有前后次序，通常是女士在前，上下电梯、上楼梯、进房间时，女士先行。但下楼梯时，一般男士在先，为的是万一出现意外情况设法保护后面的女士。上车时，男士为女士打开车门，并将手挡在车门框上，下车时，男士先下，走到车的另一边，为女士打开车门，将手挡于车门框，如需付车费，由男士付。与女士同行，男士要帮女士拿除手包以外的物品。总之，在各种场合，男士都应尽可能地帮助女士。

（四）善于交谈

善于与各种各样的人交谈，是公关人员应具备的基本条件。在交谈中，能够充分体现出一个人的礼貌程度，所以要掌握一定的交谈艺术。交谈包括听和说两个方面。首先，要善于聆听。在别人讲话时，要认真地听，切不可随便打断别人的谈话，要对对方的话有所反应，并且不断地通过点头、手势、表情等表示你在倾听，或适时插入一两句表示赞同的话，鼓励对方把话讲下去。认真聆听对方讲话，能给对方以自信的感觉，是礼貌行为的表现。其次，要学会讲。讲话要有主题，注意逻辑性，把自己的意思表达清楚准确。不能不着边际地乱讲一气，让对方摸不着头脑。再次，要善于挖掘话题，迅速捕捉到对方感兴趣的事，迅速调动起对方谈话的积极性；不谈对方不熟悉的事，谈话的内容不应使对方感到压抑和尴尬。

总之，一个人的礼貌修养程度会影响到他的社会交往，会影响到公关活动。公关人员在日常生活中养成良好习惯，有礼貌地同他人交往，那么，他将拥有一个多彩的世界，他的公关工作定会做得有声有色。

二、日常礼节

（一）握手礼

握手在人类社会中起源较早，据说原始人表示友好时，首先亮出自己的手掌,并让对方摸一摸,表示自己手中没有武器。后来逐渐演化,成为现在的握手礼。现在的握手礼已没有最初的用意,只是一种交往的礼节。比如老同学、老朋友见面握手表示亲热,初次见面握手表示欢迎等。

1.握手的次序

两人见面,谁先伸手握手,也是对人的尊敬问题,一般的次序是:年龄较大、身份较高的人先伸手。年龄较小,身份较低的人不宜先伸手,而要等对方伸手后,立即上前回握。女方首先伸手。男女之间,当女方伸手后,男方可点头示意或鞠躬。不要贸然伸手,让女方有非握不可之感。

主人首先伸手。主人与客人之间,主人有伸手的义务。当客人到来时,不管客人的身份如何,性别如何,主人都应首先伸出手表示欢迎,若是等到客人伸手,则显得主人有怠慢之感。

但无论是谁先伸出手,对方都应该毫不迟疑地回握,以避免一方一直伸着手,无所适从。

2.握手的方式

伸出右手,四指并拢,拇指伸开,掌心向内,手的高度大致与对方腰部上方齐平。同时,上身略微前倾,注视着对方,面带微笑。不可一边握手,一边左顾右盼。

如果两人比较熟悉且感情比较激动时,握手的力度可以大些,握手时间可以长些,并可以双手交握。若对方是长辈或上级,则用力应稍小,否则给人一种强迫的感觉。与晚辈或下级握手可适当用力,给人一种信任之感。和女性握手则不能十分用力,只需象征性地轻轻一握即松。但无论对方是谁,都不可被动地让对方握,自己毫无反应,这样会给人一种应付的感觉。

男性不可戴着手套与他人握手,这是礼貌性的问题,当对方伸出手后,应迅速脱去手套上前相握。女性可戴薄手套同他人相握,这不算失礼。

不要用湿手、脏手同他人握手。若你正在干活,对方热情地伸出手来,你可以一面点头致意,一面亮出双手,简单说明情况并表示歉意,以取得对方的谅解,同时,赶紧洗好手热情接待。

(二)致意

致意是一种相识的人常用的见面礼节。通常是彼此相识的人用来打招呼时所用的一种礼节,表示相互问候之意。通常有以下几种形式:

1.举手致意

当彼此相识的人在公共场合或较远距离,但又互相看到时,一般用举手致意,以示对对方的问候。即举起右手,掌心朝向对方,轻轻摆一下手即可。注意摆幅不宜过大,也不要反复摆动,只需轻轻一摆,双方都能见到即止。一切以自然为宜。这时,如对方需要进一步与你交谈,他是会主动与你接近,和你深谈的。

2.点头致意

适用于不便与对方直接交谈的场合,比如,你正在接待其他顾客,又遇见熟人,或又有顾客要与你交谈,你只要点头致意即可,以表示你已见到了他。他若有事找你,会等待你接待完原先的顾客后,再与你交谈的。有时与相识者在同一地点多次见面或仅有一面之交的朋友,在公共场合相见,均可点头致意。点头致意的方法为:头部轻轻往下一动,幅度不必过大。

3.欠身致意

一般用于坐着时与熟人打招呼,身体的上部微微向前一躬。用这种方式表示对他人的恭敬,适用范围较广。如在不少宾馆前厅内,多设有大堂经理或副经理台,当他们遇见熟人时,可用欠身致意的方式,以示欢迎。有客到办公室来访,也应用欠身致意的礼节接待,以表示对客人的欢迎与敬重。

4.脱帽致意

不同场合遇见身份较高的人,应有礼貌地点头致意或脱帽致意,一般不宜贸然上前握手问候。只有当身份高的人主动向你伸出手时,才快步走上前与其握手。当遇见身份较高的人在与别人交谈时,一般不要忙着走过去问候,而是在对方应酬活动告一段落后,再向前问候致意。

(三)介绍的礼节

介绍是社交活动中人们相互了解的基本方式。通过介绍,可以迅速缩短素不相识的人之间的距离,以便更好地交谈,更多地沟通和更深入地了解。介绍包括自我介绍和介绍他人。

自我介绍,是将自己介绍给对方,或是将自己介绍给很多人。自我介绍时要注视着对方,这表现了对他人的尊重,同时也是对自己的自爱。介绍时要注意把姓介绍清楚,因为对方必须清楚姓才可以称呼,介绍名字时,可以按字面做解释,这样便于对方记住自己的名字,中国人的名字一般都有寓意,可以幽默、生动地加以解释。如"马千里,千里之马"等。自我介绍时往往使用谦词。

介绍他人,是将他人介绍给对方或介绍给大家。介绍他人应注意介绍的顺序:首先,把年轻者介绍给年长者,如"赵老师,这是我的弟弟。"其次,把地位低者介绍给地位高者,如"张经理,这是我的同学小王。"如果性别与地位发生矛盾时,应按地位顺序介绍,如"杨教授,这位是周小姐"。介绍中,首先提及者为更受尊敬者。同级、同龄、同性人之间可平等介绍,要以轻松、自然、愉快为原则。当自己被别人介绍时,一般应起立、微笑、致意。

介绍的内容根据场合和交往的目的不同而有所不同,一般应注意简洁,但又不是对被介绍者情况的客观陈述,要突出特点,比如籍贯、特长等,这样有利于找到彼此的共同点,使交往顺利发展。但不要过分夸耀,更不能无中生有,这样会令人反感,难以得到对方的信任。

(四)名片的礼节

现在很多人用名片代替了介绍,公关活动中应懂得使用名片的礼节。

名片的一般规格是长 9 厘米,宽 5.5 厘米,上面印着姓名、职务、地址、电话、业务范围等内容。递名片的顺序一般是地位低的先把名片递给地位高的,年轻的先把名片递给年老的。但是,如果对方先把名片递了过来,也不必谦让,应当大方收下,然后再将自己的名片递过去。

交换名片应当双手递和双手接。名片正面朝上,字的正方向朝着对方,双手将名片递过去,千万不能用食指与中指夹着递过去。接名片时也要用双手,接过后认真看一遍,必要时可说些“认识您很高兴”之类的话,然后将名片仔细放好,不可拿着别人的名片玩弄,不可随意将名片扔在一边,这样是对别人的不尊敬。

递名片要掌握好时机,有时一见面就交换名片,也可以在彼此交谈结束时再换名片。如需将本人名片递给若干人时,一般应一一递给,不要遗漏,并注意先后顺序。

(五)问候的礼节

问候是友好的表示,是不同民族、不同地域人们共同遵循的礼仪。问候的总体要求是亲切与得体,应当根据特定的时间、场合与对象,运用相应的方式,只有这样,才能给人以自然亲切、合情合理的审美感受。这看似容易,但也并非每个人都能做好的。

1.问候要注意时间变化

最常见的问候是问好,带有祝福的涵义,如“您好”“你们好”等。根据时间变化,也可相应地改变问候语,如“您早”“早晨好”“晚安”等。这样的问候,应当简洁,宜多用省略句、无主句。

2. 问候要注意地点、场合

问候方式必须适合特定的地点、场合。对方正休闲娱乐,问候长些也无妨,还显得关心与亲切;而对方正紧张工作时,则只能简短问候或点头示意。在无法按常规问候或对方难以应答的场合,如卫生间相遇,适于点头即止。遇有令对方沮丧、难堪的场合,应机敏地绕开令人尴尬的话题,使问候语营造出乐观开朗的气氛,给对方以心理上的抚慰与鼓励,使其感悟到生活中的亮色,记下你这特殊场合下的问候。

3.问候要注意口语化

问候的口吻多种多样,但问候语应力求口语化,方显得亲切又自然;如果用语艰涩难懂,故作高深,则会冲淡情感交流的气氛;而粗俗不雅的问候,也会让人觉得品位不高而不愿接受。

（六）出行的礼节

1.走路的礼节

走路除遵守交通规则等公共秩序外，一般不要超越同行的长辈、上级，不得已要超越时也应回首点头示意；在狭窄走廊与长辈、女士相遇，应站住让路；男女同行，男士应迁就女士的脚步；上楼梯时男士应走在女士的后面，下楼梯时男士应走在女士的前面。

2.坐车的礼节

上车时应打开车门请客人或长辈先行上车；男女一起坐车，应先让女士上车。小轿车的座次亦有讲究，后排右侧靠窗的位置为上坐，左手位置次之，如有中间位置更次之，司机旁的位置为低；如果乘主人自行驾驶的轿车，则以前坐为重，可安排主客陪坐于前排，如主客中途下车，后排客人应移前坐，补其空缺，方为不失礼。

3.坐飞机和其他车辆的礼节

乘飞机、火车或大型轿车，靠窗户位置为上席。如四人对坐时，靠窗并处于前进方向的为首位，对面为次之，首位旁为再次位，对面为最次位。公共关系人员应当妥善地安排主客就坐。

（七）交谈的礼节

交谈礼节的要求是尊重对方和适度谦让，公关人员应把握交谈的方式，以此来体现这一礼节要求。

1.莫夸夸其谈，也不过分谦恭

交谈的态度要自然大方，谦和可亲，要了解对方意图，以便应答得体，合礼而有节。当然不能自吹自擂，夸夸其谈，强加于人；但也不可过分谦恭，甚至丧失平等的身份。要知道如果对国际公众表示谦虚与客套，往往造成误会适得其反。如说"饭菜不好，请多原谅"，客人反会产生"不好的饭菜为何还拿来待客"的想法。

2.实事求是，慎作承诺

交谈的内容要实事求是，恰如其分。对客人提出的要求，没有把握就不要给予肯定的允诺，要留有余地；而一旦做出承诺，则无论如何也要设法办妥。

3.注视对方，不要冷落他人

无论交谈的内容与态度如何，均应平和地注意倾听，交谈时应面向客人，注视对方；左顾右盼，漫不经心，则是非常失礼的行为。有多位客人在场时，不要只同一人长谈而冷落其他人，切勿热了一人而冷了大家，应注意间歇地向其他客人致礼貌性词语。不要只顾与同事切磋应答之词，而让客人久等。

4.交谈距离适宜，尽量少打手势

交谈的距离以三米左右为宜，以说话内容能让对方听清为准。交谈时尽量少打手势,需要打手势时动作也不可过大。说话声音过高,会造成压人之势;手势过大,也给人指手划脚的感觉。

5.不要打断客人的说话,不偷听客人间的谈笑

要给客人充分的说话机会,客人发言时,不应随意打断或插话;如果出现了误会,实在有必要插话解释时,也要礼貌地先征得对方的同意。客人之间谈笑,切不可靠近偷听,否则会让客人生厌。

6.不问及客人隐私,不以生理特征为话题

常说的"不问男士的财产,不问女士的年龄",是出于礼貌的规范。其实,有关婚姻状况、有无子女、生活经历、职业收入、所携物品等隐私,均在不问之列。如果属于办理手续之必要,则应向客人作解释。另外,客人的高、矮、胖、瘦等生理特点,也不应成为交谈的话题。

7.应急的语言技巧

在社交场合,难免会出现一些意料之外的事件。掌握应急的语言技巧可以使紧张的气氛变得轻松,使窘迫的场面变得自如,使被动变为主动。

(1)一语双关

一次,一位美国记者采访周总理时,看见总理办公桌上的一支美国派克钢笔,便问道:"总理阁下,你们堂堂中国人,为什么还要用我们美国生产的钢笔呢?"周总理笑了笑,说:"这可不是支普通的笔,是一个朝鲜朋友抗美的战利品,作为礼物送给我,留下做个纪念,我觉得有意义,就收下了这支贵国的笔。"

(2)反口诘问

在人际交往中,有些问话,答"是"或"不是"都不合适,此时最有效的办法就是循着对方提问的轨迹,反口诘问,迫使对方自己作答,这样既回避了难题,又取得了主动。作家梁晓声有一次接受美国记者的采访时,有人问:"没有'文化大革命',可能就不会有您这样的知青作家,那么'文化大革命'是好是坏呢?"梁晓声略一怔,随即反问道:"没有第二次世界大战,就没有因反映第二次世界大战而著名的作家,那么您认为第二次世界大战是好是坏?"这种巧妙的反问使对方无话可答。

(3)顺势幽默应对

顺势幽默的应急语言能有效地使人从困境中摆脱出来。美国外交家富兰克林不懂法语,有一次在法国一所学校里聆听一场精彩的法语演讲,当演讲完毕时全场一致鼓掌,他也跟着鼓掌。当得知刚才讲的都是赞美他的话时,他为自己的鼓掌感到尴尬,他便对在场的人说:"我给大家讲个笑话吧。"接着便把刚才的事情说给众人听,众人一阵大笑,他也笑了,摆脱了尴尬。

(八)电话礼仪

在现代社会里,电话是一种常见的通讯、交往工具,掌握打电话的礼节也是

公共关系日常礼仪中的重要内容。

　　1.接电话的礼仪

　　电话铃声一响,应尽快去接,最好不要让铃声响过五遍。拿起电话应先自报家门,常用语是:"您好,这里是××公司××部";询问时应注意在适当的时候,根据对方的反应再委婉询问。那种生硬的询问,或先询问对方的身份之后再答"他不在"的做法是非常没有礼貌的表现。电话用语应文明、礼貌,态度应热情、谦和、诚恳,语调应平和、谦逊,音量适中,以给对方留下美好的印象。接电话时对方的谈话可作必要的重复,重要的内容应简明扼要地记录下来,如时间、地点、联系事宜、需解决的问题等。电话交谈完毕时,应尽量让对方结束对话,若确需自己来结束,如手边有急需处理的事宜,应加以解释、致歉。通话完毕后,应等对方放下话筒后,再轻轻地放下电话,以示尊重。

　　2.打电话的礼仪

　　选择适当的时间。一般的公务电话最好避开临近下班的时间,因为这时打电话,对方往往急于下班,很可能得不到满意的结果。公务电话应尽量打在对方单位,若确有必要往对方家里打时,应注意避开吃饭或午睡时间,晚10点以后、早上8点之前应避免打电话打扰。首先通报自己的姓名、身份。必要时,应询问对方是否方便,对方回答"方便"后,再开始交谈。电话用语应文明、礼貌,电话内容要简明、扼要。通话完毕时应道"再见",然后轻轻放下电话。

三、礼仪交往

(一)拜访

　　在公共关系活动中,公共关系人员免不了要经常前往不同的地方拜访公众。拜访公众的目的就是加强联络、沟通感情、扩大影响等。要想使拜访工作达到预期效果,就必须遵守一定的礼仪惯例和规范。

　　1.办公室拜访

　　办公室是各种组织处理往来事务的重要部门。公共关系工作的拜访活动常常发生在办公室。做好办公室拜访,应注意以下几方面的问题。

　　(1)事先约定时间

　　拜访要事先和对方约定,切忌贸然前往,成为不速之客。一旦约定就要按时前往。如有事不能按时前往时,应及时沟通,说明理由并表示歉意,更改拜访时间。具体的联系方式可以打电话或写信,但都要在拜访前一周进行,约定的时间和地点应以对方的决定为准。约定好时间后不能失约,要按时到达,既不要迟到,也不可过早。

　　(2)注意仪表仪容

一般性的拜访可不必过分修饰；比较重要的拜访，应注意仪容端庄，服装大方，以示对对方的尊重。仪容不佳、衣冠不整是极不礼貌的。注意仪表，也并不意味着过多的精力去修饰打扮，更不要穿奇装异服。

(3)礼貌进入室内

到达办公室门口，要稍稍整理一下头发和服装，鞋子在门垫上蹭干净。叩两三下门，经允许后方可进入。如门虚掩或开着，则应先敲一两声，并问："我可以进来吗?"待应答后再进入。

(4)尽快进入正题。

到办公室拜访，一般都是工作性拜访，由于办公室接待工作繁忙，因此双方见面后客套话尽量少说，尽早将话题转到正题上来，以免影响对方的工作。

(5)适时予以告辞

在达到拜访目的后，应及时礼貌地告辞并对对方的热情接待表示感谢，对进一步接触表示信任和诚意。

2.宾馆拜访

公共关系活动中经常有同本组织或个人有联系的外地公众到本地来参观、学习、考察或进行其他活动。在得知此消息后，应前往客人下榻的宾馆，进行礼节性的拜访。

(1)约定时间

到宾馆拜访客人时，为了不打扰客人的休息和活动安排，也为了让客人有所准备，拜访前应先同对方约定好时间。时间的确定多由对方决定，同时，要问清楚对方下榻宾馆的位置、楼层、房间及联系电话等。

(2)服饰得体

宾馆是较正规的公共场所，进出宾馆时服饰一定要得体，以体现个性和修养，获得他人的尊重和表现对他人的尊重。

(3)举止有礼

进出高级宾馆大门或上下电梯时，都有服务员为你提供服务，就是在宾馆的大厅内、走廊上也有服务员向你问候。对服务员的服务表示感谢，对服务员的问候，要以礼相待，不可视而不见。

(4)敲门入内

进入客人房间以前，要先核对房间号，证实无误后，可轻轻叩门。待客人开门后，先进行自我介绍，得到客人准许时，方可入内。

(5)遵守规定

到宾馆拜访客人，应遵守宾馆的各项规定。不在禁止吸烟处吸烟，不在客人房间留宿，不在客人房内喧哗，不损坏客人房间的公共设施。遵守宾馆各项规定是道德水平礼仪修养的具体体现,能够给客人留下良好的印象。

（6）及时告辞

到宾馆拜访客人大都是礼节性的。东道主应热情欢迎客人的到来,主动关心客人的生活和工作,及时提供帮助。到宾馆拜访客人时间不宜太长,以不超过30分钟为宜。

第三节　公共场合的礼仪

礼仪是人类文明与素养的表现,是人性美和行为美的结合,是道德、习惯、风俗及禁忌的综合体现,掌握在公共场合应遵守的行为规范,有助于公关人员在公关活动中与人交流沟通,顺利完成公关任务。

一、宴会的礼节

宴会是常见的社交活动,按宴会的性质划分,有礼仪性的、交谊性的、工作性的三种;按宴会的形式划分,有国宴、便宴、家宴以及工作餐、酒会、茶会等类型。

（一）宴会的礼节

1.邀请客人

宴会的地点、规模确定之后,可以请柬形式发出邀请,这既出于礼貌,也利于客人备忘。便宴经约定后,可发亦可不发请柬。工作餐更为随意,可不发请柬。请柬请写明宴请的时间、地点及宴会的主题;被邀请人的姓名、单位、职务等宜用全称,以示尊重;并要求被邀请者答复能否出席,以便确切掌握来宾情况;较为隆重的宴会,还需注明着装要求。要邀请主要宾客携夫人出席,其他客人可依情况而定。请柬一定要适当地提前发出,以便对方决定是否出席以及做好日程安排。

2.座位安排

要提前安排好席位,有的也可以只排定部分客人的座次,其他客人只排桌次或自由入席,现场应当有人引导。礼客次序是排列坐席的主要依据,以主人和其夫人为基准,以靠近者为上,右高左低,依次排列;桌次的高低也应以离主桌位置远近而定。国际上的习惯,男女交叉安排,如主宾在女主人右上方,主宾夫人在男主人右上方。夫妇一般不相邻而坐。主人方面的陪客,应尽可能插在客人中间,以便接触、交谈并调节气氛。在多边活动场合,可适当将身份大体相同、使用相同语种的客人排在一起,以方便谈话;如有相互敌视、关系紧张国家的人员出席,还须注意避免邻近安排座次。

3.宴会举行

正式的官方活动中,宾客将到达时,应有其他官员或随从陪同主人排列成行迎宾,称为迎宾,依次与客人握手,然后客人由接待人员引进宴会厅或休息室。主宾到达后,主人应陪同先进入休息室,宴会开始时再一同步入宴会厅,与到场的其他客人会面。较隆重的宴会开始后,由主人、主宾先后致欢迎辞与答谢辞。而欧美一些国家习惯于在热茶之后、甜食之前安排讲话。宴会进行中,上菜、分菜的一般做法是按先客人后主人、先女宾后男宾的顺序,依次进行。应从进餐者的左侧分菜,而从右侧倒酒,亦可视坐席状况灵活掌握。如将刀叉呈八字或交叉放在盘中,即表示还要添菜;而把刀叉合拢并列置于盘中,表示已经吃完,可以撤盘。宴会主人应当掌握就餐进程,等客人吃完了一道菜,再换下一道菜。如果还有人没吃完,主人可放慢速度,以免客人感到不安。主人即使比较劳累,也不可表现出疲惫厌倦之态,更不能频频看表,显出希望客人退席之意,因为,如此的情态是十分失礼的。宴会结束时,主人以及迎宾人员仍顺序排列送别客人,感谢客人的光临,要注意特别关照主宾夫妇,一般应送至大门外候车。

(二)出席宴会的礼节

1.尽早回复,准时赴宴

接到请柬后,能否应邀赴宴,要尽早复函或打电话答复宴会主人。接受邀请后,除非特殊的原因,一般不要变更;如果实在无法出席,尤其是主宾,须及早告诉主人,作以解释,并且表示歉意。正常赴宴,应提前十分钟左右到达,迟到是很不礼貌的;服饰应整洁大方,头型应梳理,男士要刮脸,女士宜化妆;见到主人夫妇应主动握手并致以问候;不要穿大衣、戴围巾、帽子进入宴会厅。

2.适量饮酒,文雅进餐

进入宴会厅,要按主人的安排入座,未排定坐席的,应让年长者及女士先坐。席间,应真诚祝酒,适度饮酒,宜控制在酒量的三分之一以内,切忌过量饮酒后失言或失态,影响宴会气氛。进餐时,先将餐巾铺在腿上,嘴巴咀嚼食物不要发出声响,喝汤不要啜而应用汤勺送,鱼刺、碎骨、硬皮等切忌直接吐在桌上或地上,应以餐巾掩嘴,用手取出,放于备用盘内。嘴内有食物时不宜谈话,剔牙时宜用手遮口,拭嘴动作要轻。吃剩的菜、用过的餐具、牙签,均应置于盘内,勿散落在桌上。如不慎将餐具失落或打翻酒杯等,不要慌乱,应轻轻向主人或邻座致歉,并协助擦净水渍和整理杯盘,如溅到邻座身上,应递上干净的餐巾纸或手帕,同时表示歉意。

3.致谢主人,礼让退席

宴会结束时,要感谢主人的盛情邀请,应先向女主人道谢,再转向男主人告辞。离席时，应让年长者、身份高者和女士先走，必要时可协助主人照顾大家乘车离去。

二、会议的礼节

在公共关系实践中，经常要通过举办各种会议来与公众进行交流，向外界发布消息。会议的成功，不仅有赖于议题的重要与迫切，还要求会议的程序和礼仪的完善无误。同时，对于公共关系人员来讲，有时也要参加其他组织的各种座谈会、交流会、新闻发布会等等。因此，组织会议、参加会议的礼节是公共关系人员必须要掌握的基本礼节。

(一)组织会议的礼节

1. 会议的通知

会议通知必须写明开会时间、地点、参加者和会议主题等。如果与会者来自各地，则更应写清会议起止、接站时间以及食宿、差旅费报销等事宜，以免造成误会。通知要提前发出，使参加者事先有所准备。

2. 会场安排

会场应大小适宜，要根据会议内容与人数多少而定。会场大而人少，给人"空荡"之感；会场小而人多，又有"局促"之嫌，与会者因而缺乏一种舒适感、愉悦感。会场的布置也要和会场的主题相一致，或庄或谐，或凝重或欢娱，应符合现场气氛。一些大型会议，应张贴反映议题的标语以及指示会场、食宿的路标，以烘托氛围或方便与会者。

3. 开会长短

任何会议均应讲究实效，不追求形式，不搞"花架子"；如果需要，可以开长会，但应尽量开短会，这是会议礼节中的重要一点。

4. 组织有序

会议的组织者、接待人员应恪尽职守，做好组织和服务工作，这是会议成功的重要环节。始于筹备事项，终于会议结束，都必须保持清醒的头脑和旺盛的精力，拟就日程细则，并且责任到人，避免事无人管、临场忙乱的现象；要多估计意外情况，并备有处置预案，医疗器械、车辆等均应提前准备；注意迎送礼仪，把握会议规格和与会者身份，对于领导同志、资深学者、专家以及特殊人群，应给予特殊照顾；到会时，应做到专人引导、热情接待、及时介绍；对所有的会议代表，均应有问必答、有求必应、不厌其烦。

(二)与会者的礼节

1. 主持人要尊重他人的发言和提问，可以提醒对方注意议题范围与发言时间，但是除特殊原因外，不宜用任何表情、动作等来阻止他人的讲话。同时掌握好议程,不要使会议拖得太长。

2.主席台上就坐者应按时到场,不要让大家长久等待。台下鼓掌致意,台上应微笑着鼓掌作答。应始终保持认真态度,这有助于整个会议严肃、正常地进行,如果漫不经心,长时间交头接耳或干其他事情,则会将松懈情绪传递给台下。如因紧急公务而提前退席,应向主持人打招呼,要征得主持人的同意后再离去。

3.会议发言者应面带微笑地走上台,环顾四周,对台下的掌声,应以鞠躬或鼓掌来答礼,待掌声静落后,再开始发言,发言结束时,应向主持人和所有与会者表示感谢。

4.会议的参加者,一般应以"客随主便"的态度,听从会议组织者的安排,遵守会议日程与纪律,尽可能自己解决遇到的问题,除非特殊情况,不宜提出额外的要求。会议中要注意倾听、踊跃发言、适时鼓掌,如果离开会场时间较长或提前退场,应向会议组织者说明原因,并表示歉意。

三、舞会礼仪

舞会是一种常见的社交活动,也是旅游公共关系工作中经常采用的一种联络感情的重要方式。有计划地举办交际舞会,通过组织内部管理人员与员工、组织员工与社会公众之间的联谊,不但可以使员工从中得到娱乐,同时也加深了员工与管理人员之间的感情及组织与社会各界的友好关系,在轻松和谐的气氛中开展公共关系工作。因此,只有在仪容、仪表、举止和行为方面遵循礼仪要求,才能显示自己良好的修养和风度。

1.参加舞会的准备

舞厅舞会是一项既高尚又文明的娱乐活动,它能体现一个人的涵养及素质。因此,舞会前应做好充分准备。舞会一般要进行两三个小时,赴会前,忌食大葱、大蒜等有异味的食物。若有可能,最好结伴而行,同时应准时赴约,以表示对别人的尊重。若遇特殊情况而不能按时赶到,应设法通知对方。

参加舞会,必须衣冠整洁、美观大方。男士要修面,女士要粉饰,并根据季节、体型,选择适时、合身的服装。男士不能穿短裤、背心、拖鞋,女士不可以穿凉鞋。男士要给人以充满活力、潇洒大方的印象;女士要美丽端庄、热情活泼。

2.邀请舞伴礼仪

交际舞的特点是男女共舞,在自由选择舞伴时,邀请对方应当注重礼节。一般邀请舞伴是由男士主动邀请女士。邀请前,要把外衣和帽子挂好,如果手中的香烟没有抽完,也应熄灭后投到烟灰缸里。男士邀请舞伴时应姿态端庄、谦虚诚恳、彬彬有礼地走到女士面前,微笑点头,同时伸出右手,掌心向上,手指指向舞池并说:"我可以请您跳舞吗?"待舞曲结束后,要把女士送至座位并致谢。

3.拒绝邀请礼仪

参加舞会不仅要求男士应彬彬有礼,女士也应落落大方,如果女士要拒绝某位男士的邀请时,应遵循一定的礼仪。

女士如不愿与前来邀请的某位男士跳舞,应当婉言谢绝。一旦拒绝某位男士邀请,此曲就不要再接受另一位男士的邀请,以免伤害前者自尊心。当女士拒绝一位男士的邀请后,如果这位男士再次前来邀请,并无不礼貌的举止和表现,女士不应再次拒绝邀请,在无特殊情况下应与其共舞,这是舞会礼仪所要求的。

如果女士已接受某位男士的邀请后对再来邀请者应表示歉意。如果自己愿意同他跳舞,可以告诉他下一曲再与之共舞。如果两位男士同时邀请一位女士跳舞,最礼貌的做法是同时礼貌拒绝两位邀请者,也可以先同其中一位跳舞,并对另一位男士礼貌地说:"对不起,下一曲与您跳好吗?"这样才是不失礼的表现。

思考与练习

第一章　绪论

1.什么是公共关系？如何理解公共关系的内涵？

2.公共关系的基本特征是什么？它有哪些职能？

3.运用公共关系理论分析评价"好酒不怕巷子深"和"王婆卖瓜，自卖自夸"这两句话是否正确？

4.读下列文章，谈谈你对公共关系的认识。

公关——攻什么关？还不是推销伪劣产品于红包赠与之后，讨价还价与公款吃喝之中，风流快活与卿卿我我之间，温馨放松与舞厅灯光黯淡之时，联络感情于方城之内，道貌岸然于大庭广众之前，马列词句讲于教育汇报之际，如此"攻关"自然比攻科技关、质量关、市场关、服务关来的惬意。于是某些企业"公关"人员大增，某饭店竟把半数服务员改为公关小姐，白天揽客招商，晚上伴舞。某些厂长经理也尝到了甜头，纷纷设置年轻女秘书，美丽公关小姐，任务便是接待应酬，陪吃陪喝陪舞甚至陪赌。而某经理有句惊四座的名言说：搞活就是钻空子，"公关"者，"攻关"也。

第二章　旅游公共关系的主体

1.什么是旅游业组织的形象，它包括哪些内容？

2.公关部的设置形式有哪几种？

3.作为一名优秀的旅游公关员，应该具备哪些素质？

4.有人认为公关工作就是陪客户吃饭喝酒、跳舞,你对此有何看法?

5.人们常说,"公关人员应当有企业家的头脑、宣传家的技巧、艺术家的气质和外交家的风度"。谈谈你对这句话的理解。

第三章　旅游公共关系的客体

1.什么是公众?旅游业组织的公众有哪些特点?

2.简述公众的分类方式。

3.媒介公众为什么重要?如何搞好与媒介公众之间的关系?

4.政府公众为什么重要?如何搞好与政府公众之间的关系?

5.假如你是一家刚开业的酒店公关经理,设计一个公关方案,目的是搞好酒店与所在社区居民的关系。

6.案例分析。

广西来宾大酒店资助"春蕾计划"

广西来宾大酒店自从开业以来,始终坚持将"顾客至上"、"诚信为本"的经营理念贯穿于酒店服务的始终。为回报社会,弘扬中华民族"团结互助,扶危济贫"的优良传统,激发员工为酒店的发展,为家乡经济的腾飞努力工作的荣誉感,该酒店组织开展了资助贫困女童的"春蕾计划"活动,并于 2005 年 1 月,由来宾大酒店林副总经理带队前往来宾市兴宾区良江镇中心小学看望贫困女学童韦美乐与蒙花艳两位学生,给她们带去了酒店全体员工捐助的学费及学习、生活用品,并鼓励她们要努力学习,将来为改变家乡,发展家乡贡献一份力量。

通过开展资助贫困女童的外部公关活动,该酒店得到了顾客的认可,特别是受到了媒体的关注,通过新闻报道,让更多的人了解到了酒店的"义举",得到了社会公众广泛的赞誉,这对于酒店在外部公众中树立良好的品牌形象和进一步提高自己的知名度和美誉度,都起到了良好的促进作用。

(资料来源:《中国旅游报》2005 年 1 月 5 日 作者:邝伟楠)

问题:在本案例中,广西来宾大酒店资助"春蕾计划"是为了搞好与哪部分公众之间的关系?这种公关活动对酒店来说有何意义?

第四章　旅游公共关系的传播

1.旅游公关传播的特点有哪些?

2.简述报纸、广播以及电视传播媒介的特点。

3.网络作为一种新兴的媒体,如何利用它来进行网络公关?

4.公关传播与广告传播的差异有哪些?请看以下这则新闻报道,它讲述了什么事件?这种传播方式有什么特点?与广告传播相比较而言,它有什么优势?

必胜客"五一"落户"中央"

本报讯　对中央商场心仪三年的美国必胜客连锁餐厅昨天终于如愿以偿，双方在合作协议上签字，"五一节"，必胜客将在中央商场一楼开业。必胜客特有的"红屋顶"标志，在全世界近 90 个国家和地区有近 1、3 万个，到目前为止，必胜客在中国的连锁店已经达到 71 家。据必胜客中国市场总监罗维仁介绍，3 年前，必胜客就看中了中央商场的地盘，去年 7 月，他们在新街口乐福来开设了我市第一家必胜客后，仍孜孜以求在中央商场开设第二家必胜客。

中央商场总经理廖建生对必胜客选中中央商场感到高兴。他说，中央商场正在向国际流行的购物中心模式转变，需要像必胜客这样的国际品牌的加盟。

（资料来源：《金陵晚报》2002 年 3 月 19 日　作者：夏爱宇）

第五章　旅游公共关系调查

1.什么是公共关系调查？它有哪些基本特点？

2.公共关系调查的内容有哪些？

3.公共关系调查的基本程序是什么？

4.常见的公共关系调查的方法有哪些？

5.请为某旅游业组织就企业形象问题设计一份调查问卷。

6.案例分析。

"先搞清这些问题"

有一家宾馆新设了公共关系部，开办伊始，该部就配备了豪华的办公室、漂亮迷人的公关小姐、现代化的通讯设备……但该部部长却发现无事可做。后来，这个部长请来了一位公共关系顾问，向他请教"怎么办"。于是这位顾问一连问了以下几个问题：

"本地共有多少宾馆？总铺位有多少？"

"旅游旺季时，本地的外国游客每月有多少，港澳游客有多少？国内的外地游客有多少？"

"贵宾馆的'知名度'如何？在过去三年中，花在宣传上的经费共多少？"

"贵宾馆最大的竞争对手是谁？宾馆潜在的竞争对手将是谁？"

"去年一年中因服务不周引起房客不满的事件有多少起？服务不周的症结何在？"

对这样一些极其普通而又极为重要的问题，这位公共关系部部长竟张口结舌，无以对答。于是，那位被请来的公共关系顾问这样说道："先搞清这些问题，然手再开始你们的公共关系工作。"

问题：

1. 为什么要"先搞清这些问题"？并论述公共关系调查对组织有何意义和作用。

2. 公关顾问的这五个问题体现了公关调查的哪些内容？

第六章　旅游公共关系策划

1. 什么是旅游公共关系策划？

2. 旅游公共关系策划的基本步骤是怎样的？

3. 请选择你熟悉的旅游景点，对其进行一次旨在向公众推介该景点的公关策划活动。

4. 假设你是某旅游企业公关经理，"世界旅游日"到了，你将开展一项什么样的公关活动，提高该企业的美誉度和知名度。请撰写一份公关活动策划书。

5. 案例分析。

一次失败的公关策划

案例：2005年，上海松江区旅游事业管理委员会为营造独特的文化氛围，开展100只桌椅的捐赠倡议活动，捐赠一把座椅为800元。捐赠者可以是单位，也可是个人，所有捐赠者都将得到由主办方颁发的荣誉证书和捐赠纪念册。捐赠者可以在椅背、扶手等镶有铜牌处刻上姓名、单位和想说的话。令主办方意想不到的是，这项富有创意的活动推出两个月来，竟然遭遇了"零认领"。

（资料来源：《公关世界》2005年4月刊，第16~18页）

问题：

1. 在本案例中，上海市松江区旅游事业管理委员会的捐赠倡议活动为何遭遇失败？

2. 假设你是公关策划人员，请列出自己的策划方案。

第七章　旅游危机与管理

1. 何谓旅游危机？它有哪些特征？

2. 旅游危机的种类有哪些？

3. 何谓"危机公关"？危机公关的原则有哪些？

4. 危机过后，应该如何重新塑造组织的形象？

5. 案例分析。

危"鸡"时刻：肯德基三招应对禽流感

2004年1月，禽流感在亚洲肆虐，不少人"谈鸡色变"，导致"世界烹鸡专家"肯德基连锁店的生意受到很大影响。面对不可抗拒因素引发的危机，肯德基召开了专门的新闻发布会，向公众宣布，世界卫生组织和其他权威机构证明食用烹煮过的鸡肉是绝对安全的,中国肯德基餐厅所需要的大量鸡肉100%都产自中国本地,这些供应商都是中国最有信誉和最具规模的,都已经通过了 ISO9001、HACCP(危害分析和关键控制点)国际质量和安全认证,所有产品均获得中华人民共和国国家出入境检疫局颁发的《检疫卫生注册证书》。

与此同时,肯德基还邀请权威人士现身说法。2004 年 2 月 5 日,中国肯德基在北京召开新闻发布会,邀请北京市商务局饮食管理部门领导、农业大学营养专家和畜牧业专家品尝产品。肯德基还通过店内招贴画等渠道宣传:"根据世界卫生组织的最新报告,目前迹象表明禽流感不能通过烹制过的食品传播。"希望消费者明白,经过高温加工的肯德基产品没有传播禽流感的可能性。本来看似不利的一件事,通过积极的媒体对话途径向社会传达,消除了许多消费者的疑虑,化危机为商机。

肯德基还利用先进的 365Agent 竞争情报监测系统搜集信息,根据公司的需要,定制自己需要监测的方方面面的关键词,365Agent 竞争情报监测系统就会从全球众多的中英文门户、新闻网站、电视、报纸等媒体网站、政府、信息中心、数据库等站点实时获取定制的信息,经过系统分析匹配之后,及时发送到用户的邮箱中。

(资料来源:《公关世界》2004 年 7 月期,第 17、18 页　　作者:林升梁)

问题:在本案例中,肯德基是如何度过禽流感危机的？它对旅游企业有哪些启示？

第八章　旅游饭店公共关系

1.饭店的目标公众有哪些？

2.饭店开展公关活动的意义是什么？

3.作为饭店组织,应该如何协调好与内部员工的关系？

4.CIS 理论对于饭店形象的塑造有哪些作用？

5.案例分析。

如此媒体公关

北京东三环附近的一座待评五星级酒店,从 1999 年 1 月开业至今,就不受媒体关注,而且当地所有的新版电话号簿,通讯工具书甚至旅游企业要览,都没有收录酒店的条目。有一位媒体朋友小张曾同该酒店的公关部联系,想为他们发个开业消息。可是两次电话都被对方经理粗暴挂断。他只听清小张是某杂志编辑,却不想听有什么话要讲,只草率地答复:"我忙,对不起,就这样。"小张本身出自好意却换来这样的结果,令人不胜感慨,也许该公关经理被媒体的广告部缠烦了,也许他曾受到媒体片面报道的指责,但无论如何,身为酒店公关经理,以自己的情绪来对抗媒体,都是他所代表的酒店的悲哀。

北京机场附近的一家酒店的公关小姐,平时对媒体不知有着怎样的成见,态度冷漠。可是,今年中秋节,搞了个慈善公益活动,邀请孤儿院的孩子来酒店共度佳节,并送学费,文具等礼物。就这项义举,公关部门准备好新闻稿和各新闻媒体联系。可众媒体一致拒绝,说这是酒店沽名钓誉的软性宣传,不交费无法见报。公关部只好作罢,他的外方经理为此大惑不解。所以,酒店与媒体之间的合作应建立在平等互惠的基础上,大家相互支持,如果单纯地视对方为工具,“临渴掘井”是不会有效果的。

(资料来源:中国饭店联合信息网　下载日期:2005年8月10日)

问题:在上述两个事例中,酒店的公关人员在与媒体打交道的过程中有哪些地方处理不当? 为什么? 作为酒店公关人员,应如何处理好与媒体的关系?

第九章　旅行社公共关系

1.旅行社应该如何搞好与旅游景区之间的关系?

2.旅行社应该如何搞好与旅游饭店之间的关系?

3.假如你是一家旅行社的公关经理,你认为在与游客关系协调方面应该做好哪些工作?

4.案例分析。

“广之旅”的诚信经营

如今的旅游业已进入到微利时代,由于旅行社之间恶性竞争,一些旅行社为了谋取经济利益,不则手段,进行低端操作,严重扰乱了行业秩序。广州广之旅确立了“诚信经营,以人为本”的企业核心价值观,提出了“一切为了客人满意”的服务理念,并通过各种形式,从上至下对全体员工进行宣贯,在企业内营造用户满意的氛围。广之旅的诚信经营包含五个方面的内容,即:对社会守信,对行业守信,对消费者守信,对供应商守信,对员工守信。对于消费者,尊重客人的知情权。对于直接面对客户的销售人员,要求他们传递给客人客观的信息,清楚细致解释,绝不哄骗。对于后台的计调部门,要求他们设计产品和服务时要换位思考,站在消费者的角度来考虑问题,先过自己这一关,如有勉强,就千万不要有蒙蔽客户过关的念头。在与客人签单后,如果在旅游团出发前,公司知道航班更改,住宿标准更改,或者当地情况有变更,都会如实通知客人,让客人自愿选择是否还跟团。

对于合作伙伴,从来不拖欠款项,不搞三角债。对航空公司保证利益,首先是尽量保证航班满座,其次是不私自乱放机票价格,不扰乱机票市场。对地接公司,首先是给其留下利润空间,不压到无利可图,其次是该付的钱及时到账。

对于导游,尽量为他们提供收入和其它方面的保障。如:不用向旅行社交人头费,减轻他们的压力;准时、足额发放导游费;与他们签订劳动合同,给予劳保保障等。如此一来,导游们感觉到压力没有那么大,就不会变着法地从客人身上捞回来,而是把心思放在了提供优质服务上。

广之旅通过企业文化建设,树立了品牌,避免了价格战,拉开了与竞争对手的距离。2005 年,在广东省质量协会所做的用户满意度调查中,92.2%的客户认为广之旅是当地最好的旅行社。

(资料来源:《品质文化》2006 年 11 月,作者:胡晓纯)

问题:仔细阅读本案例,想一想"广之旅"是如何搞好与顾客、供应商、导游之间关系的?对比当前一些旅行社恶性竞争的现实,广之旅的诚信经营给你何种启示?

第十章　旅游景区公共关系

1.旅游景区的公众包括那几个层次?

2.旅游景区公关工作的特点有哪些?

3.旅游景区公关宣传的原则有哪些?

4.旅游景区与公众沟通的方式有哪些?

5.案例分析。

旅游景区的外部公关

1997 年,华山索道公司与国家体育总局和华阴市政府联手,独家赞助了中国华山索道杯第五届攀岩锦标赛。实现了体育与旅游的有机结合。华山索道公司总经理又主动出击,与郑州铁路局联手,促成了郑州至华山、武汉至华山、北京至华山的 3 对旅游专列的开通。并与西安大城市的一百多家宾馆、饭店进行合作,将景区的宣传牌和线路指南送进每个客房,并一连多年投入巨资,在上海、广州、武汉等地利用电视、户外广告牌等进行华山景区的形象宣传。所有这些努力不但促进了客源的增加,也推动了整合促销优势的形成。

(资料来源:《中国旅游报》2005 年 4 月 27 日　作者:王晓民)

问题:华山旅游景区是如何与旅游交通、旅游饭店等相关部门搞好公共关系宣传的?

第十一章　旅游交通公共关系

1.旅游交通部门公关工作的任务有哪些?

2.你认为目前铁路部门在与乘客关系协调方面存在哪些问题? 应该如何解决?

3.你认为目前航空公司在与乘客关系协调方面存在哪些问题？

4.案例分析。

山西将加快旅游通道的建设

从2004年开始,山西将在三年内投入巨资35亿元人民币,建设107条总长为2469公里的省内旅游公路。这是山西发展旅游的新举措,也是山西建设旅游大省中基础设施建设的重大决策。近年来,山西公路建设已经打造了新的形象。大运高速公路,全长666公里,贯通山西南北,成为一条新的旅游大动脉,对山西旅游交通开辟了一条新的金光大道。同时,山西省内主干公路发展迅速,高速公路通车里程突破了一千公里。高速公路作为旅游发展的主动脉,而这些将要新建的旅游公路作为支线干线连在一起会成为一个完整的旅游公路网络使山西的旅游公路四通八达起来。到目前为止,山西高速公路已与北京、天津、河北、河南、陕西、内蒙的高速公路完全接通,成为四通八达的旅游通道,为把山西省从旅游资源大省到旅游大省的转变提供了强有力的交通支持。

(资料来源:《中国旅游报》2004年3月24日　作者:李斌)

问题:在本案例中,山西省是如何加快旅游通道建设的？这对于山西发展旅游业会起到哪些促进作用？

第十二章　公共关系专题活动

1.如何做好庆典的组织工作？

2.举办新闻发布会在程序上有哪些主要的步骤？

3.社会赞助应遵循什么原则？

4.举办展览会应注意哪些的问题？

5.案例分析。

某酒店开业前,对如何进行开业庆祝活动,酒店公关部进行了热烈的讨论。大家议论纷纷,出了不少点子,归纳起来有五种方案:

第一种方案,主张开业那天要把气氛搞得越热闹越好:鸣放礼炮,进行大型军乐演奏,请名演员登台献艺,大造声势,吸引各方民众。

第二种方案,主张除搞些演出活动外,关键还要请来省市领导,搞好剪彩仪式,请主要领导讲话,给予高度评价,产生轰动效应。

第三种方案,主张进行开业大酬宾,通过抽签选出幸运观众,进行500人的宴请品尝活动。这样既增强吸引力,扩大影响面,又使品尝者得到实惠,使之赞不绝口,将此次活动传为美谈。

第四种方案,主张举行隆重的开业典礼,播放喜庆音乐,请劳动模范剪彩,然后召开顾客与酒店领导座谈会,为酒店出谋划策,中午便餐招待。

第五种方案,主张召开简单的开业典礼,把省下的资金捐献给希望工程,请记者参加采访,形成材料,通过媒体传播产生广泛影响。

问题:对以上策划方案,你认为哪一种比较好?提出意见。也可以利用或创造条件,提出更好的方案。

第十三章　公共关系礼仪

1.简述礼仪的产生与发展?

2.简述公共关系礼仪的基本要求及类型?

3.人际交往中的礼貌修养主要有哪些?

4.谈谈你对交谈礼节的认识?

5.参加舞会应注意什么问题?

主要参考文献

1.居延安:《公共关系学》,上海:复旦大学出版社,2001

2.江林:《21世纪企业公共关系构筑》,北京:中国物资出版社,2002

3.贺学良:《饭店公关部的运行与管理》,北京:旅游教育出版社,2003

4.肖北婴:《现代公共关系学新编》,北京:北京工业大学出版社,2003

5.甘朝有:《旅游业公共关系》,天津:南开大学出版社,1999

6.银淑华:《旅游公共关系》,北京:中国人民大学出版社,2002

7.廖晓静:《旅游公共关系理论与实务》,河南:郑州大学出版社,2004

8.刘代泉:《旅游公共关系》,重庆:重庆大学出版社,2002

9.宋常桐:《公共关系与现代礼仪》,北京:清华大学出版社,2004

10.张佑青:《公共关系实务与礼仪》,北京:中国对外经济贸易出版社,2003

11.张映红:《公共关系学教程》,北京:首都经济贸易大学出版社,2001

12.肖辉:《实用公共关系学》,北京:北京大学出版社,2001

13.赵晓兰:《最新公共关系学教程》,北京:经济管理出版社,2001

14.陶海洋:《公共关系基础理论与实务》,上海:华东理工大学出版社,2005

15.栗玉香:《公共关系教程》,北京:经济科学出版社,2002

16.李远授:《现代公共关系艺术》,武汉:华中科技大学出版社,2002

17.李兴国:《公共关系实用教程》,北京:高等教育出版社,2000

18.余明阳:《公共关系学》,广州:广东高等教育出版社,1999

19.李占才:《公共关系学概论》,上海:上海交通大学出版社,2005

20.方光罗:《公共关系概论》,北京:中国商业出版社,1997

21. 汪秀英:《公共关系学》,北京:中国商业出版社,1994

22. 白巍:《公关策划》,北京：中国经济出版社,1998

23. 周维富:《实用公共关系学》,重庆:西南师范大学出版社,1999

24. 胡瑞:《现代公共关系案例评析》,杭州:浙江大学出版社,1994

25. 张玲莉:《公共关系原理与实务》,北京:高等教育出版社,2003

26. 李洁:《旅游公共关系》,云南:云南大学出版社,2001

27. 赵西萍:《旅游市场营销学》,天津:南开大学出版社,2005

28. 王洪滨:《旅游学概论》,北京:中国旅游出版社,2004

29. 赵长华:《旅游概论》,北京:旅游教育出版社,2003

30. 郭芳芳:《公共关系学教程》,上海:上海财经大学出版社,2001

31. 王凤珍:《吉林师范大学学报》,四平:吉林师范大学出版社,2005

后　记

　　近些年来,随着我国旅游业的不断发展,旅游市场竞争环境也发生了新的变化,对于各种旅游业组织来说,如何处理好与相关公众之间的关系就显得特别重要了。目前在市场上,对于公关人员的需求量很大,旅游业更是如此,而这方面的专业人才极其缺乏。旅游公共关系学正是从市场需求的角度出发,为有志于从事与旅游公关相关工作的人员提供这方面的帮助。本书涉及面广,不仅涵盖了公共关系学的基础理论知识,同时,从旅游业的实际出发,探讨了旅游饭店、旅行社、旅游景区以及旅游交通部门如何开展公关工作,具有较强的实践性。

　　在本书的写作过程中得到了中国国际公关协会陈向阳副秘书长、原无锡影视基地营销部主任郑泽国先生以及北京国宾酒店公关部经理张旭辉女士的大力支持,他们愿意与大家一起分享自己的研究成果,本人深表谢意!同时,本书还参考了其他一些专家学者和同仁的思想、观点及成果,他们的作品已在主要参考文献中列出,在此,本人深表感谢!另外,部分参考文献,包括网上下载的文章的出处和作者会有疏漏之处,本人深表歉意。同时希望他们尽快与本人联系。

　　辽宁鞍山科技大学旅游管理系的于燕老师,对本书的写作做了大量的工作。她主要负责本书第一章、第五章、第六章和第十二章的写作;苏州大学应用技术学院的吴新宇老师也为本书贡献了自己的力量,她主要负责第十三章的写作;其余章节由本人自己完成。

　　写作本书是对本人意志和耐力的考验,除了上课和日常工作外,本人花了大量的时间和精力,迎高温、战酷暑,个中滋味,只有自己知晓。同时,本着对读者负责任的原则,对书稿内容和语言字斟句酌,丝毫不敢松懈,但还是有不尽如人意之处。再加上时间仓促和本人的水平有限,书中错误和不足之处在所难免,恳请读者批评指正。

编者　李晓

2008 年 2 月于苏州科技大学